Dieter Urban

Text im Kommunikations-design

Zur Gestaltung von Texten für die
visuell-verbale, audioverbale und
audiovisuell-verbale Kommunikation

Bruckmann München

Herausgegeben in Zusammenarbeit mit

novum
gebrauchsgraphik
Internationale Monatszeitschrift für
Kommunikationsdesign

Herstellung: F. Bruckmann KG, München
Graphische Kunstanstalten
Printed in Germany
ISBN 3 7654 1818 8

Inhaltsverzeichnis

Grundlagen

Design – von den Bedürfnissen und Forderungen der modernen Gesellschaft hervorgerufen und an den Bedingungen der Fertigung und Forschung orientiert – ist neben der industriellen Formgebung zweckbestimmte Gestaltung von Mitteilungen, die der Verständigung dienen.

Designer – verantwortlich und zielgerichtet Kommunikationsverhältnisse gestaltend – arbeiten mit visuellen, verbalen und auditiven Mitteln. Dabei bedienen sie sich verschiedener fachspezifischer Techniken. Beziehen sie in den gesamten Gestaltungsprozeß auch soziokulturelle und psychologische Erkenntnisse mit ein, so können sie Bild- und Textidee nicht voneinander trennen: Funktionelle Darstellung von Nachrichten, die über Sichtfelder empfangen werden, kann sowohl mit verbalen als auch mit visuell-verbalen, jedoch nicht mit visuellen Ausdrucksmitteln allein erreicht werden:
- Ein Bild-Inserat ohne Text
  würde nicht funktionieren (vgl. Abb. 1)
- Ein Bild-Inserat mit Text funktioniert nur,
  wenn der Text funktioniert (vgl. Abb. 2)
- Ein Text-Inserat ohne Bild
  kann funktionieren (vgl. Abb. 3).

Gestalteter Text wird an unseren Designschulen jedoch hauptsächlich als Typografie, nebensächlich als Sprache begriffen. Ist in diesem Zusammenhang von Kommunikation die Rede, werden darunter vor allem visuelle Mitteilungen verstanden. Die verbale Gestaltung des Mitteilungsinhalts wird erst in den höheren Semestern als Fach angeboten. Im Studienschwerpunkt Grafik-Design integriert man meist den Werbetext in den Gesamtentwurf, indem man weniger eine Textidee bebildert als eine Bildidee betextet. Dadurch kann die Überschrift zur reinen Bildunterschrift werden. Man hört dann Argumente wie diese: »Es ist doch selbstverständlich, daß, wird von visueller Kommunikation gesprochen, man die verbale einschließt« – oder: »Was hat ein Grafiker, der doch als visueller Gestalter eigentlich nur für die formale Qualität von Kommunikationsmitteln verantwortlich zeichnet, mit Texten zu schaffen?«

Die Unterbewertung der verbalen Kommunikation im Design hat, wie mir scheint, traditionell-historische Ursachen: Die heutigen Fachbereiche für Gestaltung waren vor zehn Jahren noch Kunst- und Werkkunstschulen. Die Entwicklung der letzten Jahre, bei der Lösung von Designproblemen zugunsten der Verständlichkeit und Wirksamkeit nicht immer zuerst ans Bild und zuletzt an den Text zu denken, ist noch nicht abgeschlossen. Diese Verzögerung liegt nicht an den Lehrern, schon gar nicht an der Werbewirtschaft – sondern eher an den Schülern, die zum Teil noch mit recht verschwommenen Ansichten über Kunst und Design ihr Studium beginnen. Während die populären Gestaltungsschwerpunkte Malen, Zeichnen und Fotografie konkrete, dabei aber interpretierbare Ausdrucksmöglichkeiten bieten, schafft das unpopuläre Gestaltungsmittel Text durch seine geforderte Eindeutigkeit größere Angriffsflächen – ein Faktor, der die häufig negative Einstellung der jüngeren Generation zur Werbung wesentlich mitverursachte. Möglicherweise ist aber auch etwas Eitelkeit des Designers dem Texter gegenüber daran schuld, wenn behauptet wird: »Texten tun solche, die möglichst schnell möglichst viel Geld verdienen und möglichst wenig dafür arbeiten wollen.«

Eine spezielle Texter-Ausbildung gibt es immer noch nicht, folglich auch immer noch keinen qualifizierten Werbetexter-Nachwuchs. Die Tatsache, daß die meisten »Lohnschreiber« über die unterschiedlichsten Tätigkeiten – als Vertreter,

1 *Bild-Inserat ohne Text*
2 *Bild-Inserat mit Text*
3 *Text-Inserat ohne Bild*

Sekretärin, Rennfahrer, Journalist, Publizist o. ä. – zur verbalen Kommunikation fanden, zwingt nicht vorbehaltlos zur Nachahmung. Wenn zum einen die Agenturen ständig Texter einstellen, zum anderen aber keine ausgebildet werden, so darf man sich nicht wundern, daß sie schließlich aus anderen Bereichen zur Werbung stoßen.

Bis heute gibt es zwar keine stichhaltigen Argumente gegen eine systematische Texter-Ausbildung, jedoch auch keine echten Versuche, ein solches Ausbildungsprogramm, etwa an einer Fachhochschule, zu installieren. Warum wohl?

Die Vorbehalte gegen einen speziellen Studiengang Textgestaltung an Designschulen beruhen auf drei Argumenten:

1. Prinzipiell sollen hier keine Werbetexter ausgebildet werden.

2. Eine Trennung zwischen Text- und Grafik-Design würde ungünstige Ergebnisse bringen.

3. Es wäre wenig fruchtbar – auch von der Erfolgserwartung her gesehen –, wenn sich der auszubildende Texter mit Grafik-Design befassen würde. Dagegen ist es für den kreativen Grafiker geradezu unerläßlich, sich während seines Studiums mit verbaler Kommunikation zu beschäftigen. Die beiden Hauptargumente hierfür liegen auf der Hand:

a) Der meinungsbildende Kommunikationsdesigner sollte sich stets darüber im klaren sein, daß verkaufsfördernde Öffentlichkeitsarbeit mit den Mitteln der Bildsprache allein nicht funktionieren kann. Eine funktionstüchtige visuelle Idee, die gleichzeitig mit einer funktionstüchtigen verbalen Idee geboren wird, ist mehr wert als eine funktionstüchtige visuelle Idee allein. Außerdem wird eine Bildaussage immer textabhängiger sein als eine Textidee bildabhängig.

b) Die gute visuelle Konzeption eines Grafikers kann durch die weniger gute verbale Konzeption eines Texters beeinträchtigt werden. Der Grafik-Designer, der seine

8

Begriffe werden definiert, die Empfangs-felder Hören und Sehen sowie sach-, emp-fänger- und senderbezogene Mitteilungen voneinander unterschieden. Text und Sprache werden analysiert, verbale For-men im Alltagsdeutsch kritisiert und opti-miert; Wort/Bild-Beispiele aus den Berei-chen Presse, Werbung und Politik werden vorgestellt; es wird theoretisiert, instruiert und resümiert – kurz: es wird informiert über Ursache und Wirkung der verbalen Kommunikation. Dadurch ist gewährlei-stet, daß sich jeder Leser dieses Buches mit Text-Arbeit auseinandersetzen und die Erkenntnisse bei Bedarf auch anwenden kann. Er wird verbalen Problemen gegen-über aufgeschlossener und kann in seiner Berufspraxis entweder mit einem Werbe-texter konstruktiv zusammenarbeiten oder als Kommunikationsdesigner die Gesamt-konzeption von Text und Bild über-nehmen.

Der Begriff Kommunikationsdesign

Wenn der Empfänger B eine Nachricht vom Sender A aufnimmt und A daraufhin von ihm eine Rückmeldung bekommt, hat zwischen A und B eine Kommunikation stattgefunden.
Abgeleitet vom lateinischen »Communica-tio« (Mitteilung, Anteilnahme, Gemein-schaft) erläutert der Große Duden den Be-griff Kommunikation mit »Verkehr, Verbin-dung, Mitteilung«. Meyers Großes Handle-xikon spricht von »Informationsaus-tausch«, der Brockhaus differenziert zwi-schen »Verständigung untereinander« und »Nachrichtentechnik, Informations-verarbeitung, Kybernetik«.
Nach meiner Auffassung jedoch ist eine Aktion, die das Ziel hat, eine Reaktion her-vorzurufen, ein Ereignis, das in mehreren Dimensionen gesehen werden muß:

Texte – oder wenigstens seine Schlagzei-len – selbst formulieren kann, ist daher meistens jenem Kollegen voraus, der sei-ne Bildideen dem Texter »verkaufen« muß, und zwar so, daß jener einerseits motiviert wird für einen guten Text, daß aber andererseits dieser Text auch zur Bildkonzeption des Grafikers paßt. Jeden-falls ist ein Grafik-Designer mit Text-Ambi-tionen ein ernstzunehmender Gesprächs-partner in jeder Brainstorming-Runde – wobei es auch durchaus passieren kann, daß der Texter gerne bereit ist, den Text zu der vom Designer erdachten Schlagzeile zu schreiben, weil diese sich als »Knüller« herausgestellt hat.
»Text im Kommunikationsdesign«, der er-ste Band der Reihe novumpress, setzt sich mit diesem Problemkreis, das heißt mit der Thematik von Wort und Bild im De-sign, auseinander. Sein Autor will weniger den professionellen Texter belehren, als vielmehr den verantwortungsbewußten Designer auf die Spur bringen: Aktuelle

	Ursache	Wirkung	Funktion
1. Dimension:	Signale geben	Bedürfnisse wecken	Aktion
2. Dimension:	Signale suchen	Bedürfnisse haben	
3. Dimension:	Signale empfangen	Bedürfnisse befriedigen	Reaktion

Dieser Kommunikationsprozeß ist weder rang- noch reihenfolgebezogen, weil Angebot und Nachfrage unabhängig voneinander zustandekommen können. Der Effekt ist das erreichte Ergebnis. Es ist höherwertig als die reine Verständigung. Im Verhältnis zwischen Mensch und Tier kann Kameradschaft möglich sein, zwischen Mensch und Gott irdisch/überirdische Harmonie, zwischen Mann und Frau zwischengeschlechtliche Partnerschaft, zwischen Hersteller und Verbraucher Produktnutzen im Sinne des Wirtschaftswachstums.

Kommunikation durch Gestik, Mimik und/oder Sprache hat demnach einen wechselbezogenen Zusammenhang: Impulsabgabe – Impulsaufnahme – Rückkopplung. Diese Handlungen werden seit Menschengedenken praktiziert, und Werbung – vielfach gescholten – setzt diese Art des Informationswechsels nur zielgerichtet ein.

Kommunikation ist Verständigung über Auge, Mund und Ohr. Wir unterscheiden deshalb zwischen visueller und verbaler Kommunikation.

Verbale Kommunikation ist ein über das sprachliche Vorgehen zustandegekommener Informationsaustausch: Wörter, Sätze oder Texte werden vom Zuhörer wahrgenommen oder vom Betrachter gelesen.

Visuelle Kommunikation ist ein über das bildnerische Vorgehen abgeschlossener Verständigungsprozeß: Signale, Zeichen oder Zeichensysteme (vgl. Abb. 4) werden vom Empfänger ausschließlich über Sichtfelder empfangen.

Wir differenzieren zwischen

visuell	verbal-visuell	audiovisuell	audioverbal-visuell
Bilder ohne Text	Bilder mit Lesetext – gedruckt – geschrieben	Bilder ohne Text – Geräusche – Musik	Bilder mit Hör- und Lesetext – gesprochen – gesungen
ohne Ton	ohne Ton	mit Ton	mit Ton

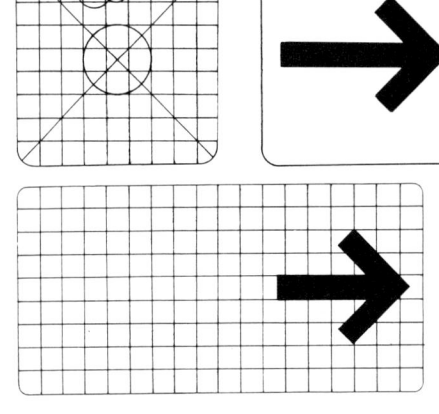

4 Teile eines aus verschiedenen Piktogrammen bestehenden Orientierungssystems für öffentliche Gebäude

Während der Grafiker sichtbare Nachrichten unter Berücksichtigung ihrer Wirkung auf das Bewußtsein des Empfängers vorwiegend für das Auge plant, entwirft und realisiert, gestaltet der Kommunikationsdesigner die hör- oder lesbare Mitteilung sowohl grafisch visuell als auch inhaltlich verbal. Er ist demnach maßgeblich am Zustandekommen einer wirtschaftlichen, kulturellen oder politischen Wechselbeziehung beteiligt. Die verbale Artikulation (Hör- und Lesetexte) dient ihm dabei genauso als Mittel wie die visuelle (Formen und Farben), wenn er Konzeptionen für Industrie und Handel, Wissenschaft und Erziehung, Freizeit und Erholung o. ä. entwickelt. Kommunikationsdesign ist also ein Oberbegriff von Grafik-Design.

Der Begriff Text

Manche Wörterbücher definieren Text als »Folge von Sätzen, die untereinander in Zusammenhang stehen und eine größere sprachliche Einheit bilden«. Nach meinem Verständnis ist Text noch mehr, nämlich das wichtigste Transportmittel in der zielgerichteten Kommunikation.

Design ist die Kunst, Ästhetik mit Funktion zu verbinden: Während Kunst interpretiert werden kann, muß Design funktionieren – während Bilder subjektiv schön oder häßlich sein können, müssen Wörter ihre objektive Bedeutung behalten, wenn sie wirken sollen. Text im Kommunikationsdesign ist Sprache, die der Sender entwirft und schriftlich fixiert, die der Designer typografisch gestaltet oder der Sprecher stimmlich umsetzt und die der Empfänger mit Auge und/oder Ohr aufnimmt.

Mit der Zusammenstellung einiger jener Definitionen, wie sie in wissenschaftlich und pädagogisch orientierten Sprachbüchern auftauchen, kann man sich dem Textbegriff am sachlichsten nähern.

Hans Glinz z. B. versteht unter Text »... ein von seinem Hersteller mit der Intention identischen Festhaltens geschaffenes sprachliches Gebilde – festgehalten zwecks gleichartiger Wirkung, in aller Regel nicht nur auf einen Partner, sondern auf eine Mehrzahl, ja eine Vielzahl von Partnern.« (in: »Soziologisches im Kernbereich der Linguistik«). (S. Tabelle unten.)

Texte unterliegen einer spezifischen Diktion: Rundfunk- oder Zeitungsmeldungen sind in einem anderen Sprachstil gehalten als wissenschaftliche Abhandlungen oder gesetzliche Vorschriften, Werbung liest sich anders als Weltliteratur, und Wahlplakate haben ein völlig anderes verbales Klima als persönliche Botschaften, zum Beispiel Briefe. Ja sogar innerhalb einer bestimmten Textsorte gibt es gewaltige Schwankungen: Der Journalist, der für eine klassische Tageszeitung angelsächsischer Machart schreibt, verwendet ein anderes Vokabular, sorgt für einen anderen Leserhythmus als sein Kollege bei irgendeinem Boulevardblatt. Der Verfasser des

Karl Stocker unterscheidet in seinem Buch »Praxis der Arbeit mit Texten« zwischen:

Wiedergabe	Medien	Inhalt
– mündlich gesprochene oder verlesene Rede – durch Tonträger oder Videoband konservierte Rede – schriftlich fixierte Rede	– Presse – Buch – Rundfunk – Fernsehen – Film usw.	– Texte aus der Werbung – Texte aus der Verwaltung – Texte aus der Justiz – Texte aus der Politik – Texte aus der Wissenschaft – Texte aus dem Sport usw.

Wetterberichts hat logischerweise einen sehr viel kleineren sprachlichen Bewegungsspielraum als der Kommentator, der Glossist oder der Sportreporter, der mit kritischer, bissiger oder blumiger Ausdrucksweise formulieren kann.

Texte kommen auf den verschiedensten Sprachebenen und in den unterschiedlichsten Sprachschichten zustande. Ihr Sprachniveau ist sehr differenziert. Eine verbale Botschaft soll den Leser, Hörer oder Zuschauer – ob direkt anwesend oder indirekt angesprochen – derart erreichen, daß er die »Sendung« auch »empfangen« kann. Im Sinne der Designtheorie spricht man dabei von Kodierung. Unter »Kode« (= Schlüssel) versteht man denjenigen Regel- und Zeichenvorrat, der für das sprachliche Verständnis notwendig ist. Hält man einen geschriebenen oder gesprochenen Text in einer für die Bezugsperson oder -personengruppe verständlichen Diktion, so kann er von dieser »dekodiert« (= entschlüsselt, entziffert) werden.

In einer sogenannten »Faktorenanalyse« läßt sich das Zustandekommen von Texten in Zeitungen und Zeitschriften rekonstruieren (Tabelle nach K. Stocker):

Zeitliche Faktoren	Lokale Gegebenheiten	Publikumstaktische Momente	Angewandtes Wissen
Zeitpunkt eines Ereignisses, eines Auftrags, eines Anlasses usw., Direktkorrespondenz, Live-Reportage	örtlicher Schauplatz, Tat- oder Geschehnisort, Innen- oder Außenraum, Bericht vom Hörensagen usw.	Einkleidung in Story oder Appell, Varianten in Tagespresse, Sensations-, Boulevardpresse, Wort- oder Bildpresse usw.	Art, Umfang, Niveau der Hintergrundinformation, wissenschaftlicher Nachweis usw.
Erfahrungsmomente	Kontextbezüge	Person des Sprechers	Audiovisuell gebundene Informationen
Frage der Überprüfbarkeit, der Verifizierung oder Falsifizierung durch einen größeren oder kleineren Teil des angesprochenen Publikums usw.	Hinweise, Anspielungen, begleitende Handlungen, erkennbare Dramaturgie oder Dramatisierung des Dargestellten, Motivation, Gefühlsgrundlage usw.	Verhältnis zur angesprochenen, zur erwarteten Zielgruppe; persönliche Umstände, individuelle Geprägtheit, Bildungssowie Milieueinflüsse usw.	außersprachliche Bedingungen, die bestimmend sind für sprachliche Kommunikation: Hintergrundinformationen durch Film, Geräusche, Musik, Gestik, Mimik, »Körpersprache« usw.

Diese allgemeinen Kenntnisse über den Begriff Text sind notwendig, denn: »Nur wenn der Werbetexter die Gesetze kennt, nach denen eine Sprache gebaut ist, wird es ihm möglich sein, Werbetexte zu machen, die tatsächlich ankommen.« (Max Bense in einem Vortrag 1967 in Stuttgart.) Doch genügt es für uns nicht, nur die Deutungen der Sprach- und Literaturwissenschaftler zu berücksichtigen. Für die spezielle Anwendung von Text im Kommunikationsdesign hat Heinz Hartwig in seinem 1978 erschienenen Buch »Werbetextgestaltung« einen weiteren wichtigen Hinweis gegeben: »Der Texter muß nicht nur wissen, für wen oder was er werben soll, ebenso wichtig ist es, bei wem, für welches Werbemittel sein Text gebraucht wird, durch welches Medium die Botschaft zur Verbreitung kommt, wann und auf welchem Wege sie die Zielgruppe erreicht und was das konkrete Ziel der geplanten Aktion ist. Eine Fülle von Vorarbeiten, Vorbereitungen und Vorberechnungen sind nötig, ehe das erste Wort zu Papier gebracht werden kann. Zwar läßt sich die Kunst des Textens nicht schematisieren, aber es ist gewiß nützlich, bestimmte, aus langer Erfahrung gewonnene Einsichten kennenzulernen und sich an Methoden, die sich als erfolgreich erwiesen haben, zu orientieren.«

Horst Thomé, Créative Director der Werbeagentur Heumann, Ogilvy & Mather, äußerte 1973 in einem Interview auf die Frage »Welche Fähigkeiten muß ein erfolgreicher Mann auf dem Gebiet Werbetext unbedingt besitzen? Kann man sie erlernen, oder ist man zum Top-Texter geboren?«:
»Man kann viel lernen auf diesem Gebiet, aber nicht alles – zum Beispiel Phantasie. Man hat sie oder man hat sie nicht. Um so alltägliche Dinge wie Schuhcreme neu zu sehen und anders als erwartet auszudrükken, kommt man ohne Phantasie nicht aus.«

Der Begriff Verbale Kommunikation

Bevor nun auf Textsorte, Textanalyse und Textfunktion eingegangen wird, sollen die verschiedenen Formen verbaler und nonverbaler Wahrnehmungen einmal im Zusammenhang gesehen werden.

Ich differenziere zwischen:

visuell-verbal	audioverbal	audiovisuell-verbal	nonverbal-visuell	nonverbal-auditiv
Schrift – geschrieben – gedruckt – gelesen usw.	Sprache – gesprochen – gesungen – gehört usw.	Tonbilder – gesprochen – gesungen – gesehen/ gelesen/ gehört usw.	Bild ohne Ton – Signale – Gestik – Mimik usw.	Ton ohne Bild – Geräusche – Tierstimmen – Musik usw.

nonverbal-audiovisuell	nonverbal-riechbar	nonverbal-schmeckbar	nonverbal-tastbar
Bild mit Ton – Film mit Musik – stumme Aktionen – Schweigemärsche – usw.	Geruch – von Menschen – von Tieren – von Sachen usw.	Genuß – essen – trinken usw.	Gefühl – kalt – heiß – hart – weich usw.

Für den Kommunikationsdesigner ist von größter Wichtigkeit, Möglichkeiten und Wirkungen dieser Verständigungsformen zu kennen, um sie für seine Ziele optimal nutzen zu können. Der Werbetexter Willy Köhler hat das einmal sehr anschaulich formuliert: »Sprache ist wie Wasser. Sie kann stillstehen wie ein Dorfteich, dahinplätschern wie ein munteres Bächlein, gemächlich fließen wie ein träger Strom, schäumen wie ein Wildbach, spritzen wie eine Fontäne, rauschen wie das Meer, mitreißend donnern wie ein Wasserfall, flüstern wie eine verborgene Quelle, müde machen wie ein Landregen, ermuntern wie eine erfrischende Brause und einen umwerfen wie ein Wolkenbruch. Wer nur ›richtig‹ redet, der fabriziert H_2O; erst mit der Dynamik, mit Ebbe und Flut, mit Steigen und Fallen kommt Kraft in die Sprache, wird etwas bewegt.«

Während der Werbetexter durch die Beschränkung auf gesprochene oder geschriebene Worte sich auf verkaufsfördernde Formulierungen konzentrieren muß, versucht der verbale Designer die ganze Skala von informativen, aufklärenden und wissensvermittelnden Sinngehalten in eine verständliche Ordnung zu bringen, die aussagekräftig, interessant und einprägsam die visuelle Kommunikation allgemein stützt, ergänzt oder sogar ersetzt. Verbale Kommunikation ist also ein Oberbegriff von Werbetextgestaltung.

Gesprochenes zum Hören

Verbale Kommunikation im Sinne von Akustik ist Hör-Text. Dieser ist das Darstellungsmittel im audioverbalen Design.

Der Mensch ist das einzige Lebewesen, das sprechen kann – oder anders ausgedrückt: »Der Mensch ist nur Mensch durch die Sprache«, schrieb Wilhelm v. Humboldt. Und an anderer Stelle: »So wie für jeden Laut ein Zeichen gegeben ist, gewöhnen sich das Ohr und die Sprachorgane, ihn immer genau auf dieselbe Weise zu fordern und wiederzugeben; zugleich wird er, mit Abschneidung des unbestimmten Tönens, mit dem, im ungebildeten Sprechen, ein Laut in den andren überfließt, schärfer und richtiger begränzt. Diese reinere Aussprache, die feine Ausbildung des Ohrs und der Sprachwerkzeuge ist schon an sich, und in ihrer Wirkung auch auf das Innre der Sprache von der äußersten Wichtigkeit; die Absonderung der Lautelemente übt aber auch einen noch tiefer in das Wesen der Sprache eingehenden Einfluß aus.«

Warum spricht der Mensch?

Sprechen ist ein Austausch von Denkvorgängen: »Die Sprache wurde dem Menschen gegeben, um seine Gedanken auszudrücken« meinte der Komödiendichter Molière schon vor über 300 Jahren. Wer spricht, der denkt, und wer denkt, der spricht auch. Als der Mensch anfing, zuerst über seine Umgebung, seine Mitmen-schen, seine Umwelt, dann über die Welt an sich und schließlich über sich selbst nachzudenken, kam er zur Philosophie. Diese Wissenschaft wäre ohne Sprache undenkbar.

Der Kulturhistoriker Jacob Burckhardt (1818–1897), Begründer einer systematischen Kunstwissenschaft, sagte einmal dazu: »An der Spitze aller Kultur steht ein geistiges Wunder: die Sprache, deren Ursprung, unabhängig vom Einzelvolk und seiner Einzelsprache, in der Seele liegt…« Poetischer formuliert es der Franzose Joubert in »Gedanken und Maximen«: »Zeichnung ist Sprache für die Augen, Sprache Malerei für das Ohr.«

Marshall Mc Luhan (»The Medium is the Massage«) bilanziert – Humboldt folgend: »Bis das Schreiben erfunden wurde, lebte der Mensch in einem akustischen Raum: grenzenlos ohne Richtung und Horizont, in der Dunkelheit des Geistes, in der Welt der Gefühle, in der ursprünglichen Intuition, in Terror. Das beherrschende Organ der sinnlichen wie sozialen Orientierung in voralphabetischen Gesellschaften war das Ohr – Hören bedeutete Glauben! Das phonetische Alphabet zwang die magische Welt des Ohrs, sich der neutralen Welt des Auges zu ergeben.«

Wer im Großen Meyer unter »Sprache« nachschlägt, findet folgende Passage: »System von Zeichen, das der Gewinnung von Gedanken, ihrem Austausch zwischen verschiedenen Menschen sowie der Fixierung von erworbenem Wissen dient. Sprache kann als akustisches (Folge von Schallereignissen), soziales (mindestens 2 Sprecher/Hörer sind beteiligt) oder psychisches Phänomen (setzt innerpsychische Prozesse *vor* einer sprachlichen Äußerung und *nach* deren Rezeption voraus) oder auch als System logischer Operationen aufgefaßt werden. Die Beziehung zwischen Zeichen (z. B. sprachliche Äußerung) und Bezeichnetem (Ausschnitt aus der außersprachlichen Wirklichkeit) hängt von der jeweiligen Sprachgemeinschaft ab, die einem bestimmten Ausschnitt aus der Wirklichkeit ein bestimmtes Zeichen konventional zuordnet.«

Menschliche Sprache wird durch Laute ausgedrückt und durch gefügte Worte dargestellt. Nach Ludwig Wittgenstein (1889–1951), dem österreichischen Philosophen, »kann man die Schrift als eine Sprache zur Beschreibung von Lautbildern auffassen«.

Eine besondere Form der sprachlichen Verständigung ist das Morse-Alphabet: Eine Kodierung von Sprache, die zwar wie das Sprechen über das Hören wahrgenommen wird, aber, ähnlich der Blindenschrift, bereits über das Alphabet verschlüsselt wird. Dieses »Gehör-ABC« ist 1837 von Samuel Morse erfunden worden und besteht aus zwei auditiven Elementen – kurze und lange Töne – die pro Buchstabe entsprechend kombiniert und vom Ohr unmißverständlich unterschieden werden: eigentlich eine primitive Zeichensprache. Ursprünglich für die Telegrafie entwickelt, wurde sie später auch als visuelle Signalgebung, etwa durch Lichtimpuls oder Flaggenzeichen, eingesetzt – vor allem da, wo die Botschaft über weite Entfernungen vermittelt werden mußte, auf Zeichen beschränkt war und absolute Zuverlässigkeit vorausgesetzt wurde: zum Beispiel SOS = Save Our Souls = dreimal kurz, dreimal lang, dreimal kurz (…–––…).

Wie spricht der Mensch?

Sprechen ist oft nicht mehr als lautes Denken. Heinz Hartwig, der Mahner für eine saubere Werbesprache, hat sicher nicht unrecht, wenn er sagt: »Was wir im Alltagsleben miteinander reden, ist mehr oder weniger ein zusammenhangloses, vergnügliches Dahinschwätzen. Es sind unvollendete Satzfetzen, lose Wortfolgen. Oft nur Einzelwörter, Sprachbrocken. Selbst ernsthaftere Diskussionen oder Fachgespräche müssen als amorph (= gestaltlos) bezeichnet werden, und die meisten Reden – sieht man von einigen großen Rhetorikern ab – sind ebenfalls nicht logisch, ja nicht einmal wohllautend aufgebaut, wenn sie überhaupt ein Konzept haben.« Und an anderer Stelle fährt er fort: »Mag das normale Verkaufsgespräch im Einzelhandelsgeschäft davon (Anm.: von der geprägten und geformten Sprache) auch nicht viel hören lassen, erstrebt ist es allemal, und die gekonnte Werbesprache des versierten Außendienstlers verrät dem Kundigen die psychologisch klug gegliederte und gut einstudierte Vorlage. Unzählige Seminare beschäftigen sich mit Ausbildungsprogrammen dieser Art, durch die Damen und Herren mit entsprechender Begabung auf ihre Besuchstätigkeit vorbereitet werden. Jeder weiß das. Aber wenn es an das Verfassen eigentlicher Werbetexte geht, die über kostspielige Medien an die Konsumenten gebracht werden, ist man vielerorts erstaunlich nachlässig in Bezug auf erprobte Gestaltungskriterien. Ja, beim Texten glaubt jeder, einfach mitmischen zu können. Besonders, wenn es sich nur um gesprochenen Text handelt. Dabei sind gerade hier äußerste Wortsparsamkeit und sorgfältigste Wortauswahl das Gebot Nummer eins. Denn, wenn gesprochene Werbung sich nicht oder kaum vom sonst Gesprochenen unterscheidet, wie will sie dann wirken?«

Sprechen kann auch durchaus hohen Ansprüchen gerecht werden – wenn man einen Vortrag zum Beispiel klar und logisch gegliedert aufbaut, Thesen und Antithesen aufstellt, die jeweils belegt werden können, eine Übersicht am Anfang und ein Resümée am Ende einbaut, gut formuliert, mit Passagen, bei denen jedes Wort sitzt wie ein gezielter Hieb – dazu mit kurzen und langen Sätzen einen Rhythmus einhält, der den Leser oder Zuhörer stets aufmerksam sein läßt; wenn man zur Steigerung des Wesentlichen die Stimme an-

In DÜSSELDORF läuft immer 'was.

5 Idiom in einem Fremdenverkehrs-Plakat

hebt, nachdem sie vorher bewußt gedämpft gehalten wurde.

Als melodisches Sprechen kann man Singen oder Sprechgesang bezeichnen. Zwischen dem mittelalterlichen Minnelied und dem gesungenen Slogan von heute liegt zwar ein weiter Weg, die Wirkung des Werbens indes ist ähnlich, auch wenn der jeweilige Anlaß zur Komposition große Unterschiede aufweist.

Wenn heutzutage so mancher Werbetext durch eine oder mehrere Anleihen bei der Umgangssprache zustandekommt (vgl. Abb. 5), so liegt dies meiner Meinung nach nicht nur im angestrebten Verständnis bezogen auf die Rezepientengruppe, sondern auch daran, daß angeblich nur diese Gegenwartssprache jene Zwei- und Dreideutigkeiten zuläßt, welche die notwendige Spannung aufbauen, die von einem zum anderen Partner ein »Zwischen« erzeugt – wie es der Religionsphilosoph Martin Buber nennt – das »in schließlichem Verstehen mündet und die Kommunikation vollendet«.

Nach Untersuchungen von Peter Teigeler (»Verständlichkeit und Wirksamkeit von Sprache und Text«) bestehen 50 Prozent unserer tatsächlich gesprochenen Umgangssprache lediglich aus 207 Wörtern! – vorwiegend kurze Ein- oder Zweisilber. Heinz Hartwig (»Verbale Kommunikation heute«) folgt Martin Buber, wenn er schreibt: »Echte verbale Kommunikation wird im Bereich der Werbung nicht durch Papierdeutsch oder Ausflüge ins Dichterische erzielt, sondern durch Benutzung des gegenwärtig gebräuchlichen, aktiven Wortschatzes der den Konsum bestimmenden Generation (vgl. Abb. 6). Das Gestalten der Sprechtexte bezieht sich weniger auf Wortwahl und Satzbau – die nahe an der Umgangssprache bleiben müssen – als vielmehr auf die sinnvolle Anpassung an die gewählten Werbemittel und Werbeträger. Eine öffentliche Lautsprecherdurchsage braucht eine andere Diktion als eine im häuslichen Umkreis abzuspielende Werbeschallplatte; und wenn wir einen alten pensionierten Oberregierungsrat eine werbende Aussage machen lassen, muß das wohl (selbst bei Verwendung gleicher Begriffe) anders klingen, als wenn eine abgehetzte Chefsekretärin das sagt. Was bedeutet, daß der Texter sich in den verschiedenen Sprechweisen auskennen muß. Er muß Land und Leute studieren. Das ganze Land und viele Leute!«

Diese Ansicht teile ich voll und ganz.

Was spricht der Mensch?

Sprechen ist ein derart vielschichtiger Komplex, daß man ihn nur annähernd mit einer Skala von Sprecharten und den zugeordneten Texttypen darstellen kann. Grundsätzlich haben zwischenmenschliche Artikulationen passive und aktive In-

6 Großplakate für eine Kaffee-Marke mit wechselnden Schlagzeilen in österreichischer Mundart

halte im allgemeinen, unterhaltenden, erzieherischen, darstellenden und beeinflussenden Charakter im besonderen:

Sprechart	Texttyp
fragen	Erkundigung
meinen, äußern, aussagen	Rat, Antwort
sagen, mitteilen	Informationsübermittlung
eröffnen	Bekanntmachung
bekanntgeben	Neuigkeit, Gerichtsurteil
rufen, ausrufen	Parole
betonen	Wichtigkeit
reden, aussprechen	Problem
plappern, ausplaudern	Geheimnis
plaudern, schwätzen	Zwiegespräch, Mehrgespräch
murmeln	Selbstgespräch
bemerken	Kommentar
referieren	Rede, Predigt, Plädoyer
erklären	Sachverhalt, Instruktion
lesen	Vorlesung
erzählen	Märchen, Geschichte
rezitieren	Prosa
aufsagen, hersagen	Poesie, Lyrik
deklamieren, ausdrücken	Monolog, Dialog
aussprechen, betonen streiten	Diskussion, Debatte
überreden, überzeugen	Verkaufsgespräch, gesprochener Slogan
usw.	usw.

Hören wird über den akustischen Sinnesbereich erfahren. Irgendwann »setzte der Federkiel dem Gespräch ein Ende...« Das Auge trat an die Stelle des Ohrs und wurde zum richtungsweisenden Sinnesorgan: »...Der rationale Mensch unserer westlichen Kultur ist ein visueller Mensch.«

(Mc Luhan)

Geschriebenes zum Lesen

Verbale Kommunikation im Sinne von Schrift ist Lese-Text. Dieser ist das Gestaltungsmittel im visuell-verbalen Design.
Die 26 Buchstaben unseres Alphabets sind, entsprechend aneinandergereiht, als Schrift das wichtigste Kommunikationsmittel für alle Menschen, die Lesen und Schreiben gelernt haben. Freude und Trauer, Wahrheit und Unwahrheit – mit dem geschriebenen oder gedruckten Wort funktioniert unser Zusammenleben, wobei unwesentlich ist, daß verschiedene Länder verschiedene Sprachen sprechen.
Wer im Großen Brockhaus unter »Schrift« nachschlägt, kann lesen, daß »ursprünglich bei allen Völkern Bildzeichen und Buchstaben als heilige, mit besonderer Macht geladene Zeichen galten, die nur

von bestimmten Priestern verstanden werden konnten. So besitzen Schriftzeichen Schutz- und Heilkraft.«

Botschaften und Gebote auszusenden und Denkvorgänge zu fixieren, sind menschliche Bedürfnisse, die wahrscheinlich schon so alt sind wie die Sprache selbst. Der intellektuelle Prozeß, der zur optimalen Erfüllung dieser Bedürfnisse einsetzte, mündete in die Erfindung der Schrift: mit ziemlicher Sicherheit eine der größten, die der Mensch bis heute gemacht hat.

Seit ihrer Entstehung vor 3000 v. Chr. ist die Schrift also das wichtigste Mittel zur Verständigung und Dokumentation: Für Wirtschaft und Politik ist sie ebenso unentbehrlich wie für Kultur und Religion. Die Keilschrift der Babylonier und die Hieroglyphen der Ägypter waren noch ziemlich kompliziert und standen eigentlich der Verbreitung des Alphabets im Wege. Erst durch die Entwicklung der Buchstaben-Laute wurde das Kommunikationsmittel Schrift auch für profane Zwecke gewinnbringend. Das Konsonanten-Alphabet – einfache geometrische Formen – haben die Griechen von den Phöniziern übernommen und durch Hinzufügen von Vokal-Zeichen um 1000 v. Chr. (Inschrift auf dem Sarkophag des Königs Ahiron von Byblos) zur Mutter aller west- und osteuropäischen Schriften kultiviert. Während in der Sowjetunion die ursprünglich ostgriechische, später kyrillische Schrift vorherrschte und bis heute weiterlebt, dominierte im Bereich der römischen Kirche die aus dem Westgriechischen hervorgegangene lateinische Schrift, die sich dann auch über die ganze Welt ausbreitete.

Ein griechisch-römischer Fortschritt von Bedeutung war es, als man mit Knochengriffeln Buchstaben in mit Wachs präparierte Holztäfelchen einritzen konnte. Vollends schreiben konnte man jedoch erst mit der Schilfrohrfeder auf Papyros, dem Vorgänger des heutigen Papiers: Gegen Ende des 8. Jahrhunderts der neuen Zeitrechnung entstand die sogenannte »Karolingische Minuskel«, eine Kleinbuchstabenschrift mit antiken Elementen. Weil sie am Hof Karls des Großen eingeführt wurde und sich sodann als abendländische Schrift fortsetzte, kann dieser Herrscher als ihr eigentlicher Vater angesehen werden.

Seit der revolutionären Entdeckung von 1453 – der Erfindung der Buchdruckerkunst mit einzeln gegossenen und auswechselbaren Lettern durch Johannes Gutenberg, welche die Vervielfältigung einer Nachricht erst möglich machte – hat man ein Verhältnis zur Schrift gefunden, das von hoher Achtung geprägt ist und in seinen Grundzügen auch heute noch Gültigkeit besitzt. Die Kunst, etwas mittels Schrift zu gestalten, nennen wir Typografie. Die Schrift im typografischen Sinne soll aber das Thema des nächsten Abschnitts sein.

Während es für verschiedene Bereiche des Lebens auch noch andere Möglichkeiten gibt, mittels Schriftzeichen Nachrichten zu übermitteln (Gehöralphabet von Morse, Tastalphabet von Braille, Stenografie von Gabelsberger), ist es der Druckbuchstabe, die Satztype, das Schriftzeichen, welches uns tagtäglich, stündlich – ja, man kann sagen permanent – begegnet.

Wir unterscheiden beim Lesen grundsätzlich Großbuchstaben (Majuskeln) und Kleinbuchstaben (Minuskeln). Gehen wir von dieser Regel ab, so ist damit bereits ein beabsichtigter höherer Aufmerksamkeitswert verbunden. Aus »Bruckmanns Handbuch der Drucktechnik« kann man zum Thema »Lesefreundlichkeit« folgende Passage entnehmen: »Da es nur zwei Arten von Zeilen gibt, wird, um dem formalen Einerlei zu entgehen, immer wieder versucht, diese zu variieren. Der Bleisatz, der von seiner Anlage her starr ist, begnügt sich mit Verschieben oder Versetzen der Zeilen. Die meisten Varianten dazu liefert der ›Flattersatz‹.

*7 Eine senkrecht stehende Zeile verstärkt
den Blickfang*

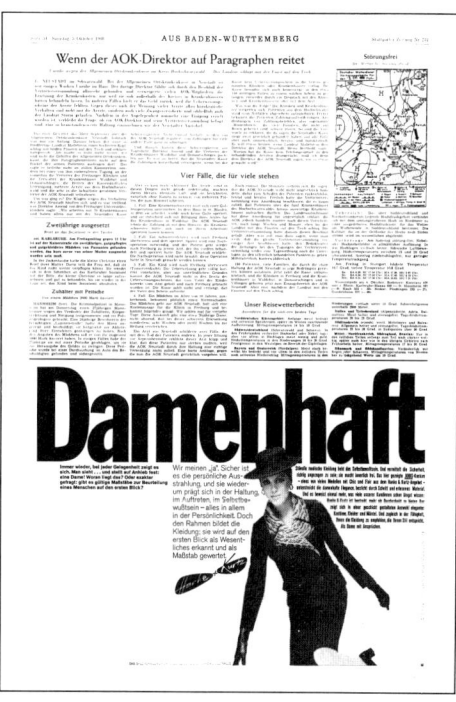

*8 Ein Schriftgrößen-Kontrast erhöht die Auf-
merksamkeit*

Unter Flattersatz versteht man einen freien Zeilenfall, der nach optischen Grundsätzen so reguliert wird, daß die Zeilenschwankungen innerhalb einer bestimmten Bandbreite bleiben. Normal wird ein Wechsel zwischen längeren und kürzeren Zeilen gefordert. Trennungen sollen nach Möglichkeit vermieden werden. Allenfalls ist es gestattet, Vor- oder Nachsilben abzutrennen. Da der Zwang zur einheitlichen Länge hier entfällt, also die Wortpausen weder gedehnt noch verkürzt zu werden brauchen, werden sie über sämtliche Zeilen hinweg optisch gleichgehalten. Flattersatz bringt also im Gegensatz zu seiner ›unruhigen‹ rechten Kante im Text ein ruhiges, bei guter Setzweise kompaktes Bild.«

Bei der Zeile als Kompositionselement unterscheiden wir folgende fünf Versionen:
– Blockform
– freie Form linksbündig
– freie Form rechtsbündig

– freie Form versetzt und
– freie Form Mitte.

Blockform und freie Form Mitte assoziieren Ruhe, während die anderen Formen den Eindruck von Bewegung vermitteln.

Künstlerische Gestaltung mit Schrift zeigt sich zum einen im höheren Aufmerksamkeitswert der Mitteilung, zum anderen in der Art und Weise, wie dieser Reiz zustandekommt: durch die Gesetze von optischer Spannung und visueller Ästhetik – Blickfang und Harmonie. Um die Bedingungen dieser Gesetze zu erfüllen und gute von schlechter Typografie unterscheiden zu können, bedarf es einer Untersuchung der vorhandenen Möglichkeiten.

Erhöhte Aufmerksamkeit beim Lesen kann man auf verschiedenen, bereits erprobten Wegen erreichen: durch
– die Schreibweise (groß, klein),
– die Richtung der Schrift (seitenverkehrt, gestürzt usw., vgl. Abb. 7) sowie durch

– syntaktische (gesperrt, überlappend usw.),
– semantische (verschiedene Stilformen) oder
– pragmatische (geprägt, gestanzt, gemalt usw.) Schriftbilder.

Wie die Lehre für die harmonischen Verbindungen von Tönen und Akkorden im musikalischen Satz, so hat auch die Lehre von der visuellen Ästhetik in der Gestaltung mit Schrift ihre Gesetzmäßigkeit: Harmonie ist nicht immer das Gewichtungs-Verhältnis 50:50, eher 30:70, manchmal sogar 5:95. Denken wir nur an den klassischen geometrischen Leitsatz vom »Goldenen Schnitt«. Gleiche Gewichtung ist meistens langweilig in ihrer Wirkung. Auf den einfachsten Nenner gebracht, könnte man sagen: Zwei gegensätzlich dosierte Disharmonien sind zusammen fast immer harmonisch (in der Mathematik ist Minus mal Minus = Plus).

Abgesehen vom Aufmerksamkeitswert kann man auch mit der Typografie sprachliche Differenzierungen darstellen: durch
– die Schriftart-Akzentuierung (Antiqua-, Frakturschrift usw., vgl. Abb. 9),
– Schriftcharakter-Akzentuierung (Wechsel von breiten und schmalen, geraden und kursiven Typen usw.),
– Schriftgrößen-Akzentuierung (kleine oder große Typen, vgl. Abb. 8),
– Wiedergabe-Akzentuierung (sperren oder unterstreichen usw.) oder
– die Akzentuierung durch bildhafte Typografie (dadaistische Spielformen usw.).

Wer die Gestaltungsmöglichkeiten der Typografie systematisch ordnet, erfährt, daß die Schrift dem Designer universelle und variantenreiche Möglichkeiten bietet, wenn er dem Leser die Mitteilung so präsentieren muß, wie jener sie am besten verstehen kann und wie sie der Schreiber verstanden haben will.

Im einzelnen gibt es hier folgende Gestaltungsmöglichkeiten:

formbezogen	formatbezogen	formationsbezogen	farbbezogen
– schmale mit breiter Schrift kombiniert – magere mit fetter Schrift kombiniert – halbierte Schrift – versetzt montierte Schrift – verschiedene Schriftcharaktere in einem Wort (groß-klein, breit-schmal, mager-fett) – perspektivisch verzogene, verzerrte Schrift – kursive Schrift links- oder rechtslaufend – tanzende Buchstaben innerhalb eines Wortes	– kleine Schrift im großen freien Umfeld – große Schrift im kleinen freien Umfeld – schmale Schrift auf Breitformat – breite Schrift auf Hochformat – formatangeschnittene Schrift – willkürlich verteilte oder verstreut gesetzte Wörter – symmetrischen Text an den Formatrand stellen oder Schrägsatz in einer Ecke des Formats beginnen lassen – negative Schrift so anschneiden, daß der weiße Anfangs- oder Endbuchstabe in die weiße (unbedruckte) Fläche hineinragt	– auf mehrere Ebenen nebeneinandergesetzte Wörter – in Kurven nebeneinandergesetzte Wörter – mischen von kompreß gehaltenem und stark durchschossenem Satz – nach einer vorgegebenen Form gesetzte Schrift (z. B. Kugel, Kegel, Kreis, Dreieck, Quadrat) – horizontal/vertikal laufende Zeilen (Kreuzworträtsel-Satz) – mischen von linksangeschlagenem und rechtsangeschlagenem Satz – nach metrischen Endungen gesetzte Zeilen	– schwarze Schrift auf weißem Grund – weiße Schrift auf schwarzem Grund – wechselseitige Wort-Bild/Grund-Durchdringung – helle Schrift auf dunklem Grund oder umgekehrt – Glanz-Schwarz auf Matt-Schwarz oder umgekehrt – rote Schrift auf weißem Grund oder umgekehrt – rote Schrift auf gelbem Grund oder umgekehrt – rote Schrift auf violettem Grund oder umgekehrt usw.

Wir haben Ihren Füßen heute eine Eröffnung zu machen.

Hier. Und in der Schadowstraße 20.

9 Schriftart-Akzentuierung macht einprägsam

10 Layout-Schema nach amerikanischem Vorbild

Typografie als Medium

Gestaltete Schrift hat die Aufgabe, Sprache ihrem Inhalt gemäß zu fixieren. Wir unterscheiden dabei grundsätzlich zwischen semantischer und syntaktischer Funktion. Die Wahl des Schriftcharakters betrifft die Semantik, die Wahl der Schriftanordnung die Syntaktik der Typografie. Der Schriftcharakter bezieht sich auf die formalen Eigenschaften, unter Schriftanordnung werden die Strukturierung von Text, »seine typografische Organisation« auf dem Zeichenträger sowie die Zuordnung zu anderen typografischen Zeichen und Bildern erfaßt.

Während das Sprechen durch Laute aufrecht erhalten wird, basiert die geschriebene und gedruckte Kommunikation auf dem Erkennen und Verstehen von Zeichen. Jedes Zeichen bedeutet etwas. Aber nicht jedes Zeichen bedeutet für jeden Empfänger dasselbe. Welche semantischen Funktionen können den Schriftzeichen zugemutet werden? Beispiele bieten uns in Hülle und Fülle Anzeigen in der Tagespresse und in Illustrierten.

Das inzwischen klassisch gewordene Inseratlayout-Schema: Bild – Schlagzeile – Kleintext (vgl. Abb. 10) hat sich irgendwann einmal durchgesetzt – die typische Strukturierungsmasche, möchte man fast sagen. Doch der Prozeß der Abnutzung dieses Musters durch Gewöhnung stellt Texter, Art Directors und Typografen vor Probleme: Beibehaltung oder Abhebung gegenüber anderen. Der Schrift kommt dabei eine zentrale Funktion zu, und zwar erstens durch die Größe, zweitens durch originellere Schriftarten. Die Amerikaner landeten so bei der »Futura«. Wir selbst verdrängten gängige Grotesk-Schriften zum Beispiel durch die moderne »Univers«, nachdem wir die »Helvetica«-Welle hinter uns hatten. Nicht, daß wir keine »Futura«-Welle gehabt hätten – im Gegenteil: Die Ausrichtung nach amerikanischen Leitbildern klappt vorzüglich.

Die Grotesk-Schrift gilt als neutral und fortschrittlich. Diese Tatsache erklärt sich aus ihrer Vergangenheit. Als Schrift des 19. Jahrhunderts ist sie ein Symbol der Industrialisierung: sachlich und nüchtern. Als ideologisches Attribut der Zwanziger Jahre, vor allem des Bauhauses, ist sie Ausweis progressiven Designs. Wenn »fortschrittlich«, kann die Grotesk dann auch noch »neutral« sein? Diese Frage kann deshalb mit »ja« beantwortet werden, weil es innerhalb der Grotesk-Charaktere schon immer eine Unmenge verschiedener Arten gab, die zumeist in Schnitten angeboten werden, die sich aus der Kombination von fett und schmal, breit und mager, kursiv und eng zusammensetzen. Inzwischen haben andere Schriften – nicht zuletzt durch die moderne Layoutsatz-Technik – nachgezogen.

Während Grotesk-Schriften einen gewissen appellartigen Charakter besitzen, haben Antiqua-Schriften in den vierziger Jahren unseres Jahrhunderts die Fraktur als Werkschrift abgelöst. Wenn es um die Übermittlung besonders langer Texte geht, bietet sich die Antiqua als klar leserliche, im Unterschied zur Grotesk wenig ermüdende Schrift an. Der redaktionelle Teil von Tageszeitungen oder Illustrierten in Grotesk gesetzt, wäre fast undenkbar. Der Typograf hat beim Buch- oder Zeitschriftenlayout genügend Auswahl, um solche Antiqua-Typen zu verwenden, die einerseits zum Charakter des Textes passen, ohne andererseits um jeden Preis syntaktisch funktionieren zu müssen. Anders ausgedrückt: Im fortlaufenden Text, der mehr der Information, der Unterhaltung oder der Wissensvermittlung, weniger dem verkaufsfördernden Appell dienen soll, hat die typografische Kommunikation andere Funktionen zu erfüllen als in der Werbung. Die Schriftanordnung dient der flüssigen Lesbarkeit, die Schrifttype darf beim Lesen nicht durch Anstrengung zur frühzeitigen Ermüdung beitragen. Dennoch gibt es auch innerhalb ähnlicher Textsorten unterschiedliche Gestaltungsprinzipien: Eine Fachzeitschrift zum Beispiel wird eine nüchternere Typografie, sprich: sachlichere Antiqua-Typen aufweisen als ein belletristisches Buch.

Typografie und Layout sind für die kognitive Strukturierung schriftlicher Texte von nicht zu unterschätzendem Wert. Peter Teigeler, anläßlich eines Vortrags auf dem Kongreß des Bundes Deutscher Werbeberater (BDW) 1973 in Düsseldorf: »...allerdings finden wir hier die stärksten Widerstände gegen eine kommunikationsbezogene Gestaltung schriftlicher Texte ...denn die typografische Gestaltung von schriftlichen Texten geschieht seit jeher hauptsächlich nach traditionellen ästhetischen oder ökonomischen Gesichtspunkten oder, wenn es hochkommt, nach Überlegungen vorwissenschaftlicher Art. So ist z. B. die inkongruente (= nicht übereinstimmende) Typografie der Frankfurter Allgemeinen Zeitung das Resultat verzweifelter Stellungskämpfe traditionellen Denkens. Die fast ubiquitäre (= überall verbreitete) Vorliebe der Typografen, wichtige Wörter im Text kursiv zu setzen, beruht auf Konventionen der Ästhetik, denen zufolge die ›gleichmäßige Grauwirkung‹ einer Buchseite als optimal gilt...«

Noch einmal: Das Ziel von Typografie ist die visuelle Darstellung verbaler Aussagen mittels Schrift und deren Anordnung. Die semantische Strukturierung von Text ist dabei wichtigstes Kriterium, wobei Schriftschnitte und -größen, Kolumnenbreiten, -höhen und -stellungen manchmal wesentlicher sind als die Schriftart. Dazu wieder Peter Teigeler: »Nicht nur die Verständlichkeit von Texten ist mit von ihrer typografischen Gestaltung abhängig, sondern das typografische Bild eines Textes ist auch dazu geeignet, eine Wirkung auf den Betrachter auszuüben, d. h. affektiv-emotionale Reaktionen (Gefallen, Mißfallen, Assoziationen, Gefühle usw.) in ihm hervorzurufen. Dieser Wirksamkeitsfaktor typografischer Gestaltung ist im Gegensatz zum kognitiven Aspekt der Typografie (Lesbarkeit) bisher nur in sehr geringem Maße empirisch erforscht, obwohl er ebenfalls für weite Bereiche des Kommunikationsgeschehens sehr relevant ist.«

Tonbilder zum Hören und Sehen

Verbale Kommunikation im Sinne von tönender Dia- oder Kino-Projektion ist illustrierter Hör- und Lese-Text. Dieser ist das Gestaltungsmittel im audiovisuell-verbalen Design.
Ob nun die Überzeugungskraft der hörbaren oder der lesbaren Sprache unterschiedlich groß ist oder nicht, darüber kann man geteilter Meinung sein. Strittig ist meines Erachtens nicht, daß Gehörtes zwar suggestiver wirkt als Gelesenes, weil der Sprecher seine Stimme gezielt einsetzen kann – wer jedoch schon einmal den einen oder anderen Satz mehrmals lesen mußte, um ihn richtig zu verstehen, weiß vielleicht, um wieviel effektiver Geschriebenes sein kann. Unbestritten ist wohl auch, daß ein Zusammenwirken von Bildern (Foto, Film) und Worten (Schrift, Sprachton) die Kraft der betreffenden Aussage multiplizieren kann: Marktschreier, Moritatensänger und wandelnde Plakate in Form der »Sandwichmänner« waren die Vorläufer der kinematografischen Projektion. Heute gibt es außer Fremdenführern, Conférenciers und Entertainern die Video-Technik. Diese kann sogar Bildsignale und Tonimpulse speichern.
Doch erst einmal zurück in das Jahr 600 n. Chr.: Die Chinesen druckten mit eingefärbten Stempeln und Platten schon richtige Bücher – 850 Jahre vor Gutenberg, des-

sen geniale Schöpfung nicht, wie oft fälschlich behauptet, in der Druckkunst allein, sondern im Erfinden von beweglichen Druckbuchstaben bestand. Seit über 530 Jahren kann man aufgrund dieser Entdeckung schneller und mehr drucken als jemals vorher.
Jacques Daguerre erfand 1839 die Fotografie und verbesserte auf einen Schlag sämtliche Holzschnitt-, Kupferstich- und Radierungsverfahren um die Strichätzung, bevor sich fast 50 Jahre später die Autotypie von Meisenbach und Schmädel (1887) dazugesellte: Alle Vorlagen konnten nun in Halbtönen naturgetreu wiedergegeben werden und ließen das Bild in der Kommunikationsbranche gleichberechtigt neben dem Text erscheinen. Ende des 19. Jahrhunderts »lernten die Bilder laufen« und weitere 30 Jahre später auch »sprechen«.
Dann ging es Schlag auf Schlag:
1923: Erste Werbefunksendung
1936: Erster Farbtonfilm
1936: Erste Fernsehsendung
1967: Erste Farbfernsehsendung
Das Tonbild erschloß vor allem der Werbung völlig neue Möglichkeiten, aber auch Bedingungen. Jetzt mußte sich nicht mehr die Technik dem Text unterordnen, sondern umgekehrt: Das tönende Stehbild (Ton-Dia, Ton-Bildschau, Ton-Multivision) zum einen und das tönende Laufbild (Kino-Werbefilm, TV-Werbefilm) zum anderen verlangten verbale Präzisionsarbeit, sekundengenaue Abstimmung von Text und Bild im Drehbuch, optisch und akustisch geeignete Sprecher und nicht zuletzt die Würze der Kürze: Fernsehspot-Sekunden sind teuer! Dieser Zwang zur Qualität ist auch wohl einer der Gründe, warum audiovisuelle Kommunikation so populär geworden ist; selbstverständlich neben dem Vorteil, daß die beiden wichtigsten Wahrnehmungssinne Hören und Sehen synchron anvisiert werden und dadurch Blickfang und Prägnanz zwangsläufig verstärken.

Heinz Hartwig äußert sich zum Thema »Elementare Wortkunde« in diesem Zusammenhang: »Wenn man bedenkt, daß neben dem Bild nicht nur das von einem sichtbaren Menschen gesprochene Wort verfügbar ist, sondern auch das von einem unsichtbaren (›im off‹ gesprochenen), daß außerdem noch geschriebenes (gezeichnetes oder gedrucktes) Wort erscheinen kann, daß sogar gesungenes Wort (in Maßen, nicht in Massen) erlaubt ist, daß alle denkbaren Töne und Geräusche eingesetzt werden können und zu alledem noch einstimmende Musik kommen kann – dann wird wohl jedem einleuchten, daß der audiovisuellen Kommunikation die Palme gebührt. Besonders in der Werbung. Da sie aber in der Regel ein kostspieliges Instrument ist und somit fast nur den großen Werbungstreibenden zur Verfügung steht, dürfen wir uns getrost auch mit den Texten von Anzeigen befassen, die ohnehin zahlreicher sind. Außerdem darf man bei Lobreden auf audiovisuelle Techniken nicht ganz außer acht lassen, daß auch gewisse Gefahren damit verbunden sind. Sie liegen nicht in der Technik an sich, wohl aber in der ungeheuren Breite ihrer Anwendung oder im tatsächlichen oder drohenden Mißbrauch ihrer Möglichkeiten.«

Fazit: Text im Kommunikationsdesign darf nicht mit Typografie verwechselt werden.

Er ist vielmehr Sprache, die in drei Dimensionen gesehen werden muß: Geben – Suchen – Empfangen.

Er ist Sprache, die in Wirtschaft, Kultur und Politik Informationen ordnet, Bedürfnisse weckt, Meinungen bildet, bestätigt oder verändert. Er ist Sprache, die gesprochen, geschrieben oder illustriert bei den Zielgruppen wirken, einwirken und sich auswirken kann.

Textsorten

Für die sinnvolle Arbeit mit Texten sind folgende Abhängigkeiten zu berücksichtigen: Wer Texte beurteilt, sollte selbst schon entsprechende Texte verfaßt haben; wer Texte verfaßt, sollte bereits entsprechende Texte analysiert haben; wer Texte analysiert, sollte auch in der Lage sein, diese zu ordnen.

Damit sind wir aber schon bei der kleinsten semantischen Gliederungsform, der Textsorte. Ihre spezifische Zuordnung läßt sich anhand von drei Aspekten vornehmen:

- Konventionalisierte Absicht: wertfrei oder wertend.
- Konventionalisierte Sprachgewohnheiten: trivial, journalistisch, juristisch, wissenschaftlich, diplomatisch, manipulativ, aufrührerisch.
- Kommunikationsbedingungen: monolateral, bilateral oder multilateral.

Der jeweilige Texttyp wird, einmal abgesehen vom jeweiligen Zeitgeist, von verschiedenen Diskurswelten geprägt (z. B. Nachrichten, Presse, Rechtsprechung, Literatur, Diplomatie, Werbung usw.). In verschiedenen Diskurswelten herrschen verschiedene Wirklichkeitsmodelle vor. Der Textlinguistiker S. J. Schmidt sagt darüber: »An die Stelle eines erkenntnistheoretischen Modells mit starren Positionen (Subjekt versus Objekt, Sprache versus Wirklichkeit) tritt somit ein operationales Modell, innerhalb dessen sich einzelne ausgliederbare Positionen wie Gegenstand, Bedeutung, Gedanke, Ich etc. zuallererst als Resultate kommunikativer Handlungsspiele … ergeben können. …Das Kommunikationssystem wird in diesem Modell aufgefaßt als Vorkommensraum für Gegenständlichkeit überhaupt. Im Kontext (= Zusammenhang) sozialer Kommunikationsprozesse fällt die Entscheidung darüber, was als ›Wirkliches‹ aufgefaßt und wie es als ›Wirklichkeit‹ aufgefaßt wird.«

Karl Stocker (»Behandlung von Texten in der Gebrauchs- und Alltagssprache«) äußert sich zu diesem sprachwissenschaftlichen Thema wie folgt: »Die Frage nach der Einteilung von Textsorten wird ebensooft verschieden beantwortet, wie sie gestellt wird. Das ist einerseits beruhigend und hat andererseits Aufforderungscharakter: Jedes Konzept eines Textwerkes und jede Interpretationsanleitung dazu gelangt prompt zu verschiedenen Resultaten, was den Schluß zuläßt, daß der Begriff ›Textsorten‹, doch bloß ein Hilfs- und Arbeitsbegriff ist.« Er grenzt die Textsorten folgendermaßen ab:

- Texte mit (vorwiegend) informativer Absicht (Nachrichten aller Art, vermittelt durch die Massenmedien; Interviews, »gefilmte« Informationen usw.)
- Texte belehrenden Charakters (wissenschaftliche und populärwissenschaftliche Texte; Schulbücher; Lehrwerke, Studienunterlagen; programmierte Unterweisung, Lexika usw.)
- Texte mit der Absicht der Verhaltenssteuerung (Verordnungen, Gesetze; Erlasse, Satzungen; »Ordnungen« für Schule, Öffentlichkeit, speziell für Jugendliche)
- Appelative Textsorten (Übereinkunft, Rechtfertigung; Aufrufe, Predigten, Ansprachen; Texte der Werbung und der Propaganda)
- Texte der Auseinandersetzung (verschlüsselte, provozierende, manipulativ gehaltene, dialektisch strukturierte, in polemischer Absicht verfaßte Texte; Pamphlete, Flugblätter usw.)
- Kommentierende und kritisierende Texte (Besprechungen, Kritiken, Rezensionen; Kommentare in den publizistischen und den technischen Medien).

Aus diesem Textsorten-Katalog erkennen wir, daß die jeweilige »Senderabsicht« eine derart zentrale Stelle einnimmt, daß man von der »Textintention als Zentralkategorie« sprechen kann. Christa Gniffke-Hubrig (»Der Deutschunterricht«) gibt einige systematische Hinweise für die Analyse einer Textintention: »...sie ist zu unterscheiden, wenn auch nicht zu trennen, von dem, was ein Text meint, etwa ein Ereignis, über das er informiert, den Kauf einer Ware, für die er wirbt, oder persönliche Eindrücke, die in einem Brief mitgeteilt werden. Ebenso darf Textintention nicht verwechselt werden mit dem, was ein bestimmter wirklicher Autor eigentlich sagen wollte; dies ist nur aus dem erschließbar, was sich im Text davon vielleicht verrät, und könnte Gegenstand der Psychologie sein. Die Sache sowohl wie der Autor und der Adressat sind für uns nur da, sofern sie in einem Text objektiviert sind und unter formaler Rücksicht als Momente der objektiven Struktur des Textes erkannt werden können. Der Text aber konstituiert sich im Ganzen seiner individuellen Struktur von seiner Intention her.«

Die verschiedenen, an konkreten Texten erkennbaren Senderabsichten lassen sich mit folgendem Bezugsschema darstellen:

Sender—Sache—Text—Sprache—Empfänger

Der Sender (Autor) bestimmt das Erscheinungsbild des Textes. Der Empfänger (Leser oder Hörer) nimmt die Sache (Gegenstand) und die Sprache auf, über die bzw. in welcher der Sender schreibt. Diese Bezugsfaktoren sind in allen konkreten Texten enthalten. »Wenn also im Zusammenhang einer Textanalyse vom Autor, vom Gegenstand und vom Leser die Rede ist, so handelt es sich nicht um einen wirklichen Autor, Gegenstand oder Leser, da jedes dieser Relate fingiert sein kann, ohne daß sich dadurch etwas an der Textintention ändern würde. Ein Brief bleibt Brief, auch wenn der Adressat fingiert ist.« (Griffke-Hubrig)

Die verschiedenen Verhältnisse, die durch die Beziehung der Faktoren Sender, Empfänger, Sache und Sprache zueinander entstehen, sind: Sender/Empfänger, Sender/Sprache, Sender/Sache, Sache/Sprache, Empfänger/Sache und Empfänger/Sprache. Weil dieses Bezugsschema für die verschiedenen Inhalte der Faktoren und ihrer Verhältnisse zueinander anwendbar ist, lassen sich damit unbegrenzte Textvariationen transparent machen. Da in allen Texten außerdem alle Faktoren und Verhältnisse vorkommen können, läßt sich mit diesem Schema am besten die Bestimmung der Textsorten vornehmen.

Der Unterschied zwischen den einzelnen Typen kommt zustande durch die jeweiligen Senderabsichten im allgemeinen und die Textversionen im besonderen. Unter dem Begriff »Textversion« sind alle nur möglichen Sprachmittel zu verstehen. Je nach Absicht bestimmen also innerhalb einer Textsorte eine bestimmte Syntax, Wortwahl, Satzform, Sprachebene, rhetorische Figur usw. die Darbietungsweise einer Version. Die Absicht fixiert, welche Verhältnisse des Faktors »Sprache« der Text aktualisiert (z. B. Sprache/Empfänger oder Sprache/Sache), so daß er die für seine Sorte typischen Formen der Sprachverwendung aufweist.

Zusammenfaßend kann man sagen, daß

– Textsorten keine Mischung von äußerlichen Regeln sind. Vielmehr bilden sie semantische Bezugssysteme, die zugleich bestimmte Diskurswelten konstituieren.

– Textsorten den Erwartungsrahmen abstecken, der die Entscheidung darüber, was als »wirklich« zu gelten hat, mitbestimmt.

– mit der Textsorte, nach der der Autor verfährt, in gewissem Umfang die Absichten fixiert werden, die in einer bestimmten Situation zu realisieren sind.

Sachbezogene Mitteilungen

Die nachstehende Gruppierung von sachbezogenen Mitteilungen erhebt keinen Anspruch auf Vollständigkeit. Sie nennt nur Basissorten, nämlich Information, Bildung und Verhaltenssteuerung, die erweitert werden können. In der Praxis stößt man meistens auf Mischformen. Hier sollen lediglich typische Senderabsichten und das die Textversion bestimmende Verhältnis zur Sprache erwähnt werden. Ich könnte einige Nebenabsichten mit entsprechenden formalen Merkmalen hinzufügen, aber das würde wahrscheinlich zu weit führen. Der Leser dieses Buches, der sich intensiv mit solcher Materie auseinandersetzen will, sollte dies jedoch tun.

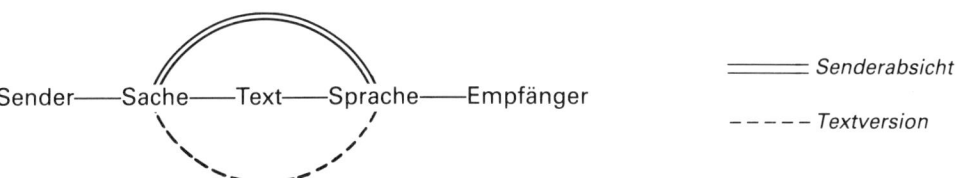

Sender——Sache——Text——Sprache——Empfänger

══════ Senderabsicht

– – – – – Textversion

Aus diesem Bezugschema können wir folgendes ablesen:

Sender-absicht	Text-version	Text-inhalt	Sender	Sache	Empfänger	Empfänger-absicht
Sache und Sprache sollen zueinander in Beziehung gebracht werden	sach-orientiert	journalistisch, wissenschaftlich usw.	Experte	wertfreie Tendenz (oft nachprüfbar, in den meisten Fällen objektiv)	jeder an der Sache interessierte Hörer oder Leser	Information (Unwissen durch Wissen ersetzen)

Außer diesem darstellenden und sachverbindlichen gibt es noch den sozialverbindlichen Texttyp, den man der Basissorte »sachbezogene Mitteilungen« zuordnen kann:

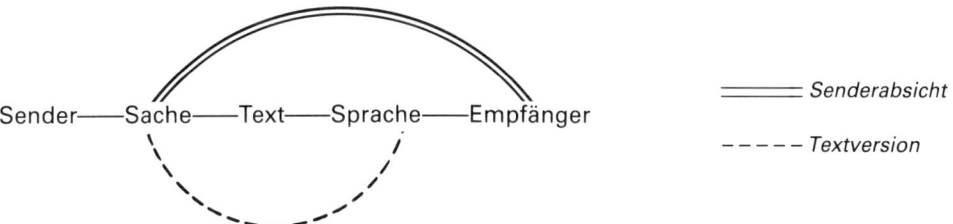

Sender——Sache——Text——Sprache——Empfänger

══════ Senderabsicht

– – – – – Textversion

Hier läßt sich das folgende Bild ablesen:

Sender-absicht	Text-version	Text-inhalt	Sender	Sache	Empfänger	Empfänger-absicht
Sache und Empfänger sollen zueinander in eine verbindliche Beziehung gebracht werden.	sach-orientiert	juristisch (verhaltenssteuernd)	Gesetzgeber (Legislative)	wertfreie Tendenz (Verbindliche Normen sozialen Verhaltens)	Justiz, Staatsbürger, Vertragspartner, Mitglieder einer Institution	Der Text soll das Handeln in Staat und Gesellschaft sowie zwischenstaatlich verbindlich regeln

Information

Als Beispiele für den Texttyp Information mögen folgende Nachrichtenvorlagen einiger westdeutscher Tageszeitungen dienen – allesamt vom 5. November 1979 zum gleichen Thema:

»Die Welt« Seite 20 (Aus aller Welt) unter der Rubrik »Leute heute«: »*Scheidung?* Die griechische Großreederin Christina Onassis und ihr sowjetischer Ehemann Sergej Kausow haben angeblich beschlossen, sich ›baldmöglichst‹ scheiden zu lassen. Das berichtet die Athener Zeitung ›Kathimerini‹. Ein Freund der 29jährigen sagte dazu: ›Tina hat endlich einsehen können, daß sie mit diesem kleinbürgerlichen, knauserigen Menschen nicht ewig zusammenleben kann.‹«

»Stuttgarter Zeitung« Seite 19 (Aus aller Welt) unter der Rubrik »Persönlich«: »*Christina Onassis*, griechische Millionenerbin, die am 1. August vorigen Jahres in dritter Ehe den damals 37jährigen Sowjetbürger Sergej Kausow geheiratet hatte, wird sich scheiden lassen, berichtete am Sonntag die seriöse Athener Morgenzeitung ›Kathimerini‹. Die Zeitung, die über ausgezeichnete Verbindungen zu der griechischen High Society verfügt, schreibt, die Verwandten der 28jährigen Christina Onassis seien bereits über die Einzelheiten der Angelegenheit unterrichtet. Gegenwärtig würden eine Reihe von Einzelfragen geklärt, ›damit alles schnell und ordnungsgemäß beendet werden kann, sobald der Augenblick der offiziellen Bekanntgabe‹ der Scheidung gekommen sei. Christina Onassis, die Erbin des Tankerkönigs Aristoteles Onassis, hatte im Juli 1971 den amerikanischen Immobilienmakler Joseph Bolker und im Juli 1975 den griechischen Bankierssohn Alexandros Andreadis geheiratet. Beide Ehen waren aber bereits nach wenigen Monaten auseinandergegangen.«

»Bild« Seite 10 unter der Überschrift: »*Tinas Russe: Er darf Tanker und Wohnung (in Moskau) behalten.*« rb. Athen, 5. November. Ist das griechisch-russische Liebesmärchen zu Ende? Tina Onassis und Sergej Kausow lassen sich scheiden, berichtet die angesehene Athener Zeitung ›Kathimerini‹. Wörtlich: ›Es müssen nur noch einige technische Details geklärt werden, dann wird die Scheidung in beiderseitigem Einvernehmen offiziell bekanntgegeben.‹ Ein Freund der Tanker-Erbin zum Athener SAD-Korrespondenten Antonaros: ›Tina hat endlich eingesehen, daß sie mit diesem kleinbürgerlichen Menschen nicht ewig zusammenleben kann.‹ Tinas Lieblingstante Artemis zu *BILD:* ›Ich kann unter diesen Umständen nichts dazu sagen.‹ Die Ehe hatte in den letzten Wochen nur noch nach außen hin bestanden. Eine Freundin: ›Kausow drängte immer heftiger nach Moskau zurück, Tina wollte nicht.‹ Tina soll Sergej als Abfindung die komplett mit finnischen Möbeln eingerichtete Moskauer Wohnung schenken. Den 75000-Tonnen-Öltanker, den sie ihm zum ersten Hochzeitstag schenkte, darf er behalten. Die Ehe der reichen Kapitalistin und dem armen Kommunisten sollte von Anfang an verhindert werden. Die Onassis-Direktoren befürchteten, Kausow (39) sei ein KGB-Agent, der auf Tina (28) angesetzt wurde, als er für die Sowjets Tankergeschäfte in Paris machte. Die zweimal geschiedene Tina setzte sich durch: Am 1. August 1978 wurde sie von einer Standesbeamtin in Moskau mit dem Russen getraut. Bald begann wieder das gewohnte Jetset-Leben: Party in Paris, Sommerfest auf Scorpios. Kausow immer artig an ihrer Seite. Wenn er angesprochen wurde, antwortete er meistens verlegen ›No, thank you‹ (Nein, danke) oder ›Yes, indeed‹ (Ja, in der Tat). Seinen Posten als Onassis-Direktor (8000 Mark Gehalt) gab er auf. Er wurde nur mit unwichtigen Dingen beschäftigt.«

»Frankfurter Allgemeine Zeitung« Seite 7 (Deutschland und die Welt) unter der Rubrik »Kleine Meldungen«: »*Christina Onassis*, die 28 Jahre alte Erbin des griechischen Reeders Aristoteles Onassis, die am 1. August vorigen Jahres in dritter Ehe den Sowjetbürger Sergej Kausow geheiratet hat, will sich scheiden lassen. Das berichtete am Sonntag die Athener Morgenzeitung ›Kathimerini‹. Das Blatt, dem man ausgezeichnete Verbindungen zur sogenannten Gesellschaft in Griechenland nachsagt, schreibt, man kläre zur Zeit eine Reihe von Einzelfragen, damit alles schnell und ordnungsgemäß beendet werden könne. (dpa)«

Sachbestimmte Texte im Sinne von Information können also Nachrichten zum Inhalt haben, die je nach Art des Kommunikationsmediums und Einstellung des Redakteurs aufbereitet und an den interessierten Leser weitervermittelt werden. Das Material dazu stammt meistens von einer Nachrichtenagentur, seltener von eigenen Korrespondenten.

Bildung

Als Beispiel für den Texttyp Bildung darf folgendes Ausschnitt-Zitat einer Festrede gelten, welche zum 150jährigen Bestehen des Börsenvereins des Deutschen Buchhandels in der Frankfurter Paulskirche gehalten wurde und das die »Süddeutsche Zeitung« in ihrer Nr. 101 vom 3./4. Mai 1975 abdruckte:

»Golo Mann, *Die Chance des Lesers*. Gedanken über das Buch und die Freiheit, die es gewährt.

Unsere Sorge um das Buch ist eine wirtschaftliche und stammt zugleich aus allgemeiner Verantwortung. Es mag der einzelne Mensch, der müde von der Arbeit kommt, nur lebende Bilder sehen oder hören, jahrelang, immer die gleichen, die man zur gleichen Zeit in allen Wohnungen des Mietshauses sieht und hört, und sonst nichts. Täte eine ganze Gesellschaft so, unter Verzicht auf andere Formen der Information und höheren Unterhaltung, eben auf das Buch, so würde sie zur Idiotie herabsinken. Aus wäre es dann mit dem vielgepriesenen mündigen Bürger. – Wir verlangen, daß den Kindern in der Schule gelehrt wird, wie man das Fernsehen zu eigenem Nutzen und Spaß gebraucht, ohne sich von ihm beherrschen zu lassen. Ich habe nicht den Eindruck, daß diese Kunst heute gelehrt wird. Wohl versucht man, Skepsis gegenüber der Reklame zu erwekken; das wäre an sich recht lobenswert. Der Witz ist aber, daß eine hier nicht weiterzubenennende Pädagogik gegen das Fernsehen durchaus nichts einzuwenden hat, vorausgesetzt, daß ihr eigener Geist es beherrscht. Denn das Fernsehen ist kollektiv, und kollektiv Trumpf; das Buch ist privat; und gegen das Private, die Konzentration des einzelnen auf einzelne, die ganz persönliche Erfahrung soll der Zeitgeist sein. Es ist aber nicht der Zeitgeist; nur eine Minderheit von theoretisch Gebildeten oder Verbildeten, die, von den Hochschulen kommend, wie sie heute sind oder gestern waren, sich selber für den Zeitgeist halten, und entsprechend walten in vielen Schulen und Schulbüchern. – Wir verlangen, daß die Chance, Lesen zu erfahren, Lesen zu genießen, in der Schule nicht erstickt, sondern mit System gefördert wird; und daß es gutes Lesen ist. Man glaubt nicht, wie zäh auch das Schlechte, Flaue, Verlogene im jungen Gedächtnis haften bleibt, so daß es ein ganzes Leben belästigen kann. Um mehr als eine Chance wird es sich niemals handeln, der eine wird sie gebrauchen, der andere nicht, oder weniger, denn es sind nicht alle Menschen gleichgemacht. Die Dinge laufen lassen, wie sie eben laufen wollen, heißt, sie abwärts gleiten lassen, oder heißt, sie laufen lassen wie schlaue, zielbewußte Minderheiten es wollen. Darauf zu vertrauen, daß der Mensch zuletzt immer richtig reagiert, daß keine Tendenz eine Alleinherrschaft gewinnen kann, sondern Gegentendenzen jeweils schon vorfindet oder sie produziert, wäre die Haltung des bloßen Zuschauers; bloße Zuschauer sind wir nicht. Wir selber sorgen für die Tendenzen und sorgen für die Gegentendenzen. Das geht nicht ohne dauernde Anstrengung. Ohne sie ist noch keine Zivilisation entstanden und hat noch keinen Bestand gehabt. Zu unserer Zivilisation gehört das Buch.«

Sachorientierte Texte im Sinne von Bildung, bzw. Wissensvermittlung, können somit wissenschaftliche Inhalte haben. Diese werden vom Redner oder Autor an einen interessierten Hörer- bzw. Leserkreis weitergeleitet, nachdem er abgesicherte Erkentnisse gesammelt hat.

Verhaltenssteuerung

Als Beispiele für den Texttyp Verhaltenssteuerung können einige Paragraphen aus der seit 1970 gültigen Fassung des Strafgesetzbuches zu *Widerstand gegen die Staatsgewalt…*, *Landfriedensbruch* angesehen werden:

»§ 110

Wer öffentlich vor einer Menschenmenge oder wer durch Verbreitung oder öffentlichen Anschlag oder öffentliche Ausstellung von Schriften oder anderen Darstellungen zum Ungehorsam gegen Gesetze oder rechtsgültige Verordnungen oder gegen die von der Obrigkeit innerhalb ihrer Zuständigkeit getroffenen Anordnungen auffordert, wird mit Geldstrafen oder mit Freiheitsstrafe bis zu zwei Jahren bestraft.

§ 111

(1) Wer auf die vorbezeichnete Weise zur Begehung einer strafbaren Handlung auffordert, ist gleich dem Anstifter zu bestrafen, wenn die Aufforderung die strafbare Handlung oder einen strafbaren Versuch derselben zur Folge gehabt hat.

(2) Dasselbe gilt, wenn die Aufforderung ohne Erfolg geblieben ist. Die Strafe kann nach den Vorschriften über die Bestrafung des Versuchs gemildert werden.

§ 113

(1) Wer einem Beamten, welcher zur Vollstreckung von Gesetzen, von Befehlen und Anordnungen der Verwaltungsbehörden oder von Urteilen und Verfügungen der Gerichte berufen ist, in der rechtmäßigen Ausübung seines Amtes durch Gewalt oder durch Bedrohung mit Gewalt Widerstand leistet oder wer einen solchen Beamten während der rechtmäßigen Ausübung seines Amtes tätlich angreift, wird mit Freiheitsstrafe von vierzehn Tagen bis zu zwei Jahren bestraft.

(2) Sind mildernde Umstände vorhanden, so tritt Freiheitsstrafe bis zu einem Jahr oder Geldstrafe ein.

(3) Dieselben Strafvorschriften treten ein, wenn die Handlung gegen Personen, welche zur Unterstützung des Beamten zugezogen waren, oder gegen Mannschaften der bewaffneten Macht oder gegen Mannschaften einer Gemeinde-, Schutz- oder Bürgerwehr in Ausübung des Dienstes begangen wird.

§ 125

(1) Wenn sich eine Menschenmenge öffentlich zusammenrottet und mit vereinten Kräften gegen Personen oder Sachen Gewalttätigkeiten begeht, so wird jeder, welcher an dieser Zusammenrottung teilnimmt, wegen Landfriedensbruch mit Freiheitsstrafe von drei Monaten bis zu fünf Jahren bestraft.

(2) Die Rädelsführer sowie diejenigen, welche Gewalttätigkeiten gegen Personen begangen oder zerstört haben, werden mit Freiheitsstrafe von einem Jahr bis zu zehn Jahren bestraft; auch kann auf Zulässigkeit von Polizeiaufsicht erkannt werden. Sind mildernde Umstände vorhanden, so tritt Freiheitsstrafe von sechs Monaten bis zu fünf Jahren ein.«

Sachgerichtete Texte im Sinne von Verhaltenssteuerung können demnach juristische Inhalte haben. Diese werden vom Staat an die Justiz oder an den mündigen Bürger bzw. den entsprechenden Vertragspartner weitergegeben, nachdem sie aus der Verfassung abgeleitet worden sind.

Empfängerbezogene Mitteilungen

Die folgende Klassifikation von persuasiven Texten nennt ebenfalls nur Grundtypen, nämlich wirtschaftliche (vgl. Abb. 11), kulturelle und politische Beeinflussung, die jeweils noch ergänzt werden können. Hier hat man es wie bei den sachbezogenen Mitteilungen auch oft mit Konglomeraten zu tun. Gleichfalls möchte ich nur jene die Textversion bestimmende Relation zur Sprache darstellen, die wieder jeweils um Nebenmotive mit den entsprechenden formalen Eigenschaften ergänzt werden kann.

Wirtschaftliche Beeinflussung

Als Beispiele für persuasive Rhetorik können folgende Inserat-Texte angeführt werden:

»Kürzlich bestellte jemand 2000 qm Bodenbelag bei uns. Unser Wolfgang Hart hat ihn auf 1800 qm runtergehandelt. Rausschmeißen sollte man den Mann? Ganz im Gegenteil. Es ist nämlich seine Aufgabe, unsere Kunden vor unnützen Ausgaben zu bewahren. Indem er jeden größeren Auftrag überprüft. Sich das Objekt ansieht. Die Baupläne zu Rate zieht. Und so beispielsweise feststellt, daß man eine Menge Bodenbelag sparen kann, wenn man nur eine andere Bahnenbreite wählt. Weil dann der Verschnitt aus dem ersten Stock genau in die Lücken im zweiten Stock paßt. Auf diese Weise hat er uns schon manchen Auftrag energisch beschnitten. Aber das ist ganz in unserem Sinne. Weil wir es vorziehen, Ihnen öfter 200 qm weniger zu verkaufen. Als einmal 200 qm zuviel. Ihre Experten für Bodenbeläge: Coverall-Teppichböden, Kunststoff-

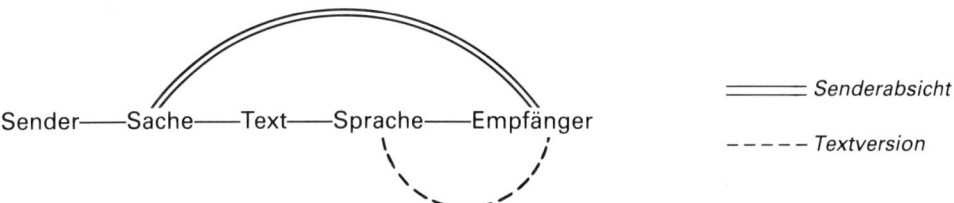

Sender——Sache——Text——Sprache——Empfänger

══════ *Senderabsicht*

‒ ‒ ‒ ‒ ‒ *Textversion*

Aus diesem Bezugsbild kann man folgendes resümieren:

Sender-absicht	Text-version	Text-inhalt	Sender	Sache	Empfänger	Empfänger-absicht
Sache und Empfänger des Textes sollen zueinander in Verbindung gebracht werden	empfängerbe-zogen	verkaufsfördernd, meinungsbildend, meinungsverändernd	Werbeberater, Publizist, Politiker	werbende Tendenz (eine Ware, umstrittener Sachverhalt von allgemeinem Interesse, politische Partei, Politiker, politische Meinung)	lesende oder zuhörende Gruppen unserer Gesellschaft (Verbraucher, Wähler)	Information (Warenübersicht), Aufklärung, usw.

beläge, Linoleum, Stragula. DLW Deutsche Linoleum-Werke Aktiengesellschaft, 7120 Bietigheim.«

»Windstärke 10... der Passagier ist wohlauf! Güter nach Übersee sind im Lupolensack gut aufgehoben. Weil er nicht verrottet. Weil er gegen Schimmel, Bakterien, Insekten und Algen unempfindlich ist. Weil er Temperaturschwankungen und mechanischer Belastung mühelos widersteht. Das macht ihn stabil und reißfest auch bei extremen Transportbeanspruchungen. Säcke aus *Lupolen* lassen weder Nässe noch Feuchtigkeit nach innen dringen. Das hält selbst stark hygroskopische Füllgüter trocken und rieselfähig. Säcke aus *Lupolen* sind undurchlässig für Öle, Fette, Staub und Schmutz. Das schützt den Inhalt vor Verunreinigungen. Der Lupolensack: eine ideale Versandverpackung — wetterfest, robust, gut stapelbar. Auch hier beweist es sich wieder: *Lupolen* ist ein hervorragender Kunststoff. Vielseitig in der Anwendung, überzeugend in den Eigenschaften. *Lupolen* dient der Industrie und nutzt dem Verbraucher. Badische Anilin- & Soda-Fabrik AG 6700 Ludwigshafen am Rhein.«

»Für fünf Mark ein ganzes Auto mit der Post. Geben Sie uns fünf Mark und übermorgen kommt der Briefträger mit einem Audi Super 90 in Original-Größe zu Ihnen ins Haus, so daß Sie in aller Ruhe und völlig unverbindlich im Kreise Ihrer Familie prüfen können, ob Ihnen dieses Auto gefällt und zur Familie paßt. Wir lassen Ihnen den Audi Super 90 in Original-Größe gedruckt mit allen technischen Facts und Daten ins Haus kommen. Weil Autokaufen eine andere Sache ist als neue Schuhe. Nichts, was mit großen Worten entschieden werden soll, sondern mit Tatsachen (PS, ccm, km/h, DM, etc.), nüchtern und sorgfältig bedacht. Und weil Auto-Kaufen eine Sache für gute Demokraten ist. Die Familie kann zu Hause mitbestimmen, ob sie sich für ein Kurbeldach entscheiden will, oder für ein Radio, oder sogar für eine Zweifarbenlackierung. Wenn es Ihnen also Spaß macht, ein Auto zu Hause in aller Ruhe auszusuchen, dann füllen Sie bitte den ›Audi-per-Post-Coupon‹ aus — und machen Sie das Wohnzimmer frei: für den Audi 90 1:1. (Das Ganze ist für Sie natürlich völlig unverbindlich. Verbindlich ist nur, daß Ihnen Ihr Händler die 5,– DM auf den Kaufpreis anrechnen wird, falls sie sich einen Original-Audi kaufen!) Auto Union, 8070 Ingolstadt.«

Empfängerorientierte Texte im Sinne von Marketing können somit verkaufsfördernde Inhalte haben (vgl. Abb. 12). Sie werden vom Werbeberater an die Verbraucher weitergeleitet, nachdem vom Auftraggeber die Weisung dazu erteilt worden ist.

Kulturelle Beeinflussung

Als Beispiel für kulturelle Beeinflussung kann die »konkrete Poesie« angeführt werden:

Konkrete Poesie ist »Text zum Anschauen« — ein Grenzfall zwischen verbaler und visueller Kommunikation, eigentlich auch ein Grenzfall zwischen Kommunikation und Dichtung. Konkrete Poesie verwendet Wörter und Buchstaben als grafische Zeichen. Unter dem Deckmantel des Sprechbaren produziert sie (meistens) Unsprechbares. Die Sprache wird hier ausschließlich über das Auge übertragen. In dem von den Brasilianern A. de Campos, D. Pignatari und H. de Campos entworfenen »pilot plan for concrete poetry« heißt es: »Konkrete Dichtung — Ergebnis einer kritischen Entwicklung der Formen. Die konkrete Dichtung stellt fest, daß der historische Verszyklus (als formal-rhythmische Einheit) abgeschlossen ist und wird sich zunächst des grafischen Raums als Strukturelement bewußt. Raum wird genannt: Die Raum-Zeit-Struktur an Stelle einer nur linear-zeitlichen Entwicklung. Daher die Bedeutung des ideografischen Konzepts, sowohl in seinem allgemeinen Sinn einer

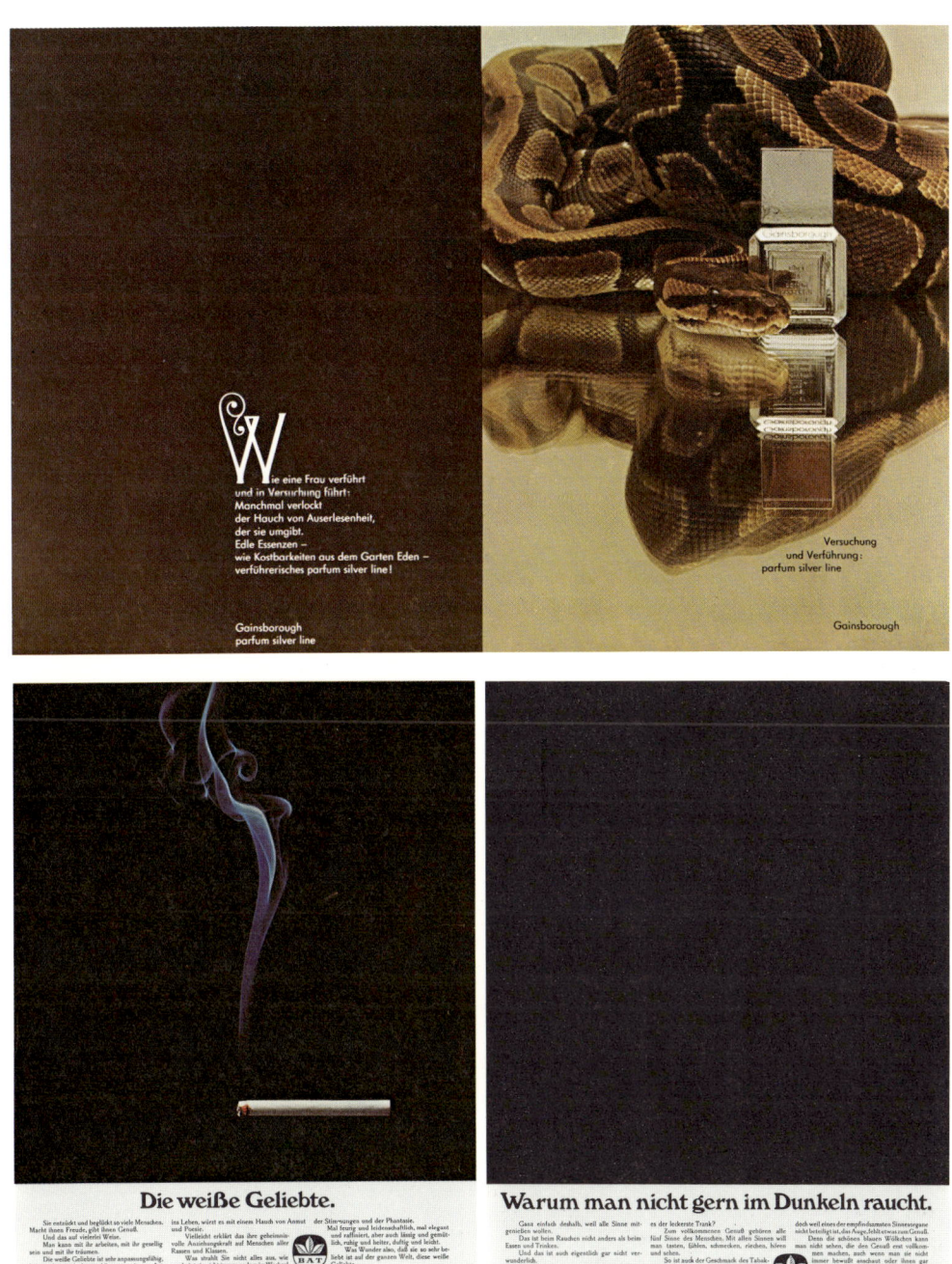

11 Persuasive Kommunikation: Empfängerbezogene Texte mit werblichen Inhalten, anspruchsvoll verpackt

12 Investitionsgüter-Werbung: Anzeigenmotive mit technischem Prestige

spatialen oder visuellen Syntax, wie auch in seinem spezifischen Sinn... eine Kompositionsmethode, die auf direkter – analogischer und nicht logisch-diskursiver – Gegenüberstellung der Elemente beruht...

Konkrete Dichtung: Wortobjekte in das Raum-Zeit-Gefüge gespannt... Das konkrete Gedicht ist Mitteilung seiner eigenen Struktur. Es ist sich selbst genügendes Objekt und nicht Darstellung eines anderen äußeren Objekts oder mehr oder weniger subjektiver Gefühle. Sein Material: das Wort (Laut, Seh-Form, Semantik). Sein Problem: Die funktionellen Beziehungen dieses Materials...

Konkrete Dichtung: Durch Gebrauch des phonetischen Systems und der analogischen Syntax Erschaffung eines spezifischen ›verbo-voco-visuellen‹ Sprachgebietes, das die Vorteile der nicht verbalen Mittelbarkeit vereint mit den Wortwerten... Es handelt sich um Mitteilungen von Formen und Strukturen und nicht um herkömmliche Botschaften...

Die konkrete Dichtung strebt danach, letzter gemeinsamer Nenner der Sprache zu sein. Deshalb die Tendenz zur Substantivierung und Bildung von Grundformen... Konkrete Dichtung: Totale Verantwortung vor der Sprache. Vollkommener Realismus. Gegen eine Dichtung des persönlichen und hedonistischen Ausdrucks. Um präzise Probleme zu stellen und sie mit den Mitteln verständlicher Sprache zu lösen. Eine allgemeine Wortkunst. Das dichterische Produkt = Gebrauchsgegenstand.«

Ein Beispiel für diese Art der »kulturellen Kommunikation« ist die »Seligpreisung« von Claus Bremer (vgl. Abb. 13), die nicht erst seit dem Sowjet-Einmarsch in Afghanistan mit zweierlei Maß gemessen werden kann: Eine charakteristische Version von halbkonkreter Dichtung mit barockem Beigeschmack. Die schreibmaschinengeschriebene Wörter genügen sich selbst.

13 *Kulturelle Kommunikation: Empfängerorientierte Textbilder als Denkanstoß*

Der Stil genügt nur noch dem Vergnügen des Verfassers an der Symbolik. Das Bild genügt, um den Disput in Gang zu setzen. Empfängerbezogene Botschaften im Sinne von kultureller Einflußnahme können demnach meinungsbildende Tendenzen haben. Diese Texte werden vom Verfasser für bestimmte Gruppen publiziert, nachdem er ihnen erzieherische, humanitäre, zeitkritische o. ä. Inhalte gegeben hat.

Politische Beeinflussung

Als Beispiel für politische Beeinflussung darf Propaganda gelten: Propaganda ist »(politische) Meinungsbeeinflussung« – ein Grenzfall zwischen Werbung und Agitation (vgl. Abb. 14). Während Edgar Stern-Rubarth (»Die Propaganda als politisches Instrument«) schreibt: »Propaganda ist eine vornehme Ausdrucksform für das dem kaufmännischen Leben entnommene Wort Reklame«, definiert Albert Oeckl in seinem »Handbuch der Public Relations« die Propaganda »...unter Berücksichtigung der Erfahrungen der beiden Weltkriege und in Kenntnis der Machttechnik der ›faschistischen Sozialregionen‹ als das vorbehaltlose Infiltrieren zweckbestimmter Absichten mit dem Ziel der Gleich-

Keiner soll hungern!
Keiner soll frieren!

Winterhilfswerk des Deutschen Volkes 1934/35

Schützt Heimat
Weib und
Kind!

Meldet Euch
bald zu den Waffen!

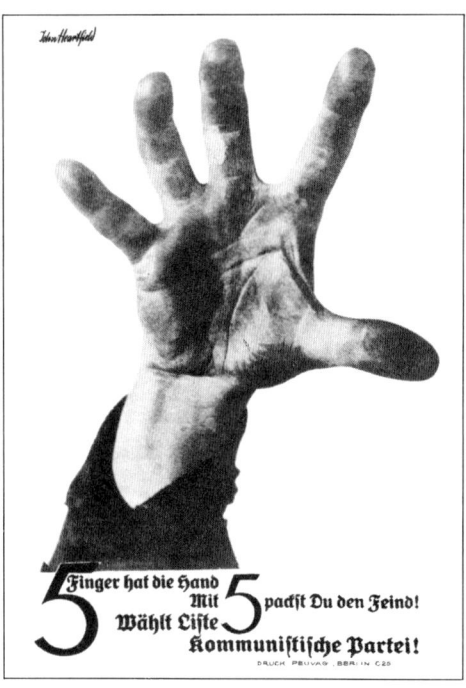

5 Finger hat die Hand
Mit 5 packst Du den Feind!
Wählt Liste 5
Kommunistische Partei!

WÄHLT
Sozialdemokraten

14 Politische Werbung: Plakatmotive mit meinungsverändernden Inhalten

schaltung, ohne Rücksicht auf Einseitigkeit oder Verzerrungen der Wahrheit.«

Beispiele für diese Art politischer Kommunikation sind folgende Parolen:

Gemeinnutz geht vor Eigennutz (1920)
Kraft durch Freude (1933)
Kanonen statt Butter (1935)

oder folgende Partei-Slogans:

Wir schaffen die alten Zöpfe ab (1969)
Willy Brandt muß Kanzler bleiben (1972)
Freiheit statt Sozialismus (1976)

oder folgendes Ausschnitt-Zitat eines politischen Kommentars aus der »Süddeutschen Zeitung« vom 29. 5. 1976:

»Hans Heigert, *Der häßliche Deutsche*

...Näher betrachtet sind zwei Komponenten der merkwürdigen antideutschen Woge festzustellen, eine rein agitatorische und eine emotionale. Die eine hätte keine Bedeutung, fände sie nicht im Gefühlsbereich eine gewisse Resonanz. Die Agitation ist leicht zu lokalisieren. Sie wird von Kommunisten mit den übelsten Entstellungen betrieben, ganz bewußt. Einige deutsche Schriftsteller helfen dabei nach Kräften mit. Sie gebrauchen mitunter Begriffe, die direkt aus dem perfidesten Sprachschatz der nationalsozialistischen Propagandamaschinerie stammen (wie etwa kürzlich in einer Polemik gegen einen Feuilletonredakteur der ›Frankfurter Allgemeinen Zeitung‹). Ihn zu beseitigen, so hieß es aus Literatenmund, sei eine Frage der ›Hygiene‹. Im Ausland also wird derlei Verunglimpfung zumeist von marxistisch orientierten Journalisten, Schriftstellern und Professoren begierig aufgegriffen und verbreitet ohne daß man sich besondere geistige Mühe mit der Wahrheit und der Wirklichkeit machte. Das alles könnte man zum übrigen legen, wenn es sich bloß um ein paar Äußerungen aus dem extremsten Linkskartell handelte, abseitig und nicht weiter ernst zu nehmen. Inzwischen haben diese Leute aber einiges Echo gefunden, das Besorgnis verdient. Der französische Sozialistenführer Mitterand, der nun gar

ein ›Kommitee zur Verteidigung der bürgerlichen und beruflichen Rechte in der Bundesrepublik‹ gründen will, ist nicht irgendwer...«

Empfängerbestimmte Mitteilungen im Sinne von Propaganda können demzufolge meinungsverändernde Tendenzen haben. Sie werden vom gemäßigten oder radikalen Politiker an das (Wähler-)Volk weitergegeben, damit es dem Programm seiner Partei folgt und diese wählt.

Senderbezogene Mitteilungen

Diese persönlich-mitteilende Textsorte ist wiederum nur als Basistyp zu verstehen, der hier stellvertretend für sämtliche Variationen von Briefbotschaften erwähnt werden soll (s. Tabelle S. 38).

Briefformen

Als Beispiel für diesen Texttyp eignet sich folgendes Brief-Zitat, das ich dem Buch »Textanalytik« von Rolf Eigenwald unter dem Kapitel »Sprache in juristischen Texten« entnahm:

»Sender: Rechtsanwälte Dr. jur. Ferdinand Sieger und Guido Lehmbruck, Stuttgart
Empfänger: Spartakus-Buchhandlung, Hamburg und Buchhandlung ›Libresso‹, Frankfurt/M
Betreff: Unzulässiger Nachdruck von ›Dialektik der Aufklärung‹ von Max Horkheimer und Theodor W. Adorno/S. Fischer Verlag GmbH

Sehr geehrte Herren! Der S. Fischer Verlag GmbH, Frankfurt am Main, den wir ständig anwaltlich vertreten, hat uns in der oben bezeichneten Angelegenheit mit der Wahrnehmung seiner Interessen beauftragt. Unsere Mandantin mußte feststellen, daß von Ihnen ein Nachdruck bzw. Raubdruck der im Querido Verlag, Amsterdam, erschienenen Ausgabe des oben bezeichneten Werkes angeboten wird, wobei der Raubdruck selbst von einer Edition ›Emigrant‹, Liechtenstein, veranstaltet worden sein soll. Der so veranstaltete Nachdruck, der nicht durch die Urheberberechtigte genehmigt wurde, ist als unzulässige Vervielfältigung und Verbreitung im Sinne der §§ 16 und 17 URG anzusehen. Irgendwelche Ausnahmevorschriften der §§ 45 ff. URG können nicht in Anspruch genommen werden. Da Sie als Buchhandlung dieses unzulässig hergestellte Werk anbieten, beteiligen Sie sich an der Verbreitungshandlung, sind also im Rechtssinne passiv legitimiert. Unter Vorbehalt aller weitergehenden Rechte fordern wir Sie daher zunächst auf, die weitere Verbreitung dieses unzulässigen Nachdrucks zu unterlassen und uns die genaue Quelle bekannt zu geben. Wir erwarten Ihre entsprechende Erklärung bis zum 18. Juni 1969. Sollten wir nicht bis zu diesem Datum im Besitz genügender Erklärungen und Auskünfte sein, so werden wir nicht zögern, gerichtliche Hilfe in Anspruch zu nehmen, da Ihrem Schweigen zu entnehmen wäre, daß Sie sich zur Teilnahme an der Verbreitung befugt fühlen, damit also die Verletzungshandlung als solche zugestehen würden. Wiederholungsgefahr im Rechtssinne wäre gegeben. Hochachtungsvoll (gez) Lehmbruck, Rechtsanwalt«.

Senderbezogene Texte im Sinne von Briefen können also alltäglich, geistig, förmlich oder juristisch strukturiert sein. Sie werden vom Schreiber an den Adressaten übermittelt, wenn er an etwas persönlichen Anteil nimmt oder sich dadurch einen bestimmten Erfolg verspricht.

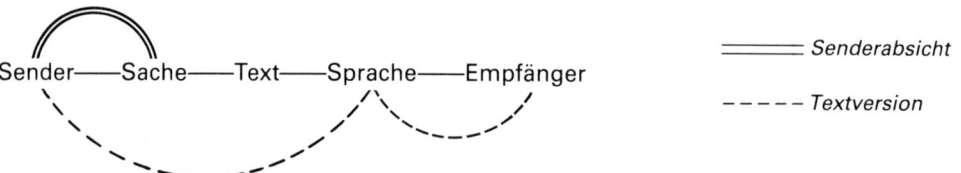

Sender——Sache——Text——Sprache——Empfänger

━━━━ = Senderabsicht

‐ ‐ ‐ ‐ Textversion

Aus diesem Schema können wir wiederum folgern:

Senderabsicht	Textversion	Textinhalt	Sender	Sache	Empfänger	Empfängerabsicht
Die Beziehung des Empfängers zur Sache soll dargestellt werden.	senderbezogen	trivial, intellektuell, diplomatisch, juristisch	Einzelpersonen	verschiedene Tendenzen (Gedanken, Gefühle, Erlebnisse, Taktik, Dialekt usw.)	einzelne oder mehrere dem Sender bekannte Personen	Anteilnahme, Bestätigung usw.

Textanalyse

Wer Texte verfaßt, sollte entsprechende Texte analysieren können. Dafür ist es unerläßlich, sich Grundlagen der Textpragmatik und Texttypologie zu erarbeiten, sich mit den Kriterien spezifischer Ausdrucksformen zu beschäftigen.

Maßgebliche Ziele der Textanalytik liegen auf folgenden vier Ebenen:

- Ideologiekritik: Techniken der Argumentation zu erkennen, Intentionen des Verfassers zu erschließen, Strategien der Überredung nicht zum Opfer zu fallen, Versuche der Manipulation zu durchschauen – dies sind Lernziele einer gewinnbringenden Textanalyse.
- Lehrerfortbildung: Texterschließung, die den klassischen Aufsatzunterricht ersetzt. Sammlung von Informationen und Erfahrungen zur Textanalyse, Erarbeitung von Kriterien ihrer Erstellung und Beurteilung – dies sind Aufgaben einer zeitgemäßen Didaktik.
- Textgestaltung: Differenzierung unterschiedlicher Diktionen in der informativen, integrativen, kognitiven, persuasiven und manipulativen Mitteilung. Erstellung und Beantwortung eines texterschließenden Fragenkatalogs – das sind wichtige Erkenntnisse für die Anwendung im Kommunikationsdesign.
- Sprachsensibilität: Sprech- und Schreibmotivationen anderer aufzuspüren, Möglichkeiten und Grenzen eigenen Sprachgebrauchs kritisch zu analysieren, Bedingungen des Instruments Sprache zu erkennen und zu nutzen – dies sind Lernziele eines emanzipatorischen Deutschunterrichts.

Textanalytik, ein Begriff aus der didaktischen Linguistik, wird u. a. im Deutschunterricht an Gymnasien (Sekundarstufe I) praktiziert. Während früher ausschließlich und heute noch größtenteils nur literarische Texte (Drama, Epik, Belletristik, Lyrik, Gegenwartssprache) analysiert werden, gewinnt die Beschäftigung mit dem nichtliterarischen Text immer mehr an Bedeutung für den emanzipatorischen Unterricht. Deutschlehrer arbeiten sich in die Methodik einer noch im Aufbau befindlichen umfassenden Textwissenschaft ein. Diese sich immer mehr abzeichnende neue Entwicklung germanistischen Selbstverständnisses wird ihren Teil dazu beitragen, die heute übliche Trennung von Sprach- und Literaturunterricht abzubauen. Hans Joachim Grünewaldt faßt die Problematik der Schulsituation folgendermaßen zusammen: »Wenn der Deutschunterricht Schüler in die Lage versetzen soll, Sprache als Herrschaftsinstrument zu verstehen und zu benutzen, sich gegen die Beherrschung durch Sprachliches zu wehren, muß er sie zur Auseinandersetzung mit den sprachlichen Konkretionen anregen, die ihnen in ihrem Alltag tatsächlich begegnen. Das ist heute weniger denn je die sogenannte ›hohe‹ Literatur. Es ist vielmehr die Trivialliteratur; und mehr noch als mit dieser werden die meisten Menschen heute konfrontiert mit Literatur, die bisher nicht als solche bezeichnet wurde, also mit Zeitungsnachrichten und -kommentaren, mit Reklame, mit Politikerreden und Wahlpropaganda, mit Sachbüchern. Deshalb ist es nicht gleichgültig, ob der Deutschlehrer seinen Schülern hilft, den ›Schimmelreiter‹ zu verstehen, oder mit ihnen herauszufinden versucht, mit welchen Intentionen und sprachlichen Mitteln für eine Ware geworben wird. Wer sie mit dem Expressionismus bekannt macht, ohne ihnen auch zu zeigen, wie man eine Zeitung kritisch liest oder wie man die Rede eines Politikers hören muß, leistet einen Beitrag zur Repression durch Sprache. Er vermittelt den Schülern nämlich nicht nur einen einseitigen Begriff von Sprache, er liefert sie gleichzeitig hilflos denjenigen aus, die sie sprachlich manipulieren wollen, leistet also ihrer Beherrschung durch Sprache Vorschub.«

Ich schließe mich dieser Meinung an. Auszug aus der Übersicht über die Bereiche und Lernziele des Grundkurses Deutsch der Kollegstufe:

Richtziele:	Arbeitstechniken:	Grundformen und Elemente mündlichen Sprachgebrauchs:	Gebrauchsformen der Sprache:
– Verbesserung der mündlichen und schriftlichen Ausdrucksfähigkeit – Entwicklung des für Studium und Beruf notwendigen Sprachverständnisses – Fähigkeit, sich am kulturellen Leben aktiv zu beteiligen – Einblick in einige bedeutende Werke der deutschen Literatur	– Fähigkeit, ein Protokoll abzufassen – Fähigkeit, sich an einer Diskussion angemessen zu beteiligen – Fähigkeit, einem Vortrag zu folgen und Notizen zu machen – Fähigkeit, ein Kurzreferat vorzubereiten und darzubieten – Fähigkeit, einen vorgegebenen Text auf eine bestimmte Länge und für einen bestimmten Zweck zusammenzufassen – Fähigkeit, eine Inhaltsangabe zu schreiben (Gliederung, Gerüst) – Fähigkeit, den Inhalt eines Textes im Hinblick auf Argumentationsweise, Darstellungsmittel und Wirkung zu erfassen und dazu Stellung zu nehmen – Fähigkeit, Nachschlagewerke und Sekundärliteratur zu benutzen – Fähigkeit, Erörterungen anhand von Texten zu verfassen	– Fähigkeit, Formen und Mittel der Rede und des Gesprächs zu erfassen und zu beschreiben – Fähigkeit, den Zusammenhang zwischen Anlaß, Absicht, Gestaltung und Wirkung von Reden und Gesprächsbeiträgen zu erfassen, zu beschreiben und zu erklären – Einblick in die wichtigsten Elemente der Rhetorik	– Fähigkeit, die Sprache in Gebrauchstexten zu analysieren (z. B. den Unterschied zwischen Ursache und Wirkung von Geschehnissen, die in Zeitungsberichten als Überschriften dienen) sowie das Verhältnis von Absicht und Wahl der sprachlichen Mittel zu erkennen und dazu Stellung zu nehmen – Fähigkeit, charakteristische Gestaltungsmittel der verschiedenen publizistischen Darbietungsformen zu erfassen, zu beschreiben und dazu Stellung zu nehmen

Die Arbeitstechniken und die Gebrauchsformen der Sprache teilen sich jeweils wiederum auf in:
– Lernziele
– Lerninhalte
– Unterrichtsverfahren
– Lernzielkontrollen.
Wer im Fach Deutsch an einem Gymna-

sium das Reifezeugnis erhalten will, muß sich gemäß dem Normenbuch folgenden »Einheitlichen Prüfungsanforderungen in der Abiturprüfung Deutsch (Schriftliche Prüfung)« stellen:
– aufgabenspezifische Anforderungen (Analyse von Texten)
– aufgabenunabhängige Anforderungen

(Aufbau und Methode, Gedankenführung und Argumentationsweise, Sprachverwendung)

Texterschließung

An den Designschulen soll die Vertiefung kreativer Fähigkeiten in der Kommunikationsgestaltung auch durch verbale Arbeitstechniken gefördert werden. Weil aber die zur Verfügung stehenden Unterrichtsstunden die Konzeption von Medientexten nur begrenzt erlauben, mußten didaktische Modelle gefunden werden, die das Training mit den erforderlichen Darbietungsformen auch in kurzer Zeit möglich machen. Die Texterschließung aus dem Deutschunterricht am Gymnasium (12. Schuljahr, Grundkurs Deutsch/2. Kurshalbjahr »Gebrauchsformen der Sprache«) eignet sich deshalb besonders gut, weil sie dem künftigen Kommunikationsdesigner außer der Beherrschung der Textrezeptionsmethodik die Fähigkeit vermittelt, anhand von Vorlagen Texte zu formulieren – ungeachtet seiner Vorbildung. Die Texterschließung gestattet, die für das Kommunikationsdesign-Studium notwendigen Darstellungsformen zu üben: Beschreiben, Berichten, Erläutern, Erörtern, Stellungnehmen, Begründen, Argumentieren. Außerdem erfüllt sie die Forderung, durch die Bindung an eine stoffliche Basis den Studierenden zu einer exakteren Arbeitsweise zu bewegen und das Ergebnis beweisbarer zu machen. Auch die Leistung ist kontrollierbarer, weil alle Studenten den gleichen Text vorgelegt bekommen.

Die Texterschließung muß aber aus zwei Perspektiven gesehen werden:
- Empfänger-Perspektive: Fähigkeit, Texte zu rezipieren (Aufnahme, Reaktion, Reflexion)
- Sender-Perspektive: Fähigkeit, Texte zu verfassen (Methodik, Systematik, Technik)

Im Modell Texterschließung, welches ich in meinem Unterricht praktiziere, spielen die Kriterien, nach denen ein Text ausgewählt wird, natürlich eine wesentliche Rolle. Folgende Aspekte müßten meiner Meinung nach berücksichtigt werden:
- Die Textqualität soll auf das Interesse, die Sachkenntnis und den Intelligenzgrad des Studierenden abgestimmt sein
- Die Textquantität soll der zur Verfügung stehenden Arbeitszeit angemessen sein (ca. 50 Zeilen DIN A4 bei mittlerem Schwierigkeitsgrad für eine Disposition von 1½ Stunden)
- Der Bezug zu Lerninhalten und Lernzielen lt. Lehrplan bzw. zur Arbeit im Unterricht muß offenkundig sein
- Die Merkmale der jeweiligen Textsorte sollen deutlich erkennbar sein
- Der Text soll für die Fragestellung und deren Beantwortung ergiebig sein, bezogen auf Informationsgehalt, Erkennbarkeit von Intention und Reaktion, Erschließbarkeit von Gliederung und Argumentationsweise, Eignung für Sprachanalyse (z. B. syntaktische und semantische Charakteristika, rhetorische Mittel und deren Funktion im Text, ggf. Aktualität, ggf. Möglichkeit zur Einordnung in den werblichen (auch psychologischen) Kontext
- Die Eignung zur bewertenden Auseinandersetzung mit dem gesamten Text oder einzelnen Passagen sollte gegeben sein.

Inhalte und Ziele

Üblicherweise besteht das Unterrichtsmodell Texterschließung aus zwei aufeinander abgestimmten Teilen:
- einer zusammengefaßten Gliederung, die zweckgerichtet und partnerbezogen formuliert werden soll (Berücksichtigung eines fiktiven oder faktischen Kommunikationsverhältnisses)

– einer Aufgabenstellung, die auf Beschreibung von Texten oder Textpassagen abzielt: Erläuterung, Erklärung, Stellungnahme und Erörterung von bestimmten Textstellen anhand von vorgegebenen Fragen. Selbständiges Erkennen und Entdecken von Besonderheiten im Text

Die Lerninhalte liegen dabei in der Fähigkeit

– die semantische, syntaktische und pragmatische Struktur eines Textes zu erkennen
– die Ordnung und Gliederung, d. h. die Struktur eines Textes zu erfassen
– die Absichten eines Textes bzw. des Textautors zu entdecken
– über den Textinhalt zielgerichtet und partnerbezogen zu berichten
– einen Text oder Textteile unter Verwendung der üblichen Fachwörter zu beschreiben
– bestimmte Textdetails im Bedeutungszusammenhang zu erläutern
– zum Text bzw. zu Textpassagen Stellung zu nehmen
– im Text behandelte Probleme zu erörtern

Die Lernziele liegen in der zweistufigen Fähigkeit

– einen Text zu rezipieren, zu analysieren und meinungsbildend, ausgleichend oder ideologisch zu erklären
– einen Text zu produzieren, bezogen auf Verständlichkeit und Wirksamkeit.

Aufgaben oder Fragen

Während sich der Inhalt eines Fragenkatalogs, der auf einen bestimmten Text bezogen ist, naturgemäß nach der jeweiligen Textsorte richtet, läßt sich die 7teilige Aufgabenstellung einer Texterschließung für fast alle Texte anwenden:

– Zusammenfassung (zweckgerichtete, partnerbezogene Äußerung)
– Definition (formale Auslegung)
– Beschreibung (Darstellung der Eigenart eines Textes)
– Erläuterung (Begriffs-, Wortbedeutungs- und Sachverhaltsbestimmung)
– Erklärung (Bedeutung des Zusammenhangs)
– Stellungnahme (argumentative Äußerung zum Text)
– Erörterung (kritische Beschäftigung mit dem Tenor und der Thematik des Textes)

Dieser Katalog wurde vom Bayerischen Staatsinstitut für Schulpädagogik Abt. Gymnasium – Referat Deutsch aufgestellt. Für die Analyse eines medienspezifischen Textes empfiehlt es sich, den 15teiligen Fragenkatalog so aufzubauen:

– Um welche Textsorte geht es hier – inwieweit entspricht sie dem journalistischen Grundmuster (Ton, Thematik, Aufbau)?
– Welchem Medium entstammt der Text – inwieweit ist er medientypisch?
– Um welche Sachen oder Tatsachen geht es hier? Ist die Aussage eindeutig festzulegen?
– Wie ist der Text plaziert und aufgemacht, werden Quellen und Verfasser genannt?
– Wie ist der Text gegliedert und der für einen Medientext so wichtige Einstieg gestaltet?
– Welche Absichten verfolgt der Autor? Will er informieren, appellieren oder manipulieren?
– An welche Zielgruppe wendet sich der Verfasser? Wie grenzt er sie durch konkrete Details ab und wie paßt er sich durch Stil und Diktion an sie an?
– Wie spricht er den Kommunikationspartner an (du-Sie-ihr-wir)? Warum verwendet er diese Form?
– Bedient sich der Verfasser der Sach- oder Meinungssprache?
– Kann oder will er sich mit der Sache oder den Personen seines Textes identifizieren oder distanziert er sich davon? (»Podest«-Position)

– Welche Syntax herrscht vor (Reihung-Fügung-Ellipsen-unregelmäßige Wortstellung)?
– Welche Wortwahl dominiert – inwieweit erlaubt sie Rückschlüsse auf den Texttyp?
– Welche Metaphern, rhetorische Mittel und umgangssprachliche Redewendungen werden eingesetzt?
– Welche Kontextbezüge bestehen zwischen dem Text und beigegebenen Abbildungen bzw. Film und Ton?
– Welche wirtschaftlichen, kulturellen oder politischen Bindungen und Intentionen werden sprachlich und inhaltlich bemerkbar?
(Vgl. Fischer-Kolleg Band 6, Deutsch)
Die Arbeit einer Texterschließung sehe ich demnach aufgeteilt in fünf aufeinander abgestimmte Bereiche:
– Zusammenfassung: Information über Textaussage, bezogen auf den Empfänger
– Beschreibung: Information über Textaufbau, bezogen auf den Sender
– Erläuterung: Information über Textidee, bezogen auf den Sender
– Stellungnahme: Information über Textverständlichkeit, bezogen auf den Empfänger
– Erörterung: Information über Textwirkung, bezogen auf den Empfänger

Bewertung der Ergebnisse

Bei der Beurteilung einer Texterschließung müssen möglichst alle Inhalte und Ziele vom Aufgaben- oder Fragensteller berücksichtigt werden. Für richtige Lösungen bzw. Antworten werden Punkte vergeben – die erreichbare Höchstpunktzahl beträgt 100 Punkte. Nach der Quantität der jeweiligen Arbeit, ihrer Qualität und dem erforderlichen Zeitaufwand richtet sich die Bewertungsgewichtung. Aufgaben oder Fragen, die in besonderem Maße die Fähigkeit zu logischer Ordnung und sprachli-

cher Gestaltung erfordern, würde größeres Gewicht zugesprochen: Zusammengefaßte Gliederung in Form eines »Gerüsts«, umfassende Erläuterungen (z. B. von Fachwörtern), Erörterung und Stellungnahme sollte daher eine Quote von ca. 70 Punkten nicht unterschreiten (siehe Bewertungsbeispiel!).
Während bei solchen Arbeiten innerhalb dieser Quote Zusammenfassung und Beschreibung (= Syntax, Sprachstil) im Verhältnis 60:40 bewertet werden, reicht bei Arbeiten, die nur eine knappe, d. h. stichwortartige Formulierung verlangen, die Begutachtung der Textinhalte aus.
– Bewertungskriterien für die Zusammenfassung: Sachliche Richtigkeit, angestrebte Vollständigkeit, bewältigtes Fachvokabular
– Bewertungskriterien für die Beschreibung: Diese richten sich nach den besonderen Erfordernissen der einzelnen Aufgaben- bzw. Fragestellungen (s. Tabelle S. 44).

Die Bemessung der zu vergebenden Punkte richtet sich nach dem Grad der Verwirklichung – die für die jeweiligen Kriterien erreichbare Höchstzahl wird dem Studierenden mitgeteilt.
Bewertungsbeispiel: In einer Arbeit werden neben der Beantwortung von gezielten Fragen eine inhaltliche Zusammenfassung und eine erörternde Beschreibung verlangt. Die Vergabe der Punkte würde dann nach dem folgenden Schlüssel vorgenommen:

– Summe aller Einzelfragen =	25 Punkte
– Inhaltliche Zusammenfassung =	35 Punkte
– Erörternde Beschreibung =	40 Punkte
	100 Punkte

Für die Darstellung der inhaltlichen Zusammenfassung wäre im Detail der folgende Verteilerschlüssel angebracht:

Inhalt =	21 Punkte
Darstellung =	14 Punkte

Inhalt		Darstellung
Inhaltliche Zusammenfassung	a) Sachliche Richtigkeit des Erfaßten (Inhalt, Struktur, Absicht) b) Auswahl des Wesentlichen c) Angestrebte Vollständigkeit der Information bezogen auf Sache und Empfänger	a) Absichtsbezug des Empfängers b) Relativität der Sprachstilebene (Einhaltung der Stilebene, Sachlichkeit der Mitteilung) c) Exaktheit, Klarheit und Eindeutigkeit der Artikulation, Bewältigung der Terminologie, Abstraktionsfähigkeit d) Klarheit der Gedankenführung, Sicherheit im Einsatz syntaktischer Mittel zur Verbindung und Vereinfachung e) Transparenz der Gedankenführung (z. B. durch Ordnung und Gliederung der einzelnen Abschnitte) f) Grammatikalische Sicherheit, Rechtschreibung und Interpunktion
Erörtende Beschreibung	a) Erfassung des Tenors b) Vollständigkeit der Argumentation c) Gewichtung der Thesen, Verhältnismäßigkeit von Abstraktem und Konkretem (These und Beispiel) d) Unterscheidung zwischen These und Beleg	a) Abstimmung auf den Empfänger bzw. Beachtung der Intention b) Transparenz, Ordnung und Konsequenz der gedanklichen Syntax c) Bewältigung der syntaktischen und lexikalischen Mittel der Gedankenkette und der Veranschaulichung d) Klarheit und Unmißverständlichkeit der Artikulation e) Grammatikalische Sicherheit, Orthografie und Zeichensetzung

a) = 2, b) = 2, c) = 3,
d) = 3, e) = 2, f) = 2

Wird der Inhalt mit 0 Punkten bewertet, so können zwangsläufig auch keine Punkte für die Darstellung vergeben werden (eine gute Arbeit müßte im Inhalt schon an die 20 Punkte erreichen).

Für die Darstellung der erörternden Beschreibung gilt folgendes:

Sie ist mit 0 Punkten zu bewerten, wenn das Thema (völlig) verfehlt ist. Dabei sollte sich der Aufgabensteller jedoch gründlich davon überzeugen, ob der Tenor nicht verschieden interpretiert werden kann.

Für die Darlegung der argumentativen Stellungnahme gilt ähnliches: In der Punktebemessung muß allerdings die Differenzierbarkeit zwischen subjektiver und objektiver Argumentation speziell berücksichtigt werden.

Für die Darstellung der formalen Definition trifft zu, daß die Art der Begriffsbestimmung im Vordergrund stehen sollte. Daher muß die Fähigkeit der Veranschaulichung gegenüber der sachlichen Richtigkeit bei der Punktevergabe stärker bewertet werden.

Die Beurteilung einer Texterschließung sehe ich demnach in der Auswertung eines beantworteten Fragenkatalogs, der sich aus vier aufeinander abgestimmten Lernzielkriterien zusammensetzt:

– Erkennen der Merkmale der jeweils vorgegebenen Textsorte

– Einblick in das sprachliche Stilverhalten des Autors
– Kritischer Umgang mit der Verbalisierung (Wortwahl) des Autors
– Meinungsbildung (Stellungnahme des Empfängers)

Erschließung eines Medientextes

Dieter E. Zimmer in »Die Zeit« Nr. 15 vom 2. 4. 76:
»Warum machen die fröhlichen Fernsehplaudereien den Zuschauer so gehässig?
Wut aufs Bild
Eine Talkshow ist eine Fernsehsendung, bei der geredet wird? Eine Talkshow ist vielmehr eine Sendung, über die hinterher geredet wird.
5 Und wie da geredet wird! Menschen, sonst als bedächtig und rücksichtsvoll bei ihren Urteilen über Artgenossen bekannt, legen plötzlich alle Hemmungen ab. Dieser Kerl da: schon seine Frisur: und wie er da-
10 saß: seine ekelhaft ölige Aussprache: seine Zudringlichkeit: seine Schüchternheit: seine taktlosen Witzeleien: seine pedantische Witzigkeit: sein blödes Grinsen – also am liebsten hätte man ihm eine Ohrfeige
15 gehauen. Woher kommt diese Erregung? Was bricht da auf? Schließlich saßen da ja nur ein paar Leute zusammen und redeten irgend etwas, das niemanden provozieren sollte. Dauernd hört man solche Gesprä-
20 che mit an, und sie lösen nichts in einem aus.
Es muß also das Medium Fernsehen sein, das ihnen etwas hinzufügt, was aggressiv macht. Was? Auf der Seite des Fernsehens
25 vielleicht dies: Die Lässigkeit und Spontaneität dieser Veranstaltungen ist zu offensichtlich gezinkt. Die Studiosituation, verschärft durch das Gefühl, daß die Nation und ihre Presse das Ganze wie ein Aus-
30 scheidungsspiel verfolgen werden, läßt Zwanglosigkeit nicht aufkommen. Und vor den Monitoren der Regieräume gibt es noch eine besondere Art von Publikum:

die Entscheidungsträger des Fernsehens, in deren Hand die Zukunft mindestens des 35 ›Talkmasters‹ liegt. Da sitzen einem die fremden Erwartungen in all ihrer Widersprüchlichkeit schon im Knochenmark.
Die atavistische Aggressivität des Zuschauers mag einmal damit zusammen- 40 hängen, daß er dieses Falschspiel durchschaut. Aber sie kommt wohl aus noch tieferen Untiefen. Was er mit ansieht, ist eine normale Unterhaltung oder eine, die normal wirken soll; aber dadurch, daß sie 45 im Fernsehen stattfindet, eingerahmt in jedem Wohnzimmer des Landes, weckt sie den Anspruch, sie müßte irgend etwas ganz Ungewöhnliches enthalten – die eigenen Tischgespräche werden ja schließ- 50 lich nicht gesendet. Bloße Plaudereien läßt man sich hierzulande von der offiziellen Fernsehbehörde nicht ohne weiteres gefallen. Wenn die Leute schon elektronisch in die Privatsphäre des Zuschauers einbre- 55 chen, dann haben sie auch gefälligst mit etwas Besonderem aufzuwarten. Bleiben sie es ihm schuldig (und es ist die Konzeption solcher Sendungen, daß sie mehr als ein Parlando gar nicht bieten sollen), so 60 steigt die Wut in ihm auf. Die Presse betätigt sich als ihr hysterisierender Verstärker. Dann aber schließlich die Fernsehsituation selber. Im Gespräch mit anderen verbieten es einem die Umgangsregeln, seinen Ver- 65 urteilungen freien Lauf zu lassen. Auch hat man auf sich selber ebenso zu achten wie auf die anderen: Schließlich wünscht man ihrer Verurteilung zu entgehen wie sie der eigenen. Vor dem Fernsehapparat aber 70 darf man sich gehen lassen; man darf nach Belieben gähnen und kichern; man kann mit den Kameras in die überlebensgroß gefangenen Gesichter starren und jeden Pickel hämisch registrieren. Das Me- 75 dium hat einen passiv gemacht; nun rächt man sich durch einen unabgelenkt, unabgemildert harten, argwöhnisch und schadenfrohen Blick.
Im Dritten Programm des NDR redete vori- 80

ge Woche Rainer Hagen mit ein paar Leuten über ihren Alltag vor zwanzig Jahren. Die Sendung war nicht als Talkshow deklariert, man saß einfach um einen runden
85 Tisch, sichtlich frei von dem Zwang, sich bewähren zu müssen durch akrobatische Gesprächsleistungen.
Unter solchen Umständen war dem Medium noch einmal eine Art Unschuld ge-
90 lungen: für Menschen zu interessieren und nicht für Rollendarsteller. Eine richtige Talkshow aber ist inzwischen etwas, das die ganze Gehässigkeit sonst verbindlicher Menschen zum Ausbruch bringt.«

Fragen und Antwortvorschläge:

a) Wie ordnet man den Text anhand dreier charakteristischer Merkmale der Textsorte zu?
Antwortbeispiel: Textsorte = Glosse; Merkmale = Aktualität als Anlaß, pointierte Stellungnahme, ironisch/witzig verspielte Sprachhaltung.
b) Wie zeigt man die Argumentationsstruktur des Textes auf?
Antwortbeispiel: Hinführung zur These (Zeile 1–21), These (Zeile 22–24), Argumentation (Beleg 1 = Zeile 25–43, Beleg 2 = Zeile 43–62, Beleg 3 = Zeile 63–79), positives Gegenbeispiel als Argumentationsstütze (Zeile 80–88), Schlußfolgerung (Wiederaufnahme der These = Zeile 88–95)
c) Inwiefern wird die Argumentation durch Aufmachung und formale Gliederung gestützt?
Antwortbeispiel: Aufmachung = Titelvorspann als Frage ist die Vorwegnahme der These; formale Gliederung = sie verdeutlicht in Absätzen den argumentativen Aufbau
d) Welche Intentionen verfolgt der Autor?
Antwortbeispiel: Denkanstoß zur Überprüfung eigener Seh-Gewohnheiten/Aufklärung über die Wirkungsweise des Fernsehens/Meinungsbildung

e) Auf welche Wirkung zielt die dabei verwendete Darbietungsweise ab? (Satzbau, Wortwahl, Sprachebenen, Perspektivenwechsel, rhetorische Mittel)
Antwortbeispiel: Zeile 1–24: Häufung von Fragesätzen, ebenso Ausruf, Anapher, Ellipse als Satzbauweise, die Gesprächsstil zeigt. Wirkung = simuliert Gesprächssituation, die Interesse wecken und zum Gesprächsgegenstand (Sache) hinführen soll. Zeile 8–15: »Erlebte Rede«. Wirkung = Vergegenwärtigung der Rezipienten-Situation während und nach der Sendung. Emotional gefärbte Wendungen der Umgangssprache treten auf. Wirkung = siehe oben. Zeile 24/25–62: Hypotaktischer Satzbau stützt die sich argumentativ gebende Sprache; ebenso veränderte sprachliche Ebene (Fachausdrücke, Fremdwörter). Wirkung = siehe Antwort zu Frage d) Zeile 1–62: Ironisch/witzig verspielte Sprachhaltung. Wirkung = ermöglicht Spaß am Lesen und schafft Distanz (»Podest«-Position).

f) Inwieweit wird die Textsorte der Behandlung des Problems gerecht?
Antwortbeispiel: Es soll gezeigt werden, daß die Glosse einerseits in ihrer Einseitigkeit und Überspitzung der Komplexität des Themas – Kommunikationsvorgang Fernsehen – nicht gerecht werden kann, aber den Blick für einen einzelnen, sehr wesentlichen Aspekt öffnet (z. B. Zeile 88–92: »...für Menschen interessieren und nicht für Rollendarsteller.«)
Fragen und Punktevorschläge:
a) = 4, b) = 12 c) = 8, d) = 10, e) = 24, f) = 24, Sprache, Rechtschreibung, Interpunktion = 18, ergibt zusammen 100 Punkte.
Punkte und Notenvorschläge:

ab 93 = 1,	ab 87 = 1,3,
ab 81 = 1,7,	ab 75 = 2,
ab 69 = 2,3,	ab 63 = 2,7,
ab 57 = 3,	ab 51 = 3,3,
ab 45 = 3,7,	ab 39 = 4,
ab 33 = 4,3,	unter 33 = 5

Sprachstil

Sprache wird erlernt. Teil des Lernprozesses ist das Kennenlernen der auf das Gefühl abgestimmten Bedeutungsgehalte der angebotenen Wörter oder Sätze. Am deutlichsten zeigt sich das in der Werbung, wenn der Verbraucher dazu bewegt wird, mit einzelnen, vom Werber offerierten Aussagen bestimmte positive Emotionen zu verbinden, die dann automatisch auf das angebotene Produkt übertragen werden. Gerade hier jedoch setzen die Kritiker ihre Pauschal-Klage an, »geheime Verführer« seien im Spiel, die den Konsumenten in seiner Standhaftigkeit beeinträchtigen und mit suggestiven Tips verunsichern. Die gegenseitige Beeinflussung von Werbe- und Umgangssprache wird deutlich, wenn man sich vor Augen hält, wieviele Slogans aus der Umgangssprache stammen und wieviele andererseits erst durch die Werbung zum Jargon geworden sind. (»Wer wird denn gleich in die Luft gehen... Mach' mal Pause... Nimm's leicht...«) Zusammen mit dem Journalismus gehört die Werbung deshalb zu den unerschöpflichen Quellen sprachlicher Innovationen.

Der »Spiegel« ist eines jener Magazine, dem ein nur für ihn charakteristischer Sprachstil nachgesagt wird. Es heißt, er setze zwischen seinen Lesern und der Welt eine Distanz, die alle positiven und negativen, ja sogar aggressiven Identifizierungen unmöglich macht, so daß die sozialen Energien nicht im Leser verbleiben; der »Spiegel« ebne den Widerspruch zwischen Reaktion und Revolution, Unterdrückung und Befreiung, wo immer er auftauch, ein und stimuliere deshalb weder Feind- noch Freundbilder. Der »Spiegel«-Leser gerate selbst zum Objekt seiner sozialen Energien. »Diese narzistische und masochistische Isolierung von der Welt verkauft ihm das Magazin als kritische Di-stanz zur Welt, dieses Syndrom psychischer Regressionen als Aufgeklärtheit, diese Verinnerlichung und Verkümmerung von Affekt und Objektivität.« (M. Schneider und E. Siegmann: Der Spiegel oder die Nachricht als Ware.)

Ich möchte das Verhältnis von Sprachstil und Weltanschauung auch mit einem Zitat transparent machen, das die Intentionen politischer Texte untersucht. Lutz Winckler schreibt in einer Studie zur gesellschaftlichen Funktion faschistischer Sprache u. a.: »Sprache und Ideologie dienten dem Faschismus in erster Linie zur Rückbildung politischen Bewußtseins. Mit Hilfe der Instrumente politischer Meinungsbildung und des Meinungsterrors versuchte der Faschismus Scheinformen politischer Öffentlichkeit herzustellen, in der die unterprivilegierten Gesellschaftsklassen mit ihrer wirklichen Lage versöhnt werden sollten. In der Phase des Monokapitalismus einerseits und großer marxistischer Massenbewegungen andererseits können die Massen nicht mehr durch Abschaffung, sondern nur noch durch Transformation der Öffentlichkeit – d. h. ihre Entpolitisierung bei Wahrung ihres organisatorischen Scheins – von der Herrschaft ausgeschlossen werden. Damit hängt die von Marcuse beobachtete ›Fortschrittlichkeit‹ der faschistischen Ideologie zusammen. Sie kann die historischen Bedingungen, denen sie ihre Entstehung verdankt, nicht verleugnen. Jeder ihrer Aussagen haftet ein Moment zurückgenommener Emanzipation an. Aufgabe der Sprachkritik muß deshalb sein, in der rückhaltlosen Preisgabe des Denkens ans schlechte Gegenwärtige die Spuren ›verzerrten Protests‹ zu entziffern.« Es bleibt festzuhalten, daß auch und gerade in der Gestaltung von Texten wissenschaftliche Erkenntnisse über emotionale Sinngehalte und deren Anwendung verarbeitet werden. Aus diesem Grund existieren sehr verschiedene Sprachstile für die einzelnen Kommunikationsformen.

Informative Kommunikation

Zweckmäßigerweise sollte eine Analyse von Meldungen und Berichten in Tageszeitungen unter verschiedenen Gesichtspunkten vorgenommen werden.
Semantische Kriterien:
Wenn die »Frankfurter Allgemeine« von *Geiselnahme in Washingtons Teheraner Botschaft* spricht, und »Die Welt« schreibt *US-Botschaft gestürmt: Liefert den Schah aus!*, die »Süddeutsche Zeitung« vom *Sturm auf die US-Botschaft in Teheran* berichtet und »Bild« dramatisiert *Botschaft gestürmt, Khomeini-Studenten erpressen Amerikaner: 100 Geiseln! Gebt uns den Schah!* – so charakterisiert diese Verpackung der Nachricht bereits die Tendenz der Artikel (vgl. Abb. 17).
Syntaktische Kriterien:
Wenn die »Frankfurter Rundschau« *US-Botschaft überfallen* zwar halbfett aber nur doppelt so groß setzt wie die Grundschrift, die »tz« dieselbe Meldung durch dicke rote Balken unterstreicht und mit einem breiten Hinweispfeil, der einen Übertitel in Negativ-Schrift enthält, ergänzt – so dienen Größe der Überschriften sowie umrahmte und farbig gehaltene Artikel als Kaufanreiz aber auch der Vortäuschung besonderer Wichtigkeit (s. a. Tageszeitungsvergleich auf S. 51).
Pragmatische Kriterien:
Wenn eine Meldung besonders hervorgehoben oder aber betont zurückgedrängt werden soll, so ist die Plazierung einer Nachricht entscheidend. (Beispiel: Um die Verleihung des Friedensnobelpreises an Willy Brandt abzuwerten, brachte die »Welt« am 21. Oktober 1971 als Hauptschlagzeile *Strauß: Wirtschaftslage ernster als zu Beginn der Krise 1966*. Erst rechts neben diesem Bericht findet sich untergeordnet die Nachricht der Nobelpreisverleihung, die von allen übrigen bundesdeutschen Zeitungen an erster Stelle genannt wurde.)

Weitere Aspekte können sein:
- Auswahl der Bilder (Verwendung vorteil- oder nachteilhafter Fotos)
- Leseanreiz der Schlagzeile durch Sensationsmeldung (Frage oder wörtliches Zitat können zugleich eine politische Wirkungsabsicht enthalten)
- Tendenz der Schlagzeile durch polemischen oder emotionalen Unterton
- Zitat als Schlagzeile bedeutet Meldungs- und Meinungslieferant
- Kommentierung der Meldung durch die Schlagzeile
- Die unrichtige Akzentuierung eines Ereignisses durch die Schlagzeile bedeutet die gröbere Form dieser Kommentierung
- Zusammenhang zwischen Schlagzeile und Meldung kann unklar sein oder fehlen
- Tendenziöse Steuerung durch Schlüsselwörter
- Polemische Wortwahl (Schwarz-weiß-Malerei durch Schlagwörter und radikalisierende Begriffe)
- Pathos, Einsatz von Reizwörtern
- Ungenaue Formulierungen, Verallgemeinerungen, Vereinfachungen, Oberflächlichkeiten
- Werbende und emotionale Adjektive oder Substantive
- Ausrufe und Fragen beeinflussen unterschwellig das Bewußtsein
und dgl. mehr.
Eine Nachricht, die im Verlauf einer Verständigung gegeben wird, baut sich also auf vereinbarten Zeichen auf (wobei optische Gestaltung und Plazierung Teile der Zeichen sind). Besteht keine Allgemeinverbindlichkeit über den zur Entschlüsselung notwendigen Code dieser Zeichen, so kann eine Information auch anders aufgenommen werden, als sie beabsichtigt war.

Integrative Kommunikation

Literatur in Massenauflagen, Texte der

15, 16 Leitartikel und Politiker-Pointen zählen seit langem zu den inhaltlichen Konstanten der Illustrierten »stern«

»Regenbogenpresse«, Illustrierten-Artikel usw. dienen vor allem der Unterhaltung. Die in diesen Kommunikationsmitteln eingefangene und dargestellte Wirklichkeit läßt sich häufig durch eine Gliederung strukturieren und analysieren. Ein Beispiel ist das Inhaltsverzeichnis des »stern« Magazins, das durch seine Transparenz die sog. »Realität« meiner Meinung nach gut in den Griff bekommt:

– Deutschland (Verbrechen, Neonazis, Tanker, Terroristen, Waffen, Rauschgift, Flugsicherheit, Arbeitsplätze, Berufsverbote)
– Ausland (Philippinen, Südtirol, Italien)
– Kultur (Musik, Kunstblumen, Mode, Showgeschäft)
– Motor und Sport (Weltmeisterschaft, Zur Diskussion, Auto)
– Serien (Dr. Novikov, Meine Heimat, Roman)
– Humor (Unterm Strich, Die Peanuts,

Neues aus Kalau, Das vierte Programm, Dingsbums, Satire)
– Rubriken (Recht, Horoskop, Tips und Trends, Rätsel, Denk-Bar, Küche, Deutsch für Besserwisser, »stern«chen, Betrifft: Stern – Impressum)

Im »stern« gibt es Humor in Form von einzelnen Bildern, die einem filmischen Ablauf entnommen sind und bundesdeutsche Politiker in mehr oder weniger typischen Posen zeigen »bon(n)bons«. Allein der mit dieser Gestik oder Mimik in Verbindung gebrachte Denk- oder Sprechblasen-Text ist es, der zum Schmunzel-Dauerbrenner wurde (vgl. Abb. 15). Außerdem gibt es Leitartikel (»Lieber Sternleser! … Herzlichst Ihr Henri Nannen«; vgl. Abb. 16), Problem-Notizen (»Nichts geht mehr – Eheberater haben Hochkonjunktur« oder »Ein Fisch beweist: Der Fluß geht k.o.«; vgl. Abb. 18 u. 19), Protest-Spalten (Paul Breitner: »Die deutsche Nationalmannschaft soll sich bei der Weltmeisterschaft in Argentinien nicht für das politische Schauspiel der Generäle mißbrauchen lassen«) und Aktuell-Kolumnen (»Dietrich Thurau, 22, Deutschlands bester Radfahrer, braucht bald nicht mehr für einen ausländischen Rennstall den Buckel krumm zu machen«). Aber auch der »stern«-Leser kann sich im »stern« zu Wort melden, ohne ein Blatt vor den Mund zu nehmen (»Ein Bus voll Narren und Ignoranten: Alles zukünftige Kanzlerkandidaten?«). Manchmal fühlt man sich durch Bildung informiert, manchmal durch Meinungsbildung manipuliert, manchmal gesättigt, manchmal überfüttert, manchmal sieht sich »stern«-Leser X von »stern«-Leser Y diskriminiert…

Texte dieser Art sind demnach Mitteilungen, die integrierend wirken, d. h. auf Kontaktnahme und gegenseitiges Verstehen ausgerichtet sind.

Kognitive Kommunikation

Die Festrede, die Golo Mann in der Frankfurter Paulskirche gehalten hat (siehe dazu S. 29/30), kann ansatzweise durch folgende Fragen und entsprechende Antworten analysiert werden:

– Welches war der Hauptgedanke?
Unreflektiertes Fernsehen muß zu verflachendem Kollektivismus führen, was eine Minorität, nämlich der selbsternannte Zeitgeist anstrebt. Durch Lesen guter Literatur kann unsere individuell ausgerichtete Zivilisation erhalten werden.

– Welche inhaltlichen Merkmale bietet der Text zur Ermittlung möglicher Zielgruppen?
Primäre Zielgruppen: Buchhändler, Verleger, Literaten. Sekundäre Zielgruppen: Ehrengäste, Politiker, Bildungsbetrieb (mit den bekannten Teilgruppen). Für Merkmale gibt es reichlich Fundstellen in Vorspann und Text.

– Dieser Text ist eine Rede: Welche der Merkmale können für diese Textsorte als typisch gelten?
Z. B. emphatisch-emotionales Sprechen, appellativer Charakter, Provokationen; partnerbezogenes Sprechen, pathetisches Sprechen, Anapher, Wiederholungen (Ellipsen), Alliterationen, publikumswirksame Wortspiele.

Essays, wissenschaftliche Referate oder populärwissenschaftliche Texte sind demzufolge kognitive Kommunikationsmittel, d. h. Darlegungen von Erkenntnissen, deren Kontext erfaßbar gemacht werden soll.

Persuasive Kommunikation

Die Darstellung des objektiven Verbrauchernutzens kann überredende Tendenzen aufweisen. Wenn eine Ware für den Konsumenten einen echten, nachvollziehbaren Zusatznutzen besitzt, kann er in allen verkaufsfördernden Aktionen eindeutig herausgestellt werden. Ich möchte hier anhand verschiedener Strategien veranschaulichen, wie man mittels informativer Werbung zu markanten Produktaussagen kommen kann:

a) Systemvergleich
Wer alte Warengattungen durch neue ersetzt, braucht die vergleichende Werbung nicht zu scheuen. Der Gesetzgeber läßt diese Art von Verkaufsargumentation ausdrücklich zu, weil grundsätzlich die Nachteile eines Systems einem anderen gegenübergestellt werden dürfen. Beispiel: *Tefal*-Werbung (Abhilfe: Fritieren riecht und spritzt jetzt nicht mehr – durch die Absenk-Automatik bei versiegeltem Filterdeckel der *Tefal-Super-Friteuse.*)

b) Problemlöser
Wer eine Ware auf den Markt bringt, die ein technisches Problem bewältigen kann, wird den Konsumenten zunächst nochmals das Problem vor Augen führen, unter besonderer Berücksichtigung der Lö-

17 Informative Kommunikation: Sachbezogene Texte als Nachrichten, unterschiedlich angeboten

18, 19 Die Illustrierte »stern« hat es sich zur Aufgabe gemacht, sozialpsychologische und umwelt-bezogene Probleme zur Diskussion zu stellen

sungsmöglichkeit durch das eigene Produkt. Diese Technik wird besonders gern in der Körperpflege angewandt. Beispiel: *Jade-Cosmetic-Werbung* (Problem: trockene, empfindliche, unreine Haut, Haut über 30 – Lösungsmotto: *Jade* wirkt zweifach – das macht einfach schön – sprühklare Pflege und zarte Tönung zugleich.)

c) Härtetest
Wer hochwertige Erzeugnisse mit langer Lebensdauer anbietet, kann mit der sog. Zerreißprobe-Strategie operieren, wie es Uhren-, Reifen- oder Automobilhersteller zu tun pflegen. Beispiel: *Volvo*-Werbung (»›Ich liebe das Leben.‹ Sie lebt. In ein paar Tagen wird nicht einmal mehr der Druckstreifen an den Unfall erinnern. Ihr Lebensretter war der Gurt. Sicherheitsgurte sind seit 15 Jahren in jedem *Volvo* serienmäßig.«)

d) Service
Wer dem Konsumenten mit seinen Produkten oder Dienstleistungen zwar keine spektakuläre technische oder wirtschaftliche Neuerung bieten kann, dafür aber Komfort – z. B. mehr Freizeit und Erholung für die Frau des Hauses oder die ganze Familie – stellt diese Konzeption in den Mittelpunkt seiner Werbeaussage. Beispiel: *Post-Bankservice*-Werbung (»...Damit kommt man an sein Geld, auch am späten Nachmittag und am Samstag-Vormittag. Das ist arbeitnehmerfreundlich.«)

Persuasive Kommunikation ist die Fähigkeit, durch Rede und Schrift, Bild und Ton andere zu einer bestimmten Handlung zu veranlassen (vgl. Abb. 20). Ziele dieser Überredung können positiver Art sein (humanitäre Hilfsaktionen), ebenso aber negativer Art (politische oder religiöse Indoktrination).

Manipulative Kommunikation

Die Darstellung des subjektiven Verbrauchernutzens kann verführerische Tendenzen aufweisen, wenn nicht mehr Argumente im Vordergrund stehen, sondern vor allem unterbewußte Wunschvorstellungen des Konsumenten angesprochen werden. Die Argumente für diese Art Werbung liegen auf der Hand:

– Ehemals umsatz- und gewinnträchtige Konsumgütermärkte zeigen Sättigungstendenzen. Neue Erzeugnisse sind nur noch mit beträchtlichem Aufwand in den Wettbewerb zu bringen. Für die Hersteller bleibt dabei der Zwang zur Massenproduktion bestehen.

– Die Auswahl der neuen Produkte mit einem bisher noch nicht bekannten nachvollziehbaren Zusatznutzen nimmt ab.

– Der Grad der Austauschbarkeit der Produkte nimmt zu (z. B. Körperpflege).

Plakat-, Anzeigen-, Film- und Fernsehwerbung sind weniger objektive, mehr subjektive, weil psychologisch besser anwendbare Aktionen für die Hervorhebung von Produktvorteilen. Ich möchte auch hier Mittel und Wege aufzeigen, wie man auf zweifellos komplizierte und risikoreiche Weise werblich argumentieren kann:

a) Kaufwunsch-Orientierung
Wer Tiefkühlkost herstellt und ein neues Fertiggericht auf den Markt bringen will, wird sich objektiv kaum von den Produkten seiner Konkurrenten unterscheiden können. Um erfolgreich zu sein, muß er jedoch versuchen, sich durch eine geeignete Werbeaussage im Bewußtsein der Konsumenten positiv von den Produkten der anderen Anbieter abzuheben. Er wird ein Marktforschungsunternehmen damit beauftragen u. a. herauszufinden, welche Wunschvorstellungen die Käufer bzw. Interessenten, beispielsweise von Fertiggerichten, haben. Darauf baut er dann seine zentrale Werbeaussage auf. (»...das neue Fertiggericht, das nach einem alten Bauernrezept hergestellt wird.«).

b) Gefühls-Orientierung
Beispiel: Gemeinschaftswerbung *Gold*. Bei den verschiedenen Alternativen, Gold

auch unter der jungen, konsumfreudigen Zielgruppe zu propagieren, verzichtete man auf Konzepte, die Gold als etwas Edles, Zeitloses und damit als totes Produkt darstellen – vielmehr wurde es als eine Art »kultivierte Zuneigung« herausgestellt. Der verbale Textansatz, der alle Inseratsujets miteinander verbindet – gewissermaßen der Refrain – lautet: »Gold ist Liebe« (*Quick:* »Was kann man einem Menschen schenken, der schon alles hat? Liebe. Gold ist Liebe« – *Capital:* »Wer Streß hat, soll auch Liebe haben. Gold ist Liebe« – *Playboy:* »Fünf Stellen, an denen eine Frau Liebe empfindet. Gold ist Liebe.«).

c) Leitbild-Orientierung

Verbraucher und Hersteller nehmen in unserer Gesellschaft eine gewisse Rangstellung, einen sog. Status ein. Mit diesem werden oft bestimmte Symbole verbunden (Student/R4, moderne Hausfrau/Geschirrspülmaschine, Unternehmer/Mercedes). Ziel einer funktionalen Werbekonzeption ist es nun, den Zusammenhang zwischen Produkt und Status zu betonen, d. h.

spezifische Produkte werden spezifischen Verbrauchergruppen zugeordnet. Man erreicht damit zweierlei:

– Der Inhaber eines gewissen Status fühlt sich angehalten, entsprechende Statussymbole zu besitzen (Bestätigung).

– Der Vertreter einer unteren Position, der den präsentierten Status als Leitbild auffaßt, wird sich für die umworbenen Produkte interessieren, um sich mit dem angestrebten Status indentifizieren zu können (Aufstieg).

Auf diese Weise wird eine bestimmte Zigarettenmarke, über die kaum ein objektiver Produkt-Vorteil zu finden war, zum Statussymbol des (jungen) Intellektuellen. Beispiel: *Reval*-Werbung (»Reval naturrein – natürlich ohne Filter«).

Werden mündliche oder schriftliche Äußerungen dazu benutzt, Emotionen hervorzurufen, Stimmung für oder gegen etwas oder gegen jemanden zu machen und dabei die Ratio bewußt auszuschalten, so sprechen wir von einer mehr oder weniger massiven Manipulation.

Textfunktion

Wer die Wirksamkeit von Texten aufzeigen will, muß auch zu ihrer Verständlichkeit Stellung nehmen. Damit findet automatisch eine qualitative Bewertung statt. Zunächst möchte ich anhand von Beispielen aus Presse und Werbung die Textfunktion, d. h. mögliche oder geforderte Leistungen eines Textes, veranschaulichen. Aus der Analyse hinsichtlich der Wirksamkeit solcher Texte ergibt sich dann, ob sie diese Leistungen erbringen, d. h. ihre Funktion erfüllen.

»*Gemein: Halla zu Seife verarbeitet*. Die tote Halla in Säure geworfen – bei 140 Grad gekocht«, so lautete einmal die Schlagzeile auf der ersten Seite der »Bild«-Zeitung, als der Kadaver von H. G. Winklers Olympiastute dem Seuchengesetz zum Opfer gefallen war. Das ist, meiner Meinung nach, kein guter Pressetext. Es ist auch kein sachlicher Text: Die Ursache wird ignoriert, die Wirkung dramatisiert – statt einen positiven Beweggrund für die Lektüre, nämlich Wissensdurst, anzusprechen, wird ein negativer Beweggrund, nämlich Sensationshunger, unterstützt.

Der Journalismus leidet an der geringen Seriosität der Boulevardpresse. Trotz der weltoffenen Haltung einiger gut aufgemachter europäischer Tageszeitungen nach klassisch angelsächsischem Vorbild mit sorgfältig redigiertem Nachrichtenteil, hat sich in den letzten Jahren bei vielen Journalisten ein deutlicher Trend zur gefärbten Berichterstattung und subjektiven Kommentierung herausgebildet. Die Boulevardzeitungen haben damit begonnen, und der bequem gewordene Leser hat sich damit abgefunden. Diese Art der Bequemlichkeit muß aber bedenklich stimmen, weil durch sie emotionale Entladungen unreflektiert aufgenommen und weitergegeben werden, kritisches Denken dagegen unterdrückt wird.

In »Bild« vom 20. Oktober 1971 war folgendes zu lesen:

»Schlüsselkind kam vormittags von der Schule nach Hause
Einbrecher schlug eine 12jährige bewußtlos
›Er stand hinter der Tür und würgte mich.‹
Das Opfer dann auch noch vergewaltigt

Ein unbekannter Einbrecher hat ein 12jähriges Mädchen in der Wohnung der Eltern in Berlin niedergeschlagen und vergewaltigt. Er war offenbar beim Einbruch von dem Schulkind überrascht worden. Die kleine Angela Sch. war gestern vormittag gegen 10.30 Uhr von der Schule nach Hause gekommen. Wie immer sollte sie ihre Mutter sofort im Betrieb anrufen. Als sich ihre kleine Tochter um 10.45 Uhr immer noch nicht gemeldet hatte, rief die Verkäuferin Sch. in ihrer Wohnung an. ›Ich hatte Angst, daß Angela etwas passiert sein könnte.‹ Erst nach mehrmaligem Läuten wurde der Hörer abgenommen. Die Mutter hörte, wie ihr Kind unklare Sätze stammelte. Christa Sch. benachrichtigte sofort Polizei und Feuerwehr. Die Beamten fanden das Mädchen mit schweren Kopfverletzungen in der Wohnung im zweiten Stock eines Mietshauses in der Berliner City. Angela Sch. wurde ins Krankenhaus eingeliefert. Die Ärzte stellten fest, daß die Zwölfjährige auch schwere Verletzungen am Unterleib erlitten hatte. Der Einbrecher hatte sie vergewaltigt. In der ersten Vernehmung schilderte Angela Sch. einem Polizeibeamten: ›Als ich nach Hause kam, stand der Einbrecher schon hinter der Tür. Er würgte mich und schleppte mich ins Wohnzimmer. Von da an weiß ich nichts mehr.‹ Die Polizei ermittelte, daß der Unbekannte aus dem Schlafzimmer eine Kassette mit Schmuck im Wert von 10000 Mark gestohlen hat. Dies ist bereits der

zweite Überfall am hellichten Tag innerhalb von 48 Stunden ...«

In ihrer Analyse dieses Artikels legt Barbara Sandig (»Bildzeitungstexte«) dar, mit
welchen Mitteln welche Wirkung beim Leser erzielt wird.

»Die Überschriften dieser als Hauptlesean-
reiz aufgemachten Meldung lassen das
Wesentliche der Nachricht nur intuitiv erfassen. In einer anderen Zeitung würde die
Überschrift einen knappen und präzisen
Hinweis auf die Nachricht bilden wie etwa
›Einbrecher mißhandelte Schulkind‹. Die
Überschriften sind nicht zu einem Text
verbundene Satzfolgen: Z. 1/2 und Z. 3/4
müßten in einem Text so lauten: ›(Ein)
Schlüsselkind kam vormittags von der
Schule nach Hause. (Ein) Einbrecher
schlug die 12jährige bewußtlos.‹ Oder
noch eher: ›Die 12jährige wurde von
(einem) Einbrecher bewußtlos geschla-
gen‹ als zweiter Satz. Auf jeden Fall müßte
›12jährige‹ mit dem Artikel ›die‹ stehen, da
Referenzidentität (...) besteht: ›Schlüsselkind‹ und ›eine 12jährige‹ sind für denselben ›Gegenstand‹ (im weitesten Sinn) gebraucht. Eine normale Satzfolge liegt hier
auch deshalb nicht vor, weil in der Regel
zuerst Z. 3/4, die Hauptüberschrift, ins Auge fällt, dann die übrigen Überschriften.
Von den Nebenüberschriften kann zuerst
Z. 1/2 oder Z. 5 und 6 gelesen werden. Die
Hauptschlagzeile (Z. 3/4) wird inhaltlich direkt fortgeführt durch Z. 6: ›Einbrecher
schlug 12jährige bewußtlos. (Er hat) das
Opfer dann auch noch vergewaltigt.‹ Das
Pronomen, das als Themaelement ›Einbrecher‹ aus Z. 3/4 wieder aufnimmt, ist erspart, ebenso der finite Prädikatsteil. Ein
anderes impliziertes grammatisches Subjekt kommt in diesem Kontext aus semantischen Gründen nicht in Frage. Durch die
Angaben ›dann‹ und ›auch noch‹ ist Z. 6
außerdem auf Z. 3/4 bezogen, und dadurch
wird eine analoge Satzkonstruktion, nämlich ein Aktivsatz in Z. 6 verstanden. ›Das
Opfer vergewaltigt‹ könnte auch als Pas-

sivsatz verstanden werden; in diesem
Kontext aber ist durch syntaktisch-seman-
tischen Anschluß an Z. 3/4 eine syntaktische Analogie zu Z. 3/4 wahrscheinlicher.
Außerdem hat der elliptische Aktivsatz gegenüber dem elliptischen Passivsatz eine
stärkere Stilwirkung. ...

Die inhaltlich aufeinander bezogenen Sätze Z. 3/4 und Z. 6 sind bei der Lektüre je-
denfalls durch Z. 5 unterbrochen, wahrscheinlich sogar durch Z. 1/2 und Z. 5. Dieses Fortführen von Satzinhalten nicht in
der Satzfolge sondern über andere Sätze
hinweg ist sonst noch zu beobachten in le-
geren familiären Gesprächen. Im familiären Gespräch ist allerdings die semantische Kohärenz (= Zusammenhang) von
Sätzen, die nicht unmittelbar aufeinander
folgen, auf Unkonzentriertheit der Sprecher zurückzuführen und auf die Möglichkeit, seinen Assoziationen nachzugeben.
Bei diesen Überschriften ist dagegen die
mangelnde Kohärenz beabsichtigt: die
verschiedenen Bruchstücke einer Meldung, die hier zusammengestellt sind, erzeugen Ungewißheit und damit Neugier
und bilden deshalb einen starken Leseanreiz.

Der erste Absatz des Textes bringt zusam-
menhängend das Wesentliche der Meldung, wie es auch sonst üblich ist, das
Wichtigste an den Beginn des Nachrichtenartikels zu stellen. In anderen Zeitungen werden dann Details, und zwar zum
Ende des Nachrichtenartikels hin mit ab-
nehmender Wichtigkeit berichtet, so daß
der Leser die Lektüre des Nachrichtenartikels beliebig abbrechen kann. Da hier die
Überschriften Details enthalten, von denen im ersten Textabschnitt noch nicht die
Rede ist, ist die erzeugte Neugier weiter
wirksam: Der Leser liest weiter, weil durch
die Überschriften ihm noch etliches unklar
ist, er liest also nicht aus eigener Motivation. Statt eines weiter detaillierten
schlichten Berichtens findet er eine kleine
Kriminalgeschichte, in der Rückblenden

auf das berichtete Geschehen mit der Geschichte seiner Entdeckung verschränkt sind.

Auf diese Weise werden Details zwei- oder dreimal in verschiedenen Zusammenhängen gebracht: dieselben oder referenzidentische Syntagmen stehen in den ziemlich unzusammenhängenden Überschriften, dann im kurzen Bericht im ersten Textabsatz, schließlich in der ausführlichen Darstellung. Dieses im Vergleich mit der üblichen Zeitungsberichterstattung hohe Maß an Redundanz (= Überladung einer Aussage mit überflüssigem Informationsgehalt) erhöht die Einprägsamkeit des Gelesenen. Da Kontexte vor- und zurückwirken, erhält der Leser einen starken Eindruck von dem Berichteten, was noch unterstützt wird durch ein Foto.

Es ist kein Zufall, daß in dem so zugkräftig aufgemachten Artikel über ein Verbrechen berichtet wird: Dieser Bericht verstärkt vorhandene Angst und damit die Manipulierbarkeit der Leser (s. o.).«

»I've never tried it, because I don't like it« (Ich habe es noch nie versucht, weil ich es nicht mag). So lautete einmal die Schlagzeile auf einem Plakat der britischen Brauerei GUINNESS. Das ist nach meinem Verständnis ein guter Werbetext, weil der Texter geläufige Vorurteile (»Was man nicht kennt, das ißt man nicht) humorig aufgreift und dadurch den Konsumenten zum Nachdenken anregt.

Die Werbung befindet sich meiner Meinung nach in einem permanenten Veränderungsprozeß. Angesichts der »Werbelawinen« mancher Versandhäuser, aber auch der Waschmittel- und Zigarettenindustrie sind in den letzten Jahren die Stimmen gegen die Werbung immer lauter geworden und haben dabei viel Resonanz gefunden.

Die Verurteilung einer ganzen Branche durch Vorurteile ist aber so ungerecht wie jede klischeehafte Meinung, weil sie unreflektiert weitergegeben wird. Unter den Werbetexten gibt es – ebenso wie in allen anderen Lebensbereichen – gute und schlechte Arbeiten. Und Perlen sind wie anderswo rar.

Im letzten Jahrzehnt zeigten sich auf dem Sektor der verbalen Meinungsbildung bereits deutliche Tendenzen zur sachlichen Information und zur überzeugenden Argumentation: Verbraucherorganisationen, wie z. B. die Stiftung Warentest, haben damit begonnen und die Werbung ist – von ein paar Ausnahmen abgesehen – seriöser, ja sogar intelligenter geworden. »Autos werden nicht mehr in der Traumatmosphäre der Opernauffahrten mit schlagaufreißenden Bediensteten angeboten. Spezialitäten der Kochkunst werden nicht mehr von Covergirls mit gefrorenem Lächeln präsentiert, denen man nicht zutraut, daß sie einen Kochlöffel in der Hand halten können. Die seit einem Jahrzehnt in den Köpfen der ›Unbehagen-Apostel‹ geisternde These von den ›geheimen Verführern‹ kann ihre Wahrheit nicht beweisen. Verführung ist nicht möglich, wo nicht auch die Bereitschaft dazu da ist. Mit allen Werbemillionen dieser Welt ist niemand zu etwas zu bewegen, was er nicht zu tun bereit ist. Die Tatsache, daß für einzelne Zigaretten, ohne eine marktbestimmende Position zu erreichen, mehr Millionen ausgegeben wurden als für die Werbekampagnen aller Parteien für eine Bundestagswahl zusammengenommen, kann einigermaßen beruhigend stimmen. Daß bei relativem Wohlstand unseren Rauch-, Nasch- und Trink-Bürgern vieles zu verkaufen ist, dem anderswo mit herbem Verzicht begegnet wird, ist in erster Linie eine Frage eben dieses Wohlstandes und nicht so sehr eine Frage der besseren oder schlechteren Ethik. Die Grenzen zwischen Notwendigem und Überflüssigem der Vernunft, dem Geldbeutel und der Gesundheit zu überlassen, ist besser, als sie durch Planwirtschaft zu reglementieren. Daß eine gedrosselte oder verbotene Werbung zu Konsumverzicht und Bescheidenheit erzieht, ist eine irrige Annahme. ›Nicht die Vergolder leisten den Götzendienst, sondern die Anbeter‹ (Garcian). Wenn in unseren Selbstbedienungsläden alles in grauen Tüten verpackt wäre, wäre nicht nur die Verführung, sondern auch die Orientierung genommen. Der Verbraucher ist mündig.« (Aufsatz-Zitat von Kurt Weidemann, der schon Mitte der sechziger Jahre diesen Trend beobachtete.)

Gute Werbung bestätigt oder verändert Verhaltensweisen im positiven Sinn: »Bebilderte Sprache« mit mehrdeutigem Text wirkt dabei durch gehaltvollere Argumentation und Information besser, als »besprochene Bilder« mit wenig Text. Außerdem wird der Konsument so dazu erzogen, verstärkt auf Information – die Voraussetzung für Kritikfähigkeit – zu achten.

»In Brüssel ist Avis Nr. 1 in der Autovermietung. Und schon haben wir ein paar Beschwerden bekommen« war die Schlagzeile einer Anzeigenkampagne in der deutschen Tagespresse. Hier wird der Empfänger nicht mehr als unmündig und manipulierbar hingestellt. Er wird vielmehr durch Verbraucherfreundlichkeit emanzipiert: *»Wenn sie von Avis einen Opel mieten, ist er so sauber wie ein Opel von Opel. Und genauso spritzig und fit wie ein Opel direkt vom Händler. Weil wir keinen Kunden verlieren möchten. So oder so. Aber noch viele Kunden gewinnen müssen. Deshalb können wir uns auch nicht die kleinste Nachsichtigkeit leisten. Keine vergessene Zigarettenkippe. Keinen falschen Reifendruck. Keinen knapp gefüllten Tank. Sollten Sie aber wirklich einmal einen Avis-Wagen bekommen, an dem ein Blinklicht oder ein Scheibenwischer nicht funktioniert: Suchen Sie nicht lange nach dem Schraubenzieher. Nehmen sie einfach die Faust. Und klopfen Sie damit kräftig bei uns auf den Tisch.«*

Die meisten Anbieter werben für ihr Produkt, in dem sie es zeigen, d. h. sie bilden es mit einem mehr oder minder attraktiven Umfeld ab. In einer ganzseitigen C&A-Anzeige dagegen wurden nicht die Mäntel dargestellt, sondern das Wetter: *»Dem Regen ist es egal, ob sie einen Regenmantel zu 13 Mark oder zu 129 Mark tragen. Alle Regenmäntel von C&A tun das, wozu sie da sind. Sie schützen Sie vor dem Regen. Die meisten unserer Regenmäntel tun mehr als das. Sie lassen Sie chic und modisch aussehen. Oder flott und sportlich. Wir haben Hunderte von Regenmänteln. In verschiedenen Stoffen. In verschiedenen Verarbeitungen. In verschiedenen Farben. Aus vielen verschiedenen Ländern. Für viele verschiedene Portemonnaies. Warum haben wir eine so große Auswahl? Weil wir es schrecklich fänden, wenn auch nur einer unserer Kunden naß würde.«*

Das ist eine Sprache, die den Ansatz erkennen läßt, wie Texte funktionieren können, wenn sich der Mann in der Werbeagentur mit dem Mann von der Straße identifizieren kann und will.

Entsprechend formulierte Texte können im Kommunikationsdesign – mit einer visuellen Darstellung zusammen oder allein – eine meinungsbildende oder verkaufsfördernde Absicht steigern und so ohne Bildungsvoraussetzung schnell und einprägsam Information und Werbung verdeutlichen. Texte haben im Vergleich zu Piktogrammen (= Bildzeichen) allerdings den Nachteil, noch nicht international verständlich zu sein: Sie müssen im Ausland immer übersetzt werden, wenn Handwerk, Handel, Gewerbe und – in heutiger Zeit in noch viel größerem Maße – die Industrie ihre Produktions-, Verkaufs-, Kundendienst- und Verwaltungsbauten sowie ihre Messestände und Transportmittel mit ihnen gekennzeichnet haben oder über ihr Angebot informieren wollen.

Wir sehen also: Die Funktion eines kommunikativen Textes gliedert sich in Verständlichkeit und Wirksamkeit. Wirksamkeit gliedert sich wiederum in Kontakt,

Aufmerksamkeit, Aufnahme, Verarbeitung und Speicherung. Kontakt wiederum findet nur durch Verständlichkeit statt. Der primäre rationale Wirkungsfaktor Verständlichkeit muß in jedem Text enthalten sein. Umschrieben heißt das: Aussage, Inhalt, Information. Handelt es sich jedoch um einen reinen Werbetext, so darf der hierfür wichtige sekundäre emotionale Wirkungsfaktor Assoziation nicht fehlen. Umschrieben heißt das: Originalität, Einprägsamkeit, Tiefe.

Für die Beziehung der beiden Elemente, welche die Textfunktion bestimmen, ergibt sich also:

– wird eine Mitteilung nicht verstanden, kann sie nicht wirken
– wird eine Mitteilung verstanden, muß sie nicht wirken
– eine Mitteilung, die wirkt, ist verstanden worden.

Verständlichkeit und Wirksamkeit in der verbalen Kommunikation

Während früher der Wirkungsgrad eines Textes nach ästhetischen und stilistischen Kriterien bewertet wurde, wird heute verbale Kommunikation erfahrungswissenschaftlich operationalisiert, d. h. nach der beobachtbaren Tätigkeit des Empfängers beurteilt. Verständlichkeit bezogen auf den Hörer oder Leser ist kognitiv orientiert: Sie verlangt die Dekodierung von Zeichen.

In nachstehender Übersicht sind alle für die Verständlichkeit verbaler Kommunikation relevanten Faktoren hierarchisch dargestellt:

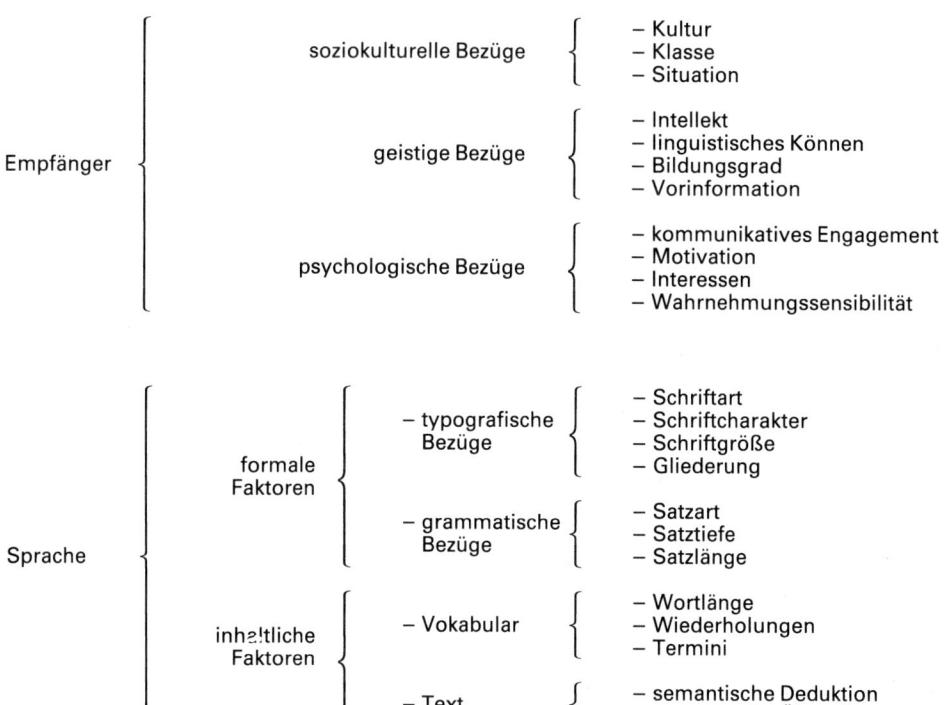

Empfänger
- soziokulturelle Bezüge
  - Kultur
  - Klasse
  - Situation
- geistige Bezüge
  - Intellekt
  - linguistisches Können
  - Bildungsgrad
  - Vorinformation
- psychologische Bezüge
  - kommunikatives Engagement
  - Motivation
  - Interessen
  - Wahrnehmungssensibilität

Sprache
- formale Faktoren
  - typografische Bezüge
    - Schriftart
    - Schriftcharakter
    - Schriftgröße
    - Gliederung
  - grammatische Bezüge
    - Satzart
    - Satztiefe
    - Satzlänge
- inhaltliche Faktoren
  - Vokabular
    - Wortlänge
    - Wiederholungen
    - Termini
  - Text
    - semantische Deduktion
    - semantische Übergänge

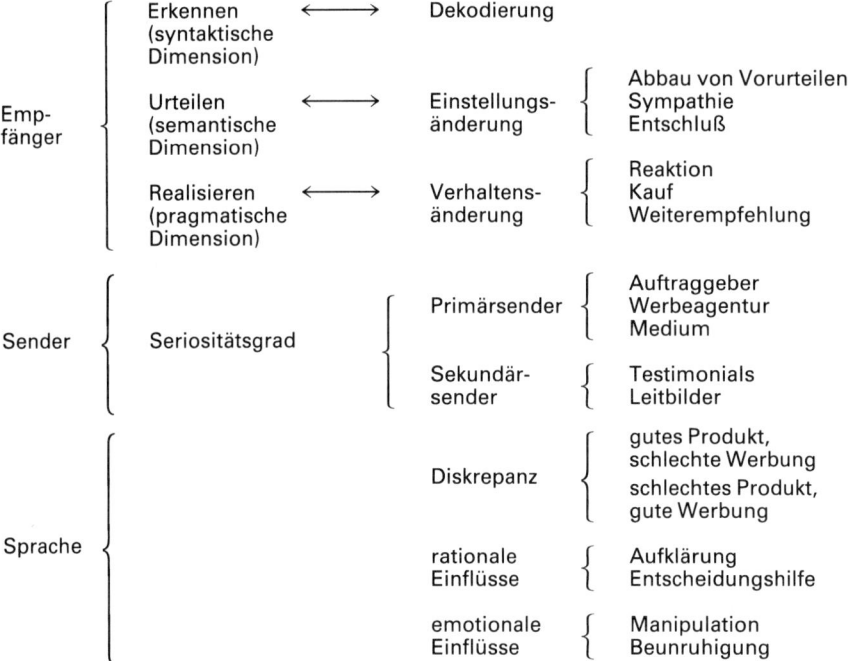

Empfänger	Erkennen (syntaktische Dimension)	⟷	Dekodierung	
	Urteilen (semantische Dimension)	⟷	Einstellungs-änderung	Abbau von Vorurteilen / Sympathie / Entschluß
	Realisieren (pragmatische Dimension)	⟷	Verhaltens-änderung	Reaktion / Kauf / Weiterempfehlung
Sender	Seriositätsgrad		Primärsender	Auftraggeber / Werbeagentur / Medium
			Sekundär-sender	Testimonials / Leitbilder
Sprache			Diskrepanz	gutes Produkt, schlechte Werbung / schlechtes Produkt, gute Werbung
			rationale Einflüsse	Aufklärung / Entscheidungshilfe
			emotionale Einflüsse	Manipulation / Beunruhigung

Empfängergerichtete Wirksamkeit ist in persuasivem Zusammenhang zu sehen: Aufgrund der Dekodierung von Zeichen findet eine Reaktion statt. Persuasive Kommunikation – wie in den obigen Werbetexten – ist nur über die Verständlichkeit »überredender« Sprache möglich.

In obenstehender Tabelle sind alle die für die Wirksamkeit von verbaler Kommunikation in der Werbung wesentlichen Begriffe zusammengefaßt.

Beurteilungskriterien für Texte der Gebrauchssprache

Die Menge der bewertbaren Unterscheidungsmerkmale für Texte der Gebrauchssprache möchte ich in drei Dimensionen gliedern, welche jeweils wiederum mehrere Einzelkriterien umfassen. Diese können sich bei einem erfahrenen Beurteiler zu einer Gesamtbewertung vermischen:

– Form (syntaktische Bezüge: Satzbau, Struktur, Stilistik)
– Inhalt (semantische Bezüge: Wortwahl, Prägnanz, Rang- und Reihenfolge)
– Resonanz (pragmatische Bezüge: Leseanreiz, Identifikation, Einprägsamkeit).

Auf Erfahrung beruhende Untersuchungen konnten nachweisen: Diese drei Kriterien bestimmen Verständlichkeit und Rezeptionsfreundlichkeit, sprich: Wirksamkeit. Die Frage »Wie effizient ist dieser Text« kann also nicht pauschal, sondern muß differenziert, nämlich mit drei Angaben beantwortet werden: eine für jedes Kriterium. Auf diese Bewertungskriterien, für deren Anwendung ich wesentliche Anregungen aus dem »Trainingsprogramm zur Förderung der Verständlichkeit bei der Wissensvermittlung« (nach Schulz von Thun, Langer und Tausch) erhalten habe, möchte ich im folgenden etwas näher eingehen.

20 Verkaufsfördernde Öffentlichkeitsarbeit: Werbetexte mit persuasiven Inhalten (Appelle)

Form

Die Bewertungsdimension »Form« bewegt sich zwischen zwei Extremen: Das eine ist die optimale Form, das andere Formlosigkeit. Die Qualität der Syntax eines Textes läßt sich nach diversen formalen Kriterien bewerten, welche ein Gesamturteil ergeben können. Zur Einschätzung habe ich jeweils vier Stufen vorgesehen, denen eine Punktzahl von 0 bis 3 zugeordnet werden kann: Äußerst klare Formulierungen sollen demnach mit 3 Punkten, äußerst unklare Formulierungen mit 0 Punkten bewertet werden – Nivellierungen liegen entsprechend dazwischen. Allerdings muß der pauschale Eindruck und nicht ein einzelner Gesichtspunkt bewertet werden. Nach relativ kurzer Erfahrungszeit hat man sich die verschiedenen Unterscheidungsmerkmale jeder Dimension eingeprägt – das ist sehr wesentlich für das Gesamturteil, in dem diese Einzelkriterien verschmelzen. (Die Problematik des dargebotenen Sachverhalts bleibt davon unberührt.)

positiv	3	2	1	0	negativ
– klare Formulierung					– unklare Formulierung
– unkomplizierter Aufbau					– komplizierter Aufbau
– gegliederte Gruppierung					– ungeordnete Teile
– einheitlicher Stil					– uneinheitlicher Stil

Inhalt

Auch diese Bewertungsdimension erstreckt sich zwischen zwei Polen: Der eine ist die klare inhaltliche Bedeutung, der andere Inhaltslosigkeit. Der Bedeutungsgehalt eines Textes entsteht durch verschiedene semantische Elemente, deren Einzelbewertungen zusammen wiederum ein Gesamturteil zulassen. Die optimale Bewertung sehe ich wieder bei 3, die minimale bei 0 Punkten – für Differenzierungen gibt es 1 oder 2 Punkte.

positiv	3	2	1	0	negativ
– erkennbare Aussage					– unerkennbare Aussage
– geläufiges Vokabular (Fremdwörter erklärt)					– ungeläufiges Vokabular (Fremdwörter nicht erklärt)
– hohe Prägnanz					– fehlende Prägnanz
– Rang- u. Reihenfolge					– planlose Abfolge

Resonanz

Ebenso verläuft die dritte Beurteilungsdimension zwischen zwei Gegensätzlichkeiten: Effektivität und Wirkungslosigkeit. Die Pragmatik einer verbalen Mitteilung bezieht sich auf empfängerbezogene Wesensmerkmale, die, wie oben, eine Pauschalierung zulassen. Dem optimalen Werturteil »einprägsam« gebe ich wiederum 3 Punkte – weniger beeindruckende Texte erhalten 2 oder 1 Punkt, 0 Punkte würden das Fehlen jeglicher Identifikation durch den Empfänger verdeutlichen.

positiv	3	2	1	0	negativ
– Einprägsamkeit					– Eindruckslosigkeit
– originell					– reizlos
– unterhaltend					– langweilig
– gefühlsbetont					– sachlich

Über den Wert zusätzlicher Stimulanzien wie direkte Rede, Umgangssprache oder Humor läßt sich streiten – Verzicht darauf muß nicht immer nachteilig sein. Für die Abgrenzung von »Resonanz« gegenüber den anderen Bewertungskriterien gilt:

– Form: Eine klare Ausdrucksweise bietet an sich schon einen höheren Leseanreiz. In der pragmatischen Beurteilung soll berücksichtigt werden, ob eine verbale Mitteilung darüber hinaus Einprägsamkeitswerte enthält.

– Inhalt: Originelle Zutaten können zu Lasten der notwendigen Information gehen, und zwar dann, wenn sie ebenfalls Informationsträger sind und dadurch den Wert der Hauptaussage abschwächen (witzig formulierte Beispiele u. ä.).

Bewertungsbilder

Bereits geübte Beurteiler lassen den Text auf sich einwirken und verteilen auf jedes Gesamtkriterium eine Punktezahl.

– 3 Punkte werden vergeben, wenn sämtliche (oder nahezu sämtliche) positiven Merkmale einer Bewertungsdimension in hohem Maße realisiert sind.

– 2 Punkte werden zugeteilt, wenn die positiven Einzelkriterien die negativen knapp überwiegen.

– 1 Punkt wird zuerkannt, wenn die negativen Einzelkriterien die positiven deutlich überwiegen.

– 0 Punkte gibt es, wenn keine positiven Eigenschaften zu erkennen sind.

Nach der Einschätzung liegen für den jeweiligen Text also drei Werte in Form einer Punktezahl vor. Diese Zahl wird in einem »Bewertungs-Stern« folgendermaßen verteilt:

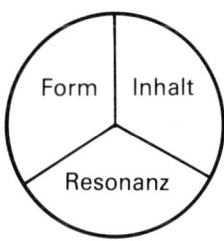

Gewichtung und Optimum der Bewertungsdimensionen für das Gesamt-Prädikat:

– Form = sehr bedeutsam
 (Optimum: 3 Punkte)

– Inhalt = von größter Wichtigkeit
 (Optimum: 3 Punkte)

– Resonanz = von relativem Belang
 (Optimum: Bei wenig Formqualität: 1, bei viel Formqualität 2 Punkte)

Daraus ist zu ersehen, daß die einzelnen Bewertungsdimensionen von unterschiedlicher Bedeutung für die Textfunktion sind. Durch die Rangfolge der nachstehenden Bewertungsbilder von verschiedenen Texten möchte ich veranschaulichen, wie differenziert wichtig Form, Inhalt und Resonanz in der Gebrauchssprache eingestuft werden:

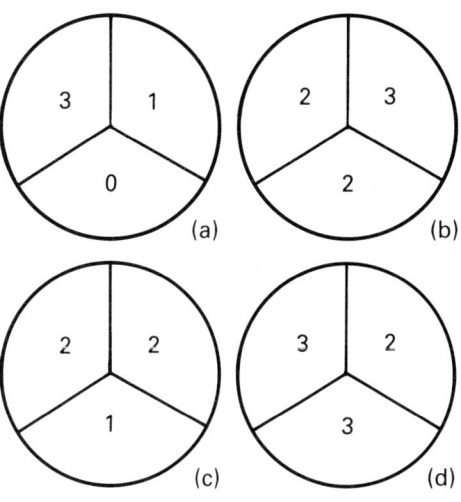

Platz	Prädikats-Stern
1	(b)
2	(d)
3	(c)
4	(a)

Somit ist also weniger die Summe der Punkte als die Verteilung der Punktzahlen von ausschlaggebender Bedeutung für die positive oder negative Gesamtbeurteilung eines Textes.

Optimierungsbeispiele

Folgende zwei Beispiele mit dem jeweils zugeordneten Prädikats-Stern mögen als kleine Hilfe für die Textoptimierung dienen.

– Juristischer Text:

§ 57 StVZO

»Die Anzeige der Geschwindigkeitsmesser darf vom Sollwert abweichen in den letzten beiden Dritteln des Anzeigebereiches – jedoch mindestens von der 50-km/st-Anzeige ab, wenn die letzten beiden Drittel des Anzeigebereiches oberhalb der 50-km/st-Grenze liegen – 0 bis +7 vom Hundert des Skalenendwertes; bei Geschwindigkeiten von 20 km/st und darüber darf die Anzeige den Sollwert nicht unterschreiten.«

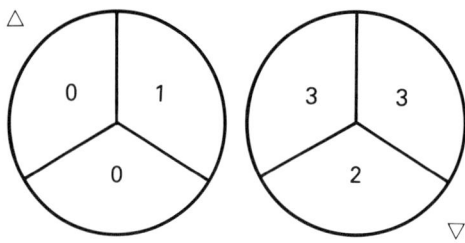

– Optimierungsvorschlag:
Nach 57 StVZO
Um wieviel Prozent darf eine Tachometeranzeige von der tatsächlich gefahrenen Geschwindigkeit abweichen?
1. Für den Bereich von 0 bis 20 km/st bestehen keine Vorschriften.
2. Ab 20 km/st darf der Tachometer nicht *weniger* anzeigen.
3. Für Tachometer, deren Skala bis 150 km/st reicht, gilt: Sie dürfen in den beiden letzten Dritteln des Anzeigebereiches höchstens 7% ihres Skalenendwertes mehr anzeigen.
Beispiel: Ein Tachometer reicht bis 120 km/st. Von 40 bis 120 km/st darf er höchstens 7% von 120 km/st (= 8,4 km/st) zuviel anzeigen.
4. Wenn der Tachometer über 150 km/st reicht, beginnt die 7%-Regelung schon ab 50 km/st.

– Didaktischer Text:
»Während die Pygmäen nur Sammler, Fischer und Jäger sind, treiben die eigentlichen Neger des Urwaldes Feldbau. Sie »gürteln« einige Bäume, indem sie die Rinde ringsum einkerben, so daß sie absterben, und roden mit Hackmesser und Feuer das Buschwerk. Die Frauen

pflanzen dann zwischen den stehengebliebenen Baumstümpfen mit Hilfe des Grabstockes, dessen unteres Ende spatenartig verbreitert ist, Bananen und Maniok. Die Maniokstaude wird 2 m hoch. Aus ihren Wurzelknollen gewinnt man Stärkemehl. Schon nach ein paar Jahren ist der Boden erschöpft. Ein neues Stück muß dann gerodet werden, während die alte Stelle rasch wieder überwuchert wird. Die Bantuneger halten auch einige Haustiere, vorwiegend Hühner und Ziegen. Ihre rechteckigen Hütten errichten sie zum Schutz gegen Tiere und Feuchtigkeit oft auf Pfählen. Unter mächtigen Palmen stehen sie in langer Reihe nebeneinander. Mit Hilfe der Trommelsprache, die im Wald weithin hörbar ist, verständigt man sich von Dorf zu Dorf.«

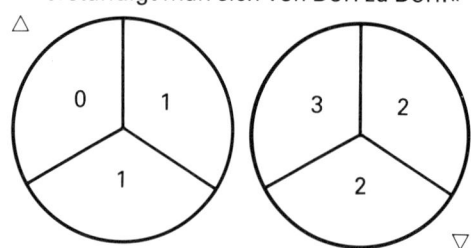

– Optimierungsvorschlag:
»Die Neger.
Wie ernähren sie sich? Welche Schwierigkeiten haben sie mit Ackerboden? Wie leben sie? Wie verständigen sie sich von Dorf zu Dorf?
Ernährung: Während die Pygmäen nur Sammler, Fischer und Jäger sind, betreiben die eigentlichen Neger des Urwaldes Ackerbau und Haustierzucht.
Ackerbau: Die Männer roden den Boden. Sie »gürteln« Bäume, indem sie ihre Rinde ringsum einkerben. Während die Bäume absterben, roden sie das Buschwerk mit Hackmesser und Feuer. Die Frauen pflanzen zwischen den stehengebliebenen Baumstümpfen Bananen und Maniok. Dazu gebrauchen sie einen Grabstock, dessen Ende spatenartig verbreitert ist. Obgleich die Maniok-

staude 2 m hoch wird, kann man nur ihre Wurzelknollen nutzen. Daraus gewinnt man Stärkemehl.

Bodenverhältnisse: Schon nach wenigen Jahren ist der Boden erschöpft. Es muß ein neues Stück gerodet werden. Nach kurzer Zeit überwuchert die alte Fläche wieder.

Haustierzucht: Ein besonderer Stamm, die Bantuneger, halten sich Hühner und Ziegen.

Häuserbau: Die Neger bauen sich rechteckige Hütten und errichten sie meist auf Pfählen – zum Schutz vor Feuchtigkeit und zur Abwehr gegen wilde Tiere. Unter mächtigen Palmen stehen diese Hütten in langer Reihe nebeneinander.

Verständigung: Mit Hilfe der Trommelsprache, die im Wald weithin hörbar ist, verständigen sich die Neger von Dorf zu Dorf.

Gegliederte Texte sind meist länger als kompliziert aufgebaute. Auf unnötig lange Texte sollte jedoch möglichst verzichtet werden. Dazu folgendes Beispiel:

– Brieftext:
»...In Anbetracht Ihres Schreibens, daß Sie mit der letzten Aufsatzzensur, die ich Ihrem Sohn gegeben habe, nicht einverstanden sind, möchte ich Ihnen folgenden Vorschlag unterbreiten: Um eine befriedigende Klärung dieser Angelegenheit zu erreichen, würde ich es sehr begrüßen, wenn wir uns zu einem persönlichen oder telefonischen Gespräch zusammenfinden könnten...«

– Optimierungsvorschlag, der den höflichen Ton der ersten Version erhält:
»...Da Sie mit der letzten Aufsatzzensur Ihres Sohnes nicht einverstanden sind, schlage ich ein klärendes Gespräch vor...«

Ziel dieser Beurteilungsarbeit ist es, nicht nur den Einblick in die Kriterien der Textgestaltung zu ermöglichen, um irgendwann selbst einmal Texte zu verfassen – vielmehr ist jeder, der diese Methode ernsthaft anwendet, früher oder später in der Lage, unzureichende Texte zu verbessern.

Texte in der Presse

Verbale Kommunikation im Zeitungsjournalismus besteht hauptsächlich aus Texten in papierabhängigen Medien:
- Tageszeitungen regional und überregional
- Sonntagszeitungen, Wochenzeitungen (kulturellen oder unterhaltenden Inhalts)
- Publikumszeitschriften wöchentlich oder monatlich (Illustrierte, Nachrichtenmagazine, Programmzeitschriften, Mode- und Frauenzeitschriften, Herrenmagazine, Jugend- und Schülerzeitschriften, themenbezogene Zeitschriften wie z. B. für Wohnkultur, Erziehung, Gesundheit, Sport, Technik, Hobbies, Freizeit usw.)
- Fachzeitschriften monatlich oder vierteljährlich (wissenschaftlichen, technischen oder künstlerischen Inhalts).

Tageszeitungen, Boulevardblätter, Zeitschriften

Ein Überblick über den Blätterwald bundesdeutscher Tageszeitungen läßt folgende Gruppierungen erkennen:
- Überregional (Frankfurter Allgemeine, Die Welt)
- Regional bundesweit (Süddeutsche Zeitung, Frankfurter Rundschau)
- Regional (z. B. Stuttgarter Zeitung, Münchner Merkur, Augsburger Allgemeine, Nürnberger Nachrichten)
- Boulevardblätter regional (z. B. Abendzeitung und tz in München)
- Boulevardzeitung bundesweit (z. B. Bild)
Jede dieser Tageszeitungen beliefert ihre Leserschaft mit Meldungen und Kommentaren: die Wahrheit muß dabei oft der Wahrscheinlichkeit, manchmal auch dem Scheinbaren oder sogar der Unwahrheit weichen – die gerichtlich erwirkten »einstweiligen Verfügungen« beweisen dies immer wieder.

Die grafische, informatorische und mehr oder weniger lesefreundliche Aufbereitung der abgedruckten Nachrichten liegt beim Gebrauchstypografen. Wie er diese Problematik gemäß entsprechender Zielrichtung bewältigt – oder auch nicht – soll anhand verschiedener Beispiele deutlich gemacht werden. Dabei möchte ich den oben genannten elf deutschen Blättern eine deutschsprachige ausländische Zeitung gegenüberstellen, welche als der klassische Typ einer konservativen europäischen Tageszeitung anzusehen ist: Die Neue Zürcher Zeitung (NZZ). Alle Ausgaben stammen vom 5. November 1979 (vgl. Abb. 17 und 21).

Als Ordnungsprinzip der meisten Tageszeitungen erweist sich folgende Aufteilung:
- Die Seite 1 mit dem Kopf
- Die Seite 3 mit dem politischen, wirtschaftlichen und kulturellen Hintergrund
- Die Seite mit den Nachrichten aus aller Welt
- Die Seite mit dem Wirtschaftsteil
- Die Seite mit dem Feuilleton
- Die Seite mit dem Lokalteil
- Die Seite mit dem Sportteil
Die »Frankfurter Allgemeine« (FAZ) – Auflage 300 000 – hat neben der NZZ das Image einer Tageszeitung mit weltoffener Haltung und sorgfältig redigiertem Nachrichtenteil. Der Zeitungslayouter darf kein Bild auf die erste Seite setzen, das weniger bedeutend als Mondlandung, Präsidentenmord o. ä. ist. Kleingehaltene Überschriften (Balken wären geradezu unmöglich!) sind so selbstverständlich wie ein kurzes Inhaltsverzeichnis. Als einzige unter den nachrangigen folgt die Stuttgarter Zeitung diesem Vorbild: Der Leser sucht sich seine Information selbst und bekommt nichts

21 Verschiedene Tageszeitungen mit unterschiedlichen Titelköpfen

aufgedrängt, der Typograf sorgt für Ruhe und Ordnung. Die »Welt« dagegen – Auflage 229 000 – hat sich von diesem Erscheinungsbild losgesagt und ist inzwischen zum bunten Tagesmagazin geworden. Der Umbruchmetteur greift täglich nach den verschiedensten Gestaltungsmitteln: Balken, Bilder und Karikaturen, mehrere Schriftarten und -größen, Kolumnen und Spaltenlinien.

Unter den Zeitungsköpfen fallen verschiedene Versionen auf (vgl. Abb. 21): betont konservativ (Süddeutsche, Stuttgarter Zeitung, die Welt mit Einschränkungen), beabsichtigt antiquiert (FAZ, Münchner Merkur und natürlich die Neue Zürcher Zeitung), moderner (Frankfurter Rundschau) und leicht geschmäcklerisch im negativen Sinn, wie die »Nürnberger Nachrichten« – das Paradebeispiel einer Regionalzeitung, die, was »Münchner Merkur« und vor allem die »Augsburger Allgemeine« auf ihrer ersten Seite andeuten, in noch viel schlimmerer Manier praktiziert: scheckiges Satzbild mit provinzieller Zeitungs-Typografie.

Spektakuläre Aufmacher schauen uns an, wenn wir auf die Straße schauen: Die Boulevardblätter »Abendzeitung«, »tz« und »Bild« verwenden nicht zuletzt deshalb so große Schriften, weil sie zum einen vom Auto oder von der anderen Straßenseite aus gelesen werden sollen und zum anderen in Verbindung mit ihrer Diktion (Sensationsmache und Agitation) ihren Käufern Lesebequemlichkeit – alles auf einen Blick – bieten wollen: Der Zeitungstypograf wird zum Plakatgrafiker!

Von der unter Tageszeitungsmachern wichtigen dritten Seite halten die FAZ und die »Frankfurter Rundschau« nicht sehr viel, die Boulevardblätter überhaupt nichts. Die übrigen Zeitungen dagegen gestalten diese Seite nach einem bestimmten, immer ähnlichen und für sie jeweils typischen Raster: Bildkästchen und schmale Satzkolumnen bei der »Welt«, un-

ruhige Typografie beim »Münchner Merkur« und den »Nürnberger Nachrichten«. Die »Augsburger Allgemeine« sparte sich an diesem Tag auf dieser Seite Politisches, Wirtschaftliches oder Kulturelles und erteilte dem Sport das Wort (vgl. Abb. 22).

Der Inseratenanteil ist auf der Seite mit den Meldungen aus aller Welt größer geworden, »Münchner Merkur« und »Nürnberger Nachrichten« scheuen sich dabei nicht einmal vor Supermarkt-Billigangeboten mit Preisangaben, die doppelt bis mehrfach so groß gesetzt sind wie die »Neuen Festnahmen in Prag«. Und die Notwendigkeit, den Leser an gleicher Stelle über ein Waschmittel zu informieren (3 kg zu 5,99 DM), setzt dem Layouter klare gestalterische Grenzen (vgl. Abb. 23).

Wirtschaftsteil und Feuilleton gelten traditionell als die ruhenden Pole in der Informations-Stimulanz der Tageszeitungen. In beidem setzt die »Neue Zürcher Zeitung« gestalterische Maßstäbe, u. a. mit einer generell größeren Schrifttype, welche von allen Zeitungstexten die mit Abstand beste Lesefreundlichkeit bietet. Grundsätzlich greift der Typograf beim kulturellen Teil zur Serifenschrift – wenn man vom Feuilleton der »tz« einmal absieht, die auch für diese Art Zeitungstext auf Groteskschriften und große Farbbalken nicht verzichten will (vgl. Abb. 24 und 25).

Der Lokalteil wird nur bei der »Süddeutschen Zeitung« und der Münchner »tz« mit beeinträchtigenden seitenanteiligen Inseraten kombiniert (vgl. Abb. 26). Letztere sogar mit einem alles übrige erdrückenden Motiv: Der »Feierabend-Knüller« eines Spielwarenhändlers »zerknüllt« die redaktionelle Hälfte der Seite. Die nach zeitungswissenschaftlichen Merkmalen als europaweit geltenden FAZ und »Welt« bieten dagegen naturgemäß überhaupt keinen Lokalteil an.

Am ausgeglichensten zeigt sich das Vergleichsbild im Sportteil. Einzige Ausnahme: Das deplazierte Zigaretteninserat in

22 Die Seite 3 einer Tageszeitung in unterschiedlicher Aufmachung

23 Die Seite »Aus aller Welt« mit z. T. beeinträchtigenden Inseraten

24 Die Seite »Wirtschaft« mit offensichtlich ruhigerem Satzbild

25 Die Seite »Feuilleton« mit atypischer Grotesk-Schrift und Farbbalken

26 Der Lokalteil mit mehr, dafür kürzeren Artikeln

27 Der Sportteil mit typischem Fußball-»Klima«

der »Bild«-Zeitung, das mehr den Zuschauern als den Akteuren auf dem grünen Rasen gewidmet zu sein scheint (vgl. Abb. 27).

In diesem Zusammenhang möchte ich Gerd Zimmermann zitieren, der in einem Aufsatz zum Thema »Manipulation durch Präsentation« in der Zeitschrift »Format« u. a. folgendes schrieb: »Manipuliert durch Präsentation von Nachrichten wird in den Boulevardblättern und in der ›seriösen‹ Regional- und Überregionalpresse. Nur die verbalen und visuellen Mittel sind verschieden. In der Boulevardpresse sind sie laut, häufig plump und leicht durchschaubar (Leserfang mit plakativer, vielversprechender Headline), in der Regional- und Überregionalpresse versteckter, differenzierter und im Layout zurückhaltender. Bedingt sind diese Unterschiede in erster Linie durch die unterschiedliche Vertriebsart. Die Abonnements-Zeitungen haben einen vertraglich festen Käuferstamm, können daher weitgehend auf kaufwirksame verbale und visuelle Reize verzichten. Die Boulevardzeitungen müssen ihre Kunden täglich neu gewinnen und versuchen dies u. a. mit reißerischer Aufmachung in Inhalt und Form…

…Eine Untersuchung der Titelseite der Bildzeitung mit dem Ziel, die Beachtungswerte der einzelnen Felder herauszubekommen, zeigte, daß fast jedes Feld (oben rechts genauso wie unten links auf der Seite) einen Beachtungswert von über 80% hatte. Begründet sind diese gleichmäßigen Werte in hohem Maße durch die gleichmäßige Verteilung von ›Reißthemen‹ über die ganze Fläche und deren visuelle Betonung. In einem abstrakten Zeichentest wurde die Bildzeitung von ihrem Leserkreis primär den beiden dynamischen Zeichen ›Blitze‹ und ›Sekt‹ zugeordnet. Die regionalen Tageszeitungen wurden am häufigsten mit ›Orgel‹ belegt. Erklärt werden diese Zeichen so: Blitze = spannungsreich, dynamisch, aggressiv,

sensationell. Sekt = spritzig, vielseitig, munter, aber auch ungeordnet. Orgel = löst beim Betrachter Assoziationen zu ›seriös‹, ›feierlich‹, ›weihevoll‹ aus, wird in negativem Sinn als langweilig erlebt. ›Blitz‹ oder ›Sekt‹ ist demnach zum Beispiel, wenn in großen Lettern zwischen roten Balken, auf eine Distanz von mindestens zehn Meter erkennbar, gedruckt steht: ›Er ist der Autobahnmörder‹. In der Rubrik hängt wuchtig ein Pfeil, dessen Spitze demonstrativ in das Foto des angeblichen Mörders hineinragt. Die Sache scheint klar: Der Mörder steht fest. Meint der Leser im ersten Moment. Er kauft die Zeitung und sieht meist erst dann, quasi im Schatten der typografisch und grafisch überbetonten ›Sensationsrubrik‹, den Negativ-Balken ›Polizei glaubt:‹. Hier wird dem Publikum durch geschicktes Plazieren visueller Elemente (Schrift, farbige Unterstreichung, Foto) beim flüchtigen Wahrnehmen der Titelseite eine Vermutung als Tatsache suggeriert: Mit dem eindeutigen Ziel, einen kurzen, aber intensiven Aufmerksamkeitswert zu erreichen, der beim Rezipienten zum Kaufentscheid führt…

…Diese Verfälschungen von Tatsachen sind Musterbeispiele journalistischer Anpassung an den Konsumenten. An dessen Vorurteile und Einstellungen, die es voll zu bestätigen gilt. Der Konsument kann sich mit der Zeitung identifizieren. Damit ist eine elementare publizistische Bedingung erfüllt: eine intensive Leser-Blatt-Bindung. Da er seine eigene Meinung, besonders über gesellschaftliche und politische Phänomene, kaum selbst artikulieren kann, funktioniert die ihm ›angepaßte Zeitung‹, der auf seine Vorlieben und Einstellungen zugeschnittene Stoff, als sein Souffleur.« (Siehe dazu auch Seite 55 ff.)

Beim Betrachten der abgebildeten Beispiele fällt folgendes auf:

– Die Bandbreite des Erscheinungsbildes Tageszeitung reicht von ruhig-ausgeglichen bis unruhig-bunt. Als ausgesprochen gut und seriös aufgemacht kann neben der NZZ die »Stuttgarter Zeitung« gelten – als Gegenbeispiel würde ich neben den »Nürnberger Nachrichten« die »Balken-Blätter« (Münchner Merkur und Augsburger Allgemeine) bezeichnen, deren Typografie sich mehr am Boulevard-Charakter als an der konventionell-konservativen Machart orientiert. »Bild«, die Münchner »tz« und die »Abendzeitung« sind ausgeprägte Wegwerfblätter im Sinne einer Einwegflasche oder eines Papptellers.

– Die Bandbreite des Leseranspruchs reicht von informationsbegierig bis sensationslüstern. Boulevardzeitungen bieten große Lesefreundlichkeit: Auf einen Blick das Aktuellste – straff zusammengefaßt und markig formuliert unter knapper, stimulierender Schlagzeile; manchmal jedoch auch das Unwichtigste – aufgebauscht durch extrem emotionale Headlines. Als Folge von Verkürzungen und möglichst bunter Aufbereitung des Stoffes stellt sich allerdings oft wachsende Bequemlichkeit beim Leser ein, die kritisches Denken und gründliche Verarbeitung des Gelesenen verkümmern läßt.

Auf der Suche nach einer Wochen- oder Monatszeitschrift, deren visuell-verbales Erscheinungsbild beispielhaft für andere Zeitschriften stehen kann, griff ich nach dem »stern« – nach jener Illustrierten, die in Deutschland am meisten gekauft und gelesen wird.

Ihre Titelseiten und Titelzeilen sowie Form und Inhalt ihrer Innenseiten machen sie zu einem Medium, das Sensationelles und Sentimentales, Erotisches und Exotisches, Alltägliches und Aktuelles – Lesestoff und Gesprächsstoff zugleich bietet (vgl. Abb. 28–32).

Laut einer eigenen »stern«-Leseranalyse befindet sich unter 3½ Einwohnern ab 14 Jahren in der Bundesrepublik je ein »stern«-Leser, oder anders ausgedrückt:

Ein »stern« fällt auf 3½ Leser. Diese sind jünger, besser gebildet und verdienen mehr als die Konsumenten anderer Magazine und Wochenzeitungen. Solche Fakten zeigen, daß die »stern«-Kunden nicht unerheblich am Erscheinungsbild einer Zeitschrift beteiligt sind. Diese ist immer so anspruchslos oder so anspruchsvoll wie ihre Leser, die sich unterrichten, informieren, aufklären und verständigen lassen, die sich aber auch erbauen, belustigen, amüsieren, ermuntern, vergnügen, fesseln – kurzum unterhalten lassen wollen (vgl. Abb. 29 und 31).

Mit den ausgewählten »stern«-Seiten möchte ich zeigen, wie ein Kommunikationsmittel aussieht, das Wartezimmerstunden verkürzen und Feierabende verlängern kann; wie ein Forum entstanden ist, das auch Nicht-Publizisten und Nicht-Journalisten Gelegenheit zur freien Meinungsäußerung gibt; wie ein politisches Medium wirkt, das heiße Eisen anpackt, ohne sich lebensgefährlich zu verbrennen (vgl. Abb. 28 und 32).

Beim Anschauen der ausgesuchten Beispiele fällt folgendes auf:

– Die Skala des »stern«-Erscheinungsbildes verläuft von romantisch bis realistisch. Inhaltlich wird eine ausgesprochen gute Mischung von Reportagen und Zeitkritik geboten. Als Beispiel für einseitig sentimentalen Journalismus würde ich die der »Regenbogenpresse« zuzurechnenden Illustrierten bezeichnen (Frau im Spiegel, tina, Das Neue Blatt, Echo der Frau usw.), die sich an einen viel kleineren Leserkreis – meist Frauen mittleren bis gehobenen Alters – wenden.

– Die Skala des Leseranspruchs reicht von unterhaltungssuchend bis wissensdurstig. Im Gegensatz zu themenbezogenen Zeitschriften bietet der »stern« mehr Humor, politische Kritik, Schnappschüsse, Zeichen der Zeit, Völkerkunde, Zeitgeschichte, Satire usw. sowohl für den Di-

fundsachen

zur diskussion

Kein Handschlag!

stern chen

Kinder haben sternchen gern — sternchen ist das Kind vom stern

Mama und Papa waren nicht von den Affen wegzukriegen

David Henry Wilson

Elefanten sitzen nicht auf Autos

Jeremy James füttert einen Elefanten

Der kleine Herr Jakob
Von Hans Jürgen Press mit Versen von Karlos Thaler

briefe
An Henri Nannen, Postfach 30 20 40, 2000 Hamburg 36

Hormongeier und Wattebausch

Rollstuhl riskiert

Ein Bus voll Narren

Alter Hut

Behüte Gott!

Nicht in der NPD

28 Verschiedene Innenseiten einer Wochenzeitschrift: Kuriositäten, Protest-Spalte, Kinder-Ecke, Leserbriefe…

DYLAN,
BOB, 37 JAHRE,
LEGENDE

Die Jugend der 60er Jahre verehrte ihn als Messias und hält ihm bis heute die Treue. Jetzt kommt der amerikanische Song-Poet, dessen »Blowin' In The Wind« zur Hymne wurde, nach Deutschland. Sternredakteurin Petra Schnitt besuchte ihn in Los Angeles

Jeden Monat verkleidet sich der holländische Showmaster Rudi Carrell und wird zum deutschen Einzelhändler. Als Edeka-Kaufmann preist er im Werbefernsehen Tiefkühlspinat, Haferflocken und 3-Wetter-Taft an. Für jeden Drei-Minuten-Auftritt verlangt er 50 000 Mark – doppelt soviel wie für seine TV-Sendung »Am laufenden Band«. Auch andere Prominente drängen an die Töpfe der Werbung, ans leicht verdiente Geld, und erheben ihre Stimme für Produkte, die sie privat meist noch nie gekauft haben

»Ich, Rudi Carrell, mache Werbung, weil ich meiner Frau versprochen habe, Mäuse am laufenden Band zu liefern.«

Die Marken-Schreier

Werbemeister. Einer für alle.

29 ... Life-stories, Hintergrund-Informationen...

Foto: Uwe Burgert

Ein Bericht
von Arnim v. Manikowsky

Kürzere Arbeitstage
Längere Wochenenden
Früher in Pension
Mehr Urlaub

Der
STERN hat
die Deutschen
befragt:

Wie hätten Sie denn gern?

stern 95

»Wer's besser weiß, soll's bitte laut sagen«

In der nächsten Woche wählt die SPD-Fraktion ihren Vorsitzenden. Der STERN fragte Herbert Wehner, weshalb er weitermachen, wie er seine Fraktion zusammenhalten will und was die SPD tun muß, um am Ruder zu bleiben

stern

30 ... Bundesdeutsches, Bundespolitisches...

••99 Ich pflege
mitunter zu vergessen,
daß ich lebe.
Ein Zufall, eine Frage
erinnerte mich
dieser Tage daran,
daß in mir ein
Hauptbegriff des
Lebens geradezu aus-
gelöscht ist,
der Begriff Zukunft.
Kein Wunsch,
kein Wunsch, kein
Wölkchenwunsch vor
mir! Eine glatte
Fläche! Warum sollte
ein Tag aus
meinem 70. Lebens-
jahr nicht genau
meinem Tag von heute
gleichen **99**

Nietzsche an seinen Freund Georg Brandes

Hellsichtig in den Stunden schwerster Krankheit

Nizza: Seine letzten Winter verbrachte Nietzsche an der Côte d'Azur, eine Gegend, «in die man Sterbende schickt, damit sie glauben, am Ende gesund gewesen zu sein»

31 ... Historisches, Exotisches...

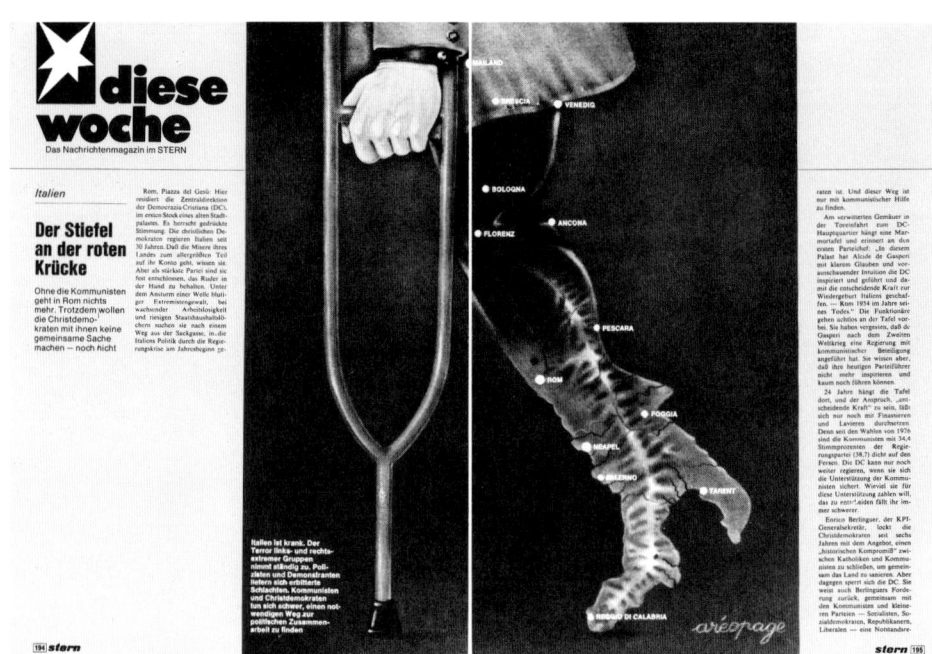

32 ... und Aktuelles: Die Illustrierte klassischer Machart ist zum Magazin geworden

rektor als auch für den sog. kleinen Mann.

Gedruckte Information

Ohne papierabhängige Informationsquellen würden sich die meisten Menschen heute wie in einem luftleeren Raum fühlen. Selbst im Urlaub – weit entfernt vom Streß des Alltags und dem Ernst des Berufslebens – endet der Weg zurück vom Skilift oder vom Strand häufig an irgendeinem Zeitungskiosk. Meist ist es dann eine europaweit verbreitete Tageszeitung, die den Politik- oder Sportinteressierten mit neuesten Meldungen versorgt.

Reizvoll kann es sein, einmal eine Bestandsaufnahme zu machen über die Schlagzeilen-Struktur einer solchen Tageszeitung (Frankfurter Allgemeine vom 10. März 1980). Sie kann etwas Aufschluß geben über das »Klima« der gedruckten Information, im Sinne der jeweils charakteristischen Diktion.

– Seite 1: Schmidt: Die Entspannung ist durch den Verlust des militärischen Gleichgewichts gefährdet – Carter will Bedauern über die Regierung des Schah äußern – Die PLO ist für Giscard ein »qualifizierter Partner« – Machtprobe in Teheran – usw.

– Seite 2: Moskau sieht ein »Abgleiten« Schmidts auf den Kurs Washingtons – Wird sich nach Honeckers Rundgang das Klima verbessern? – Connally überraschend abgeschlagen – usw.

– Seite 3: Wie lange hat Marchais während des Krieges in Augsburg gelebt? – Afghanische Patrioten melden Erfolge – usw.

– Seite 4: Fredersdorf ist gegen alle und für eine Union ohne Strauß – Echternach geht in die Bundespolitik – Die Jungdemokraten wollen nicht zu einem Kaninchenzüchter-Verband verkümmern – usw.

– Seite 5: In Bolivien droht der 187. Putsch

– Südafrika kann sich nicht verbarrikadieren – usw.
– Seite 6: Als Stoltenberg sprach, ging das Licht aus – Jens: Latenter Faschismus – usw.
– Seite 7: In Südtirol Anschlag auf deutschen Bus – Acht Kinder aus vier Familien in Wohnwagen verbrannt – Bucht auf dem Peloponnes von Öl verschmutzt – usw.
– Seite 8: Heinrichsohn wieder in Haft – Deutscher Autofahrer schleift französischen Kontrolleur mit – Die Deutschen wünschen sich Farbe im Stadtbild – usw.
– Seite 9: (Anzeige)
– Seite 10: Erfolge im kalten Unabhängigkeitskrieg – Ungeduld mit Strauß – usw.
– Seite 11: Die Inflation in Amerika ist ungebrochen – Volkswagenpreise heraufgesetzt – Gute Chancen für das Handwerk – Neuer Weinschwindel in Frankreich – Honecker: 1980 ein gutes Jahr für innerdeutschen Handel – usw.
– Seite 12: Die Rohstoffnachfrage stützt Thailands Entwicklung – Neue Abwertungsgerüchte in Mexiko – usw.
– Seite 13: Auch Intersport ist vom Kartellamt »durchleuchtet« worden – KWU baut wieder ein Kernkraftwerk – usw.
– Seite 14: Die Otto-Gruppe ist diesseits und jenseits des Atlantiks aktiv und expansiv – Banken, Bund und Bremen helfen »Hansa« – KKH: Stabile Beiträge für 1980 – usw.
– Seite 15: (Briefe an die Herausgeber)
– Seite 16: Ingemar Stenmark erlaubt sich nacholympische Schwächen – Paarlauf-Weltmeisterschaft wird zur Farce – Mannheimer ERC vor der Meisterschaft? – usw.
– Seite 17: Aschaffenburg ist das Wimbledon der Ringer – Für Deutsche nur Anerkennung als Gastgeber
– Seite 18: Die doppelte Wirkung der Ausnahmespieler – Ehrliche Trainer wären geschäftsschädigend
– Seite 19: Die schaurig-schöne Diktatur

der Turngemeinde Frankenthal – Gehring durchschaut den ideenlosen Higueras – Eric Heiden stolpert zum Abschied vom Eis – Petra Schneider schwimmt 400-Meter-Lagen-Weltrekord – 15 Jahre alter Indianer springt am weitesten – usw.
– Seite 20: (Anzeigen)
– Seite 21: Molière populär – Ein Choreograph erklärt seinen Rücktritt – Kein Kasimir, eine Karoline und viele Kompromisse – usw.
– Seite 22: Mafia-Milieu, glänzend getroffen – Dänische Szenen einer Ehe – usw.
– Seite 23: Die Zeit des Traums in Röntgenbildern – Rostropowitsch und die WIZO – usw.
– Seite 24: (Wetterbericht, Fernsehprogramm, Anzeigen)

Fazit: Durch die Lektüre einer Tageszeitung funktioniert der Ausgleich zwischen Unwissenheit und Information. Die Zeitung hält ihre Leser über Tagesereignisse und ihre Hintergründe auf dem laufenden: sachlich, auf der Basis offizieller Verlautbarungen und in der Regel auch beweisbar. Ihre Redaktion bezieht die Fakten dazu von weltweit arbeitenden Nachrichtenagenturen, orientiert sich an Polizeiberichten, übernimmt Einheitstexte eines Presseinformationsdienstes u. ä.

Gedruckte Unterhaltung

Ohne papierabhängige Unterhaltungsmöglichkeiten würden sich ebenfalls viele Menschen wie im luftleeren Raum fühlen. Selbst im Wartezimmer – fern jeglicher Muße oder der Möglichkeit, die Dauer der Pause selbst zu bestimmen – vertreiben sich die Patienten die Zeit mit der Lektüre von Illustrierten, die den Leser mit Prominentenstories, Mode- und Rezeptteilen, Gesundheitsthemen oder einem Fortsetzungsroman ergötzen. Anregend mag es sein, sich durch die Überschriften-Struktur auch einmal das Inventar einer solchen Illustrierten vor Augen zu halten (Frau im

Spiegel vom 6. Dezember 1979). Es kann Aufschluß geben über das Klima der gedruckten Unterhaltung.

- Seite 6/7: Sonja in Deutschland – Der Staatsbesuch, der keiner sein durfte
- Seite 8/9: Ted Kennedy: Ich fürchte mich nicht vor dem Todesfluch
- Seite 10: Charles hat sich entschieden.
- Seite 12: Geburtstagsgeschenk mit Verspätung – Ein halbes Jahr brauchten zwei holländische Künstler, um die Töchter Julianas zu malen. Die Königin dankte – aber die Prinzessinnen sind entsetzt
- Seite 14: Vera Brühnes Tochter Sylvia Cossy schreibt über sich und ihre Mutter – Gebrandmarkt
- Seite 20: Der Trainer der deutschen Skidamen rechnet mit einem Medaillen-Segen bei den Olympischen Spielen in Lake Placid – Mayrs mutige Mädchen
- Seite 24/25: So feiert Maria Hellwig Advent
- Seite 28/29: Mode – Zauberei mit Zubehör
- Seite 30: Jugendliche Jacken und Mäntel
- Seite 32/33: Nie verkehrt und immer nobel: Die hübschen kleinen Kleider
- Seite 34: Neuer Roman: Das Haus der verbotenen Träume
- Seite 42/43: Als Ziegenhirt ist ein Pavian einfach Spitze
- Seite 45: Psycho-Test: Verstehen Sie es, Ihren Partner aufzumuntern?
- Seite 46: Helfen Sie mit! – Erik Ode: »*Care* half Millionen Deutschen nach dem Krieg. Jetzt können wir andere unterstützen.«
- Seite 48: Horoskop
- Seite 50: Operation aus Liebe – Weil ihr Mann Prinz Henrik noch einmal Vater werden möchte, unterzog sich die dänische Königin einem chirurgischen Eingriff
- Seite 53: Rätsel
- Seite 54/55: Vom Büro zur Party – Ein Zeitplan für Ihre Schönheit
- Seite 56: Kosmetik
- Seite 58/59: Journal: In jedem *Frau im Spiegel*-Heft teilt unsere Mitarbeiterin Thea von Moog die Sorgen unserer Leser und gibt *Trost und Lebenshilfe*
- Seite 62: Hobby: Das schmückt den Tisch zu Weihnachten
- Seite 64: Journal: *Haushalt* – Für alle, die's rustikal mögen: Katen-Geschirr aus Friesland
- Seite 72/73: *Frau im Spiegel* zu Gast bei Reinhild Solf und ihrer Familie in Hamburg – Privat hat Tony Buddenbrock das Glück gefunden
- Seite 74/75: Die Geschichte der Woche – Ein kleiner grüner Elefant
- Seite 80/81: Auch Pillenschlucken will gelernt sein – Dr. med. Sebastian Kroll informiert über den richtigen Umgang mit Medikamenten
- Seite 84/85: Heilpraktiker Ulrich Rückert: Was tun, wenn's weh tut?
- Seite 87: *Namen* von heute
- Seite 88/89: Schöne Heimat Weite Welt – Schwarzwaldfahrt bei Schnee und Eis: Erholung vom Alltagsstreß in einer der schönsten deutschen Landschaften
- Seite 90/91: Reise-Tips – Kurbäder in Deutschland
- Seite 97: Spiel, Satz und Sieg für Kronprinz Frederik
- Seite 98: Ulrich Klevers Küche – Die Weihnachtsbäckerei beginnt
- Seite 104/105: Das aktuelle Magazin

Fazit: Durch die Lektüre von Illustrierten funktioniert der Ausgleich zwischen Unterhaltungsbedürfnis und Unterhaltungsangebot. Die bebilderte Wochenzeitschrift (Typ Regenbogenpresse) hält ihre Leser über Klatsch und Tratsch auf dem laufenden: gefühlsbetont, auf der Basis halboffizieller Verlautbarungen, mit häufig nur vermuteten oder erwarteten Ereignissen. Ihre Redaktion bezieht die Informationen dazu von eigenen Reportern, die offensichtlich das »Gras wachsen hören«.

Texte in der Werbung

Verbale Kommunikation in der appellativen und persuasiven Öffentlichkeitsarbeit besteht vorwiegend aus Texten erzieherischen oder verkaufsfördernden Inhalts:
- Meinungsbildende Aktionen (Social Marketing): z.B. Denkanstöße gegen die Diskriminierung von Randgruppen oder Aufklärung über die Arbeit der Kriminalpolizei
- Branchenorientierte Aktionen (Gemeinschaftswerbung): z.B. für »das« Leder, »das« Federbett, »die« Textilien
- Markengerichtete Einzel-Aktionen (Werbekampagnen): z.B. die Schiesser-Kampagne (vgl. Abb. 35), die VW-Kampagne, die Wrangler-Kampagne, die WMF-Kampagne, die Bundesbahn-Kampagne.

Diese Aktionen werden mit Hilfe verschiedenster Kommunikationsmittel (Inserate, Plakate, Hörfunk, Fernsehen, Kino usw.) und Darstellungsmedien (Text ohne Bild, textintensive, bildintensive oder Bild/Text Argumentation) realisiert.

Meinungsbildende Aktionen

In einer Broschüre des Instituts für Markt- und Werbeforschung (IMW), Köln (Januar 1980) können wir u.a. lesen: »In Zeitschriften findet man zwischen Anzeigen von Auto- und Suppenherstellern auch solche zum Thema Entwicklungshilfe, zu Umwelt- oder Energiefragen und Familienproblemen. Auf Plakaten, Aufklebern, Buttons und Streichholzschachteln wird in Kurzform informiert. In der Tageszeitung finden sich außer den vertrauten Kaufhausprospekten mitunter Beilagen staatlicher Absender. Ist das öffentliches Marketing?
- Verschreckte oder kritische Reaktionen der Öffentlichkeit zeigen, daß die Adressaten der Informationen sich noch nicht so recht daran gewöhnen mögen, daß der Staat sich mit ›Werbung‹ an den Bürger wendet...

...Die Forderung nach mehr Mitwirken der Bürger, nach gesamtgesellschaftlicher Diskussion, z.B. der Energie- und Umweltprobleme, setzt Informiertheit voraus...

Die Informationspflicht des Staates und die sachliche Notwendigkeit von öffentlichem Marketing sind unbestreitbar...

...Ein Beispiel: Es ist relativ leichter, den Marktanteil einer Zigarettenmarke innerhalb der Gruppe der Raucher zu verändern, als den Anteil der Raucher in der Gesamtbevölkerung zu reduzieren. Wie in vielen anderen Bereichen auch (Alkoholkonsum, Bildung, Umwelt usw.) hat öffentliches Marketing hier das Ziel, grundsätzliche Verhaltensmuster zu beeinflussen...

...Öffentliches Marketing umfaßt Information und Kommunikation. Voraussetzung für Wirkungen im Bewußtsein der Bevölkerung, im Hinblick auf Wissen, Einstellungen und Verhalten ist die positive Auseinandersetzung mit den angebotenen Medien und Inhalten.«

Das IMW unterscheidet zwischen
- Wirkebene I (die Auseinandersetzung mit Medium und Inhalten)
- Wirkebene II (Auswirkungen auf Bewußtsein, Wissen und Einstellungen)
- Wirkebene III (Auswirkungen auf das Verhalten)

Bürgernahe Kampagnen in Form von Social Marketing haben meist textintensive Inhalte. Aus der Vielzahl der sich anbietenden Themen möchte ich drei Beispiele herausgreifen:

a) Meinungsbildende Kampagne »Vorsicht vor Nachsicht« (Studienprojekt im 7. Semester an einer Designschule)
- Problem: Der Mensch unserer Zeit lebt gefährlich. Streß, Giftstoffe, Automation

33 Social Marketing: Schutzimpfung, ...   *... Kreislaufkontrolle ...*

und Zivilisation schaffen Probleme, die beispielsweise die Krankenversicherungsleistungen und damit auch die -beiträge immer höher treiben. Das kann auch dem Staat nicht gleichgültig sein: Invaliden und Frührentner kosten Geld und außerdem bezahlen sie nichts in den Steuertopf.

– Strategie: Eine meinungsbildende Kampagne soll zum Schutz vor diesen Gefahren dem Bürger Denkanstöße zur Vorbeugung geben (vgl. Abb. 33 und 36). – Die in der Aufgabenstellung zu lösenden Problem-Bereiche sind in vier Gruppen gegliedert, die sich jeweils in drei Untergruppen aufteilen:

Gesundheits-Gefahr	Umwelt-Gefahr	Unfall-Gefahr	Sucht-Gefahr
Infektionen	Luftverpestung	Verkehrsunfall	Alkohol
Kreislaufschäden	Wasserverunreinigung	Betriebsunfall	Nikotin
Krebs	Lärmbelästigung	Haushaltsunfall	Drogen

b) Aufklärungskampagne für das Freizeitmodell »Tourlaub« (Studienprojekt im 5. Semester an einer Designschule)
– Problem: Die Ferienqualität leidet unter den Grenzen des Wachstums, der Unbeeinflußbarkeit des Wetters und den steigenden Kosten. – Der Boom, der durch den Erwerbszweig Urlaub entstanden

ist, erklärt sich vor allem durch die Quantität, durch die Vielfalt der Angebote. Der Urlaub soll immer mehr perfektioniert werden, wie unser ganzes Leben. Die materielle Leistung, für die der Konsument »schließlich bezahlt hat«, lenkt verstärkt ab von den notwendigen körperlichen und psychischen Eigenlei-

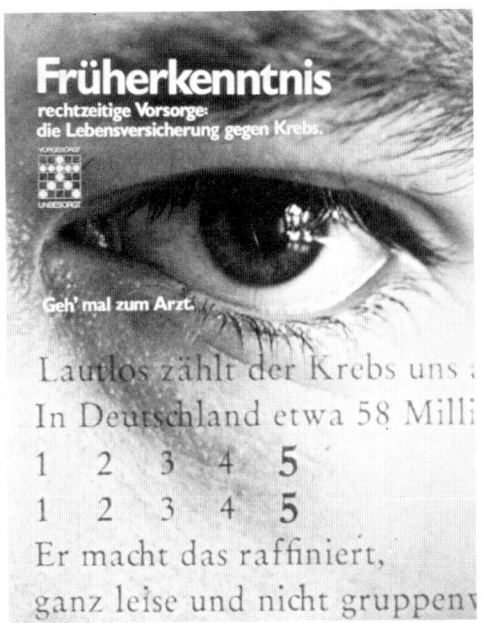

… Krebs-Vorsorge

stungen – vom »gesunden« Urlaub.
– Strategie: Die Nachfrage, nicht das Angebot, steigert die Ferienqualität. Deshalb muß bereits die Konzeption eines angebotenen Programms zur Freizeitgestaltung erkennen lassen, ob und wieweit es sich an den Bedürfnissen der Urlauber orientiert und zugleich die touristische Infrastruktur verbessert: Als eine Möglichkeit wurde gezieltes Wandern angeboten. – Die erhöhte Urlaubsqualität sollte bei diesem Modell weniger durch das Prinzip der Progression als das der Regression erreicht werden. So wie z. B. die Trimm-Dich-Aktion den zivilisationsgeschädigten Leib wieder leistungsfähig machen soll, hat die »Tourlaub«-Aktion die Aufgabe, das zivilisationsgeschädigte Seelenleben wieder ins Gleichgewicht zu bringen. Dabei sollte die Freizeitqualität zum einen durch die Sinnenfreude im Naturerlebnis, zum anderen durch die körperliche

Betätigung des Wanderns entstehen: statt Trimm-Dich für die Muskeln, »Anders Wandern« für die Seele des freizeitbewußten Menschen. Als »Tourlaub«-Wanderwege waren die westlichen Wälder von Augsburg vorgesehen – Route: 62,5 km; Zeit: 3 Tage; Erlebnis-Intensivtraining in drei Dimensionen: Bewegen-Sehen-Hören in der Natur. Das Erscheinungsbild von »Tourlaub« sollte sich aus den Konstanten T-Emblem und T-Slogan (»Mach' mal Tourlaub, wandre anders!«) zusammensetzen.

c) Erzieherische Kampagne zum Thema »Energie sparen« (Studienprojekt im 7. Semester an einer Designschule)
– Problem: Neben den Bemühungen der Forschung, mittel- bis langfristig neue, geeignete Energiequellen zu erschließen, ist es von großer Bedeutung, kurzfristig mit den immer knapper werdenden Vorräten ökonomisch umzugehen. Bekanntlich gibt es in allen Bereichen unseres täglichen Lebens noch viele Einsparmöglichkeiten, die vor allem die Verbraucher selbst – der Unternehmer, der Mann von der Straße, der Nachbar, Leute wie Du und ich – nutzen sollten.
– Strategie: Die Einsparmöglichkeiten müssen gesammelt, analysiert, geordnet und zu meinungsbildenden Denkanstößen im Stil der »Hallo Partner«-Appelle verarbeitet werden, wobei es für die Verständlichkeit und Wirksamkeit der einzelnen Aussagen von großer Wichtigkeit ist, daß sie textintensiv gehalten sind. Mit bürgernahen Inhalten soll ferner stärker auf das Gefühl als auf den Verstand der Verbraucher abgezielt werden. Alle Appelle zu diesem Versorgungsproblem unserer Zeit, die sich an seine Vernunft richten, hat der Bürger schon x-mal gehört – sie wären ziemlich wirkungslos. Der Energieverbraucher soll auch weniger für den »anderen« als für sich selbst etwas tun: Egoismus ist bei uns – leider – stärker ausgeprägt als

soziales Denken. Die in der Aufgabenstellung zu lösenden Problembereiche
sind in vier Gruppen aufgeteilt:
Energie sparen im Auto
Energie sparen im Beruf
Energie sparen im Haushalt
Energie sparen in der Freizeit
Meinungsbildende Aktionen werden demnach von einem designtheoretischen Unterbau getragen: Kein Ziel ohne Weg –
kein Weg ohne Richtung; oder anders ausgedrückt: Die Beantwortung der 1. Frage
»Was ist das Problem?« ist die Voraussetzung für die 2. Frage »Welche Strategie
soll angewendet werden?«
Neben diesen Design-Projekten, die in
Form von Studienarbeiten durchgezogen
wurden und von denen deshalb die Wirkung nur erwartet aber nicht erreicht werden konnte, gibt es eine ganze Reihe von
erfolgreichen Kampagnen, die die Zeitschrift »stern« veröffentlicht hat und deren
Ergebnisse sie sich vorlegen ließ. Zu dieser Art von Social Marketing gehörten z. B.
die Aktionen
d) »Starthilfe für Aussiedler«
– Thema: Gebt unseren neuen Mitbürgern
  aus dem Osten Starthilfe
– Auftraggeber: Aktion Gemeinsinn
– Aufgabe: Die Öffentlichkeit sollte über
  die Probleme der Aussiedler informiert
  werden. Die Kampagne forderte den Leser auf, den »neuen Nachbarn« im Sinne
  der Nachbarschaftshilfe zur Hand zu gehen. Es wurden »Starthelfer« gesucht.
– Ergebnis: Die Kampagne löste eine un-
  geahnte Welle von Hilfsbereitschaft aus:
  In Hunderten von Briefen boten Bürger
  praktische Hilfe an. Zimmer, Wohnungen und sogar Häuser wurden zur Verfügung gestellt. In einigen Gemeinden bil-
  deten sich Bürgerinitiativen zur langfri-
  stigen Betreuung von Aussiedler-Fami-
  lien. Insgesamt haben sich 1600 freiwilli-
  ge Starthelfer gemeldet.
e) »Senioren-Paß«
– Thema:

Auf Wiedersehen zum halben Fahrpreis
– Auftraggeber: Deutsche Bundesbahn
– Aufgabe: Der Senioren-Paß wurde am
  1. 3. 1976 von der DB eingeführt. Dieser
  Paß gibt, einmal gekauft, Damen ab 60
  und Herren ab 65 die Möglichkeit, ein
  Jahr lang zum halben Fahrpreis zu fahren. Als Kernzielgruppe für dieses Angebot sind ca. 5 Mio. Personen anzusehen.
– Aufgabe der Kommunikation war es,
  dieses spezielle Angebot der potentiel-
  len Zielgruppe bekannt zu machen und
  sie zur Nutzung des Angebots zu bewegen. Zur Unterstützung dieses Informa-
  tionsprozesses wurden unter anderem
  schwerpunktmäßig Anzeigen in Publikumszeitschriften geschaltet.
– Ergebnis: Bisher besitzen weit über 1
  Mio. Senioren einen Paß. Untersuchungen haben gezeigt, daß die Aufforderun-
  gen in den Anzeigen, verstärkt zu reisen,
  direkt umgesetzt worden sind. In Jahren,
  in denen intensiv geworben wurde,
  nutzten die angesprochenen Senioren
  das Angebot in besonderem Maße.
  (Quelle: Der Weg zum öffentlichen Verständnis. Konzeption und Inhalt: Lintas,
  Hamburg.)
Institutionelle Kommunikation kann viel
bewirken, wenn sie sich des richtigen Me-
diums bedient: Gestützt wird das Social
Marketing durch redaktionelle Beiträge
zum Thema der entsprechenden Kampagnen in den Bereichen Politik, Wirtschaft,
Kultur, Technik, Wissenschaften, Soziolo-
gie und Psychologie. Anteil in der durch-
schnittlichen Ausgabe: stern 47%, Quick
34%, Bunte Illustrierte 16%, Neue Revue
5%. (Quelle: Funktionsanalyse Institut
MMP-Media Marketing.)
Die folgenden Kampagnen scheinen mir
eine ausführliche Betrachtung wert, vor allem deshalb, weil daraus zu ersehen ist,
daß nur aus umfassender Kenntnis der
Problemsituation heraus verbale Strategien zu entwickeln sind, die zu einer funktionstüchtigen Lösung führen können.

Kampagne »Ältere Arbeitnehmer im Betrieb« (Modell 1974)

a) Problem: Personalpolitische Entscheidungen gehen häufig von der falschen Annahme aus, daß etwa ab dem 40. Lebensjahr die Leistungsfähigkeit eines Arbeitnehmers generell abnimmt. Diese irrige, von der Forschung widerlegte Auffassung, führt zu einer ungerechtfertigten Benachteiligung älterer Arbeitnehmer. Wenn man weiß, daß ältere Arbeitnehmer keinem generellen Leistungsabfall sondern nur einem Leistungswandel unterliegen, hat man die Möglichkeit, die spezifischen Fähigkeiten der Arbeitnehmer zu erhalten und ihre Arbeitskraft optimal einzusetzen.
– In einer auf Wachstum orientierten Gesellschaft befinden sich Berufs- und Arbeitswelt in ständiger Fortentwicklung. Neue Arbeitssituationen stellen immer neue Anforderungen an die Leistungsfähigkeit der Arbeitnehmer. Weder volks- und betriebswirtschaftlich, noch sozial ist es vertretbar, auf eine so große Gruppe von Arbeitnehmern zu verzichten, wie sie die älteren Arbeitnehmer darstellen – und erst recht dann nicht, wenn die wirtschaftliche Entwicklung durch konjunkturelle oder äußere Einflüsse gestört wird: In der Bundesrepublik ist heute jeder dritte Arbeitnehmer zwischen 40 und 65 Jahre alt, und von dieser Altersgruppe ist jeder zweite 50 Jahre und älter. Vorausschätzungen zeigen, daß bis 1985 die Zahl der Erwerbstätigen in den Altersklassen zwischen 15 und 40 Jahren um 1,2 Mio. abnehmen, die Zahl der 40- bis 60jährigen dagegen um 2,4 Mio. zunehmen wird. – Die Beschäftigung älterer Arbeitnehmer ist durch eine Reihe falscher Vorstellungen über abnehmende Leistungsfähigkeit belastet. Die Leistungsfähigkeit ist aber nur in einem geringen Maße vom Lebensalter abhängig. Altersunterschiede als Ursache für Leistungsveränderungen spielen eine wesentlich geringere Rolle, als die Unterschiede in Herkunft und Schulbildung, Berufsausbildung und Tätigkeit, Gesundheit und Lebensschicksal. Nach heutigen wissenschaftlichen Erkenntnissen sind u. a. vom Alter des Menschen unabhängig:
– Wissensumfang
– Aufmerksamkeit und Konzentrationsfähigkeit
– sprachliche Kenntnisse
– Bewegungsgeschwindigkeit in normalen Grenzen
– Widerstandsfähigkeit gegenüber mittlerer physischer und psychischer Belastung.

Wissenschaftliche Untersuchungen haben außerdem ergeben, daß die folgenden Fähigkeiten anwachsen:
– Arbeits- und Berufserfahrung
– Urteilsfähigkeit
– Erfassung von Sinnzusammenhängen
– Selbständigkeit und Fähigkeit zu planendem Denken
– Fähigkeit, Spannungen innerhalb des Betriebes auszugleichen
– Treffsicherheit bei Zuordnungs- und Konstruktionsaufgaben
– Verantwortungsbewußtsein und Zuverlässigkeit
– Ausgeglichenheit und Kontinuität
– positive Einstellung zur Arbeit
– Fähigkeit, private Schwierigkeiten von der Berufswelt zu trennen.

Dagegen verringern sich:
– Muskelkraft
– Widerstandsfähigkeit gegenüber hoher physischer und psychischer Dauerbelastung und gegenüber häufig wechselnden Belastungen und schädigenden Umwelteinflüssen
– Sehvermögen
– Hörfähigkeit
– Tastsinn
– Kurzzeitgedächtnis
– Wahrnehmungsgeschwindigkeit
– Geschwindigkeit der Informationsverarbeitung, besonders bei komplexer Aufgabenstellung.

Das kann die Verringerung der Widerstandsfähigkeit gegenüber bestimmten Arbeitsplatzanforderungen bedeuten, z. B. gegenüber

- hohen körperlichen und psychischen Spitzen- und Dauerbelastungen, wie längerem Stehen, Beugen, Hocken, Strekken oder anderen einseitigen Muskelbeanspruchungen
- belastenden Umgebungseinflüssen, wie Hitze, zu hohe Luftfeuchtigkeit und Staub
- hohen Anforderungen an die Sinnesorgane
- arbeiten unter besonders hohem Zeitdruck.

b) Strategie: Durch Aufklärung sollen Vorurteile entkräftet werden. Ältere Arbeitnehmer sind benachteiligt; das Pauschalurteil, daß sie weniger leisten, ist noch weit verbreitet. Warum? – Unsere Gesellschaft ist eine Leistungsgesellschaft. Unserer gemeinsamen Leistung verdanken wir unseren Lebensstandard. Er ist das Ergebnis der täglichen, stetigen Dauerleistung aller Arbeitnehmer. Aber es ist nicht die Dauerleistung im beruflichen Alltag, die bei uns bewundert wird, sondern es sind die Rekord-, Spitzen- und Höchstleistungen. Vom Sport weiß jeder, daß es nur wenigen jungen und gut trainierten Menschen gelingt, solche Bestleistungen zu erbringen. Hier wie dort ist daher unser Idol die Jugend. Aus dem Sport ist aber auch jedem bekannt, wie wichtig die Erfahrungen ehemaliger Spitzensportler für die Weiterentwicklung und den Nachwuchs in einer der vielen sportlichen Disziplinen sind. Wer käme wohl auf den Gedanken, den Beitrag eines Bundestrainers für unseren Fußballsport geringer zu bewerten, als den eines Torjägers in der Nationalmannschaft? Genau das tun wir aber in der täglichen Berufsarbeit. Redensarten wie »er gehört zum alten Eisen« und andere diskriminierende Äußerungen sind schnell zur Hand. – Diese Problematik, der

sich vor allem Arbeitnehmer im Alter zwischen 40 und 65 Jahren – fälschlicherweise als »ältere Arbeitnehmer« abqualifiziert – immer wieder gegenübergestellt sehen, sollte in Wort und Bild erfaßt und zum Ausdruck gebracht werden. Die Kampagne sollte eine verbal-visuelle Aussage bringen, die ins Auge springt, die sich einprägt und die zum Nachdenken veranlaßt. Anders ausgedrückt: Die Aufklärung sollte in ihrer textlichen und bildlichen Form einen starken informativen Appellcharakter besitzen. – Positive Aufhänger könnten sein:

- Eine gute Kraft ist nie zu alt
- Der Ältere zeigt's dem Jüngeren
- Alte Hasen wissen, wie der Hase läuft
- Mit 17 arbeitet man schnell, mit 50 arbeitet man zuverlässig.

Negative Aufhänger könnten sein:

- Abgestempelt: Abgeurteilt
- Mit 17 hat man noch Träume, mit 50 hat man Probleme.

Indifferent (weder positiv noch negativ) könnte sein:

- Alle 365 Tage wirst auch Du 1 Jahr älter: Denk' daran, wenn Du an Ältere denkst...

Die Textaussagen sollten jeweils eine der Fähigkeiten der älteren Arbeitnehmer hervorheben:

- Verantwortungsbereitschaft
- Zuverlässigkeit
- Berufliche Erfahrung
- Betriebliche Kenntnisse

Diese Kampagne (vgl. Abb. 34), die vom Rationalisierungs-Kuratorium der Deutschen Wirtschaft (RKW) in Auftrag gegeben wurde, konnte wegen der starken, von hoher Arbeitslosigkeit begleiteten Rezession, die auf die damalige Energiekrise folgte, nicht mehr gestreut werden.

Kampagne »Die Kriminalpolizei rät« (1976–78)

a) Problem: Die Bäcker produzieren Brot.

ALTE HASEN
WISSEN,
WIE DER HASE
LÄUFT.

34 Erzieherische Öffentlichkeitsarbeit: Slogan als Motto für eine meinungsbildende
Kampagne (Social Marketing)

35 Imagebildende Werbung: Populäre Vorbilder steigern die Aufmerksamkeit

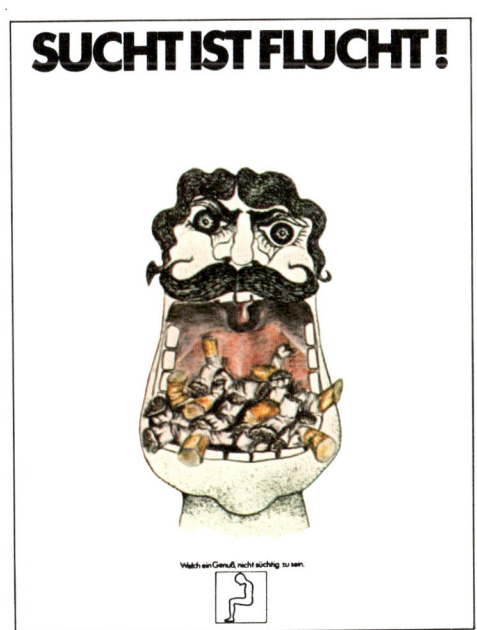

36 Meinungsbildende Kampagne: Vorbeugung gegen Unfälle, Umweltschäden und Frühinvalidität

Die Schneider produzieren Hosen. Die Schreiner produzieren Möbel. Die Kriminalpolizei produziert Sicherheit. Essen, Kleiden und Wohnen sind Bedürfnisse, deren mehr oder weniger kostspielige Befriedigung uns leben läßt. Sicherheit läßt uns ruhiger leben. Der Bürger ist der größte Auftraggeber für ein Unternehmen, dessen Mitarbeiter unter permanentem Einsatz ihres Lebens Menschen vor Leichtsinn und Gewalt schützen. Die Kriminalpolizei verhütet und verfolgt Verbrechen gegen Menschen, Tiere und Sachen. Ihr Erfolg hängt sehr wesentlich ab von der Mithilfe des Mitbürgers, von seinem ungestörten Verhältnis zum Staat. – Der Problemhintergrund der Schwerpunktaktion »Sexueller Mißbrauch von Kindern« (1976) war die drohende Verdrängung der Kriminalitätsgruppe »Triebtäter« angesichts aktueller Tagesereignisse. Kinder erwarten von Erwachsenen Geborgenheit und Hilfe. Diese berechtigte Abhängigkeit wird häufig ausgenutzt, wobei der praktizierten Abartigkeit vor allem deshalb laufend Vorschub geleistet wird, weil eine für ein solches Delikt typische Dunkelziffer die strafrechtliche Verfolgung außerordentlich erschwert. – Das Ziel der Aktion »Bürger und Polizei« (1977) war die Förderung der Bereitschaft in der Öffentlichkeit, die kriminalpolizeiliche Arbeit bei der Verhütung und Aufklärung strafbarer Handlungen zu unterstützen. Leichtfertige oder gar vorsätzliche Denunziation einerseits und Vorbehalte oder falsche Vorstellungen gegenüber »zuviel Staat« andererseits zeigen jedoch, wo die Grenzen solcher Bemühungen liegen.

b) Strategie: Eine Broschüre, in Form eines launigen Bilderbuchs mit ernstem Hintergrund, in großen Schrifttypen gesetzt, in der Kindersprache getextet und mit Polizei-Protokollen angereichert, soll an Kinder verteilt werden und Eltern wachsam machen für das richtige Verhalten am Tag X (vgl. Abb. 37). Ganzseitige Anzeigen in Publikumszeitschriften sollen die Familie konfrontieren mit den verschiedenen Erscheinungsformen des »Lockvogels«, mit dem man Kinderherzen gewinnt (vgl. Abb. 38), des großen Unbekannten, der sich selbst nicht richtig kennt, oder des bösen Nachbarn, der den Frömmsten nicht in Frieden »leben« lassen will (vgl. Abb. 40). Die Argumentation soll verbal geführt und mit beklemmend realistischen schwarz/weiß-Bildern visuell gestützt werden. Sie soll zuschlagen wie eine Axt: Jeder Hieb muß sitzen, der Leser muß sich körperlich getroffen fühlen. Die Mehrdeutigkeit der Formulierungen muß von einem feinen Gespür zeugen für das Ausnutzen von Sprach- und Wort-Spielräumen.

Für die Aktion »Die Kriminalpolizei rät« mußten sich die kreativen Macher einen echten Knüller einfallen lassen: Alltägliche Stilleben-Motive wurden aus Plastillin geknetet und dramatisch angestrahlt wie ein Bühnenbild im Rampenlicht (vgl. Abb. 39). Die daraus entstandenen Aufnahmen wurden mit einem Text im Stil einer Verkaufsanzeige für ein gut eingeführtes Produkt versehen. Neben einer Informationsbroschüre (Slogan: Danke für Ihre Aufmerksamkeit. Ihre Polizei) mußten bundesweit textintensive Sujets plakatiert werden (vgl. Abb. 40 und 41). – Die Werbebotschaft des Aufklärungsprogramms »Gewaltkriminalität von Jugendlichen« (1978) richtete sich gegen Rocker, Randalierer und Reifenstecher, gegen Raudis, die ihre Kraft am falschen Platz vergeuden. Die Aktion »Gewalt ist Schitt« sollte dabei der Höhepunkt sein: Gratis-Verteilung einer Schallplatte von Georg Danzer, dem kritischen Wiener Liedermacher – an der ein Halskettchen baumelte mit einem Anhänger in Form einer Rasierklinge. Heranwachsende Bürger, die über Jugendclubs mit dieser Kampagne konfrontiert wurden, nahmen dann automatisch an einer Verlosung teil, bei der ein Flug mit dem Polizeihubschrauber als 1.–10. Preis ausgesetzt war.

Herz mit Hose. Da denkst Du bestimmt gleich an den Ausspruch „Mir ist das Herz vor Schreck in die Hose gefallen." Aber das ist nicht der Grund, warum hier zwei Herzen mit Hosen zu sehen sind. Sie sind hier ausnahmsweise mal so zu sehen, weil richtige Herzen sonst überhaupt nie zu sehen sind. Dabei ist das Herz das Wichtigste am Menschen. Nicht nur, weil es in ihm schlägt. Sondern weil man am Herzen erkennen kann, ob ein Mensch gut oder böse ist. Aber wenn man sein Herz nicht anschauen kann, wie soll man dann erkennen, ob ein Mensch gut ist, oder nicht so gut? Siehst Du, das ist die Frage. Und deshalb sollten wir mal darüber reden.

Reden wir erst mal über die Guten. Zwei davon sind alte Bekannte. Daß sie gut sind, siehst Du daran, daß man sogar Tage nach ihnen benannt hat. Muttertag. Vatertag. Mutter sorgt für Dich. Macht Frühstück. Hilft Dir beim Rechnen. Wäscht Deine Jeans. Und wenn Du auch manchmal sauer auf sie bist, weil Du lieber spielst, statt zu rechnen. Weil Du lieber rechnest, statt abzutrocknen. Oder weil Deine Jeans schon wieder gewaschen hat, dann ist sie trotzdem gut. Ihr Herz ist in Ordnung.

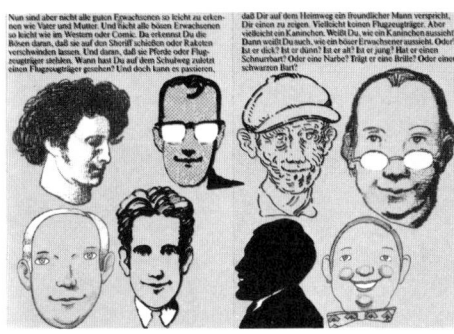

Nun sind aber nicht alle guten Erwachsenen so leicht zu erkennen wie Vater und Mutter. Und nicht alle bösen Erwachsenen so leicht wie im Western oder Comic. Die erkennst Du die Bösen daran, daß sie auf den Sheriff schießen oder Raketen verschwinden lassen. Und dann, daß sie Pferde oder Flugzeuge stehlen. Wann hast Du auf dem Schulweg zuletzt einen Flugzeugräuber gesehen? Und doch kann es passieren, daß Dir auf dem Heimweg ein freundlicher Mann verspricht, Dir einen zu zeigen. Vielleicht keinen Flugzeugräuber. Aber vielleicht ein Kaninchen. Weißt Du, wie ein Kaninchen aussieht? Dann weißt Du auch, wie ein böser Erwachsener aussieht. Oder? Ist er dick? Ist er dünn? Ist er jung? Hat er einen Schnurrbart? Oder eine Narbe? Trägt er eine Brille? Oder einen schwarzen Bart?

Hildegard F., 30 Jahre. „Daß mit Barbara etwas nicht stimmte, ist mir gleich aufgefallen. Sie sprach kaum mit uns, aß kaum was und machte überhaupt einen niedergeschlagenen Eindruck. Ich dachte, ihr fehlt etwas. Und fragte sie auch. Aber sie schüttelte nur den Kopf. Ganz blaß war sie. Als ich sie nach ein paar Tagen wieder fragte, da hat sie geweint. Und dann hat sie es mir erzählt. Der Mann hat sie auf der Straße angesprochen und hat sie gefragt, ob sie seine Kätzchen füttern möchte. Sie hat sofort ja gesagt, sie liebt Katzen. Darauf sind sie ganz in der Nähe auf einen Speicher gegangen, und da hat er plötzlich ein Messer herausgezogen und hat gesagt, wenn Du Dich nicht anziehst, bring ich Dich um. Das hat sie dann getan. Was sollte sie denn machen? Er hat sie so zehn Minuten angeschaut. Sonst nichts. Und dann ist er plötzlich weggerannt. Ich bin gleich zur Polizei. Aber da hatten sie ihn schon gefaßt. Er hatte es noch öfter getan. Barbara hat ihn auch wiedererkannt. Es war alles so furchtbar für ein Siebenjähriges."

37 Aktion »Sexueller Mißbrauch von Kindern«: Innenseiten einer Aufklärungs-Broschüre für Kinder

38 Doppelseitiges Zeitschriften-Inserat zur Aufklärung für Eltern

Die Kriminalpolizei rät: Vorbeugen.
Wer einmal um sein Auto geht,
erspart sich viele Laufereien.

Die Kriminalpolizei rät: Vorbeugen.
Vorsicht vor Schwindel und Betrug.
Sonst haben Sie bei Nachnahmen das
Nachsehen.

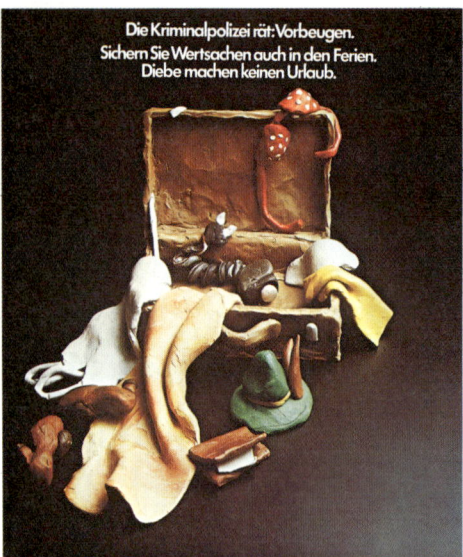

Die Kriminalpolizei rät: Vorbeugen.
Sichern Sie Wertsachen auch in den Ferien.
Diebe machen keinen Urlaub.

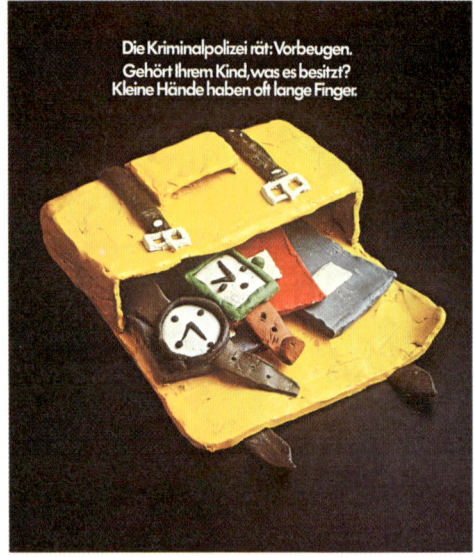

Die Kriminalpolizei rät: Vorbeugen.
Gehört Ihrem Kind, was es besitzt?
Kleine Hände haben oft lange Finger.

39 Aktion »Die Kriminalpolizei rät«: Innenplakate mit mehrdeutigen Texten

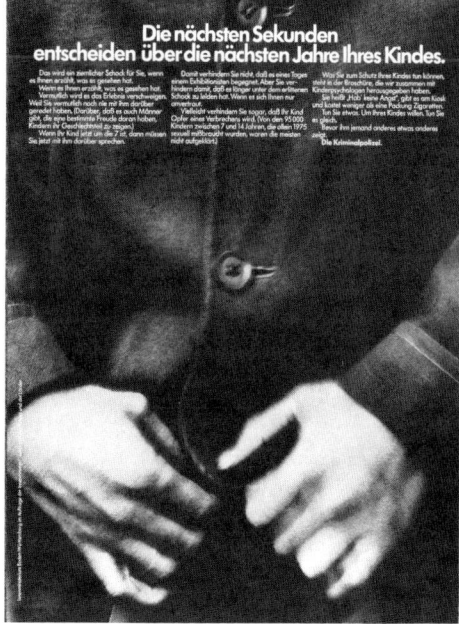

40 Aktion »Sexueller Mißbrauch von Kindern«: Pragmatische Texte mit realistischen Bildinhalten

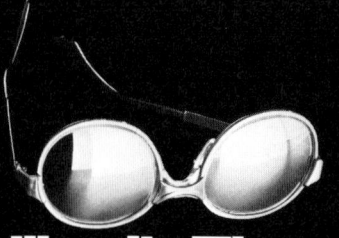

Die Brille, die Thomas H. am Stadtrand fand, war die 445. Spur im Entführungsfall R. Die heißeste.

Danke für die Aufmerksamkeit. ☼ Ihre Polizei.

Clara H., 51, merkte sich diese Nummer nicht nur, weil der Wagen an 3 Tagen vor der Bank stand. Damit brachte sie uns den entscheidenden Schritt weiter bei der Aufklärung eines Bankraubes mit Geiselnahme.

Danke für die Aufmerksamkeit. ☼ Ihre Polizei.

Als Josef H. sah, wie drei angetrunkene Jugendliche die Zelle demolierten, kam er bei uns vorbei. (Denn anrufen konnte er ja nicht.) Früh genug, die Täter zu fassen.

Danke für die Aufmerksamkeit. ☼ Ihre Polizei.

Fast wäre eine Freundschaft zu Bruch gegangen, als Horst L. seinem Freund letzte Nacht die Autoschlüssel abnahm. So hat er noch seinen Führerschein. Und wir vielleicht einen Unfall weniger.

Danke für die Aufmerksamkeit. ☼ Ihre Polizei.

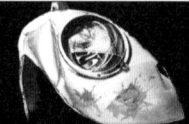

Weil sich Rudolf B. 10 Minuten Zeit nahm, um sich als Zeuge zur Verfügung zu stellen, konnte die Schuldfrage bei diesem Unfall eindeutig geklärt werden.

Danke für die Aufmerksamkeit. ☼ Ihre Polizei.

41 Aktion »Bürger und Polizei«: Großplakate mit »Erzähl«-Texten

Diese Kampagne, die von der Düsseldorfer Werbeagentur Troost Campbell-Ewald konzipiert wurde, lebt vor allem von bebilderten Texten, z. B. auf Großplakaten mit schwarzem Fond, deren Aufmerksamkeits- und Neuigkeitswert demjenigen von betexteten Bildern klar überlegen ist (vgl. Abb. 41). – Die Polizei produziert Sicherheit: Der Kunde ist der Bürger. Die Werbeagentur produziert Aufklärungsarbeit: Der Kunde ist der Staat. Der Staat wiederum hat den Auftrag, den Bürger zu schützen, der Bürger hat die Pflicht, den Staat zu unterstützen. In kaum einem anderen Bereich ist die Mitarbeit des Auftraggebers am Auftrag so wichtig wie in diesem.

Daß die Projektleitung der Ständigen Innenministerkonferenz des Bundes und der Länder ein Werbeunternehmen mit der Durchführung betraute, spricht für die These, daß die Effektivität erzieherischer Öffentlichkeitsarbeit nur mit den Kommunikationsmitteln der Verkaufsförderung erreicht werden kann.

Branchenorientierte Aktionen

»Getrennt auftreten, vereint schlagen«, das möchte ich als Motto und Motivation der Gemeinschaftswerbung an den Kopf dieses Abschnitts stellen.

Wenn die einzelnen Werbe-Aktionen der Branche, d. h. die individuellen verkaufsfördernden Impulse der Hersteller den Verbraucher nicht mehr optimal vom Nutzen ihrer Produkte überzeugen können, sollte sich der übergeordnete Verband Gedanken darüber machen, wie mittel- bis langfristig vorzugehen ist, um die Absatzentwicklung günstig zu beeinflussen.

Ende der Sechzigerjahre führten wirtschaftliche und politische, z. T. auch erzieherische Überlegungen in den einzelnen Industrie- oder Dienstleistungsbranchen gezielt zur Gründung von Dachorganisationen. Diese Verbände haben u. a. die Funktion, für die Gesamtheit ihrer Mitglieder Öffentlichkeitsarbeit zu betreiben. Sie sind quasi das »Sprachrohr« in Richtung Verbraucher und Verbraucherverbände, hin zur Zulieferindustrie und anderen Industriezweigen sowie zu politischen Institutionen, wie Wirtschafts- und Finanzministerien des Bundes und der Länder. Um diesen Aufgaben nachkommen zu können und diese Arbeit kostendeckend zu sichern, mußten finanzielle Vorräte geschaffen und mit Mitgliedsbeiträgen gespeist werden.

Aus diesen Voraussetzungen heraus entwickelte sich das Bedürfnis, auch auf überregionaler Ebene Werbung zu treiben für Waren und Warengruppen der angeschlossenen Mitglieder. So entstand der Gedanke der Gemeinschaftswerbung, die auf dem gesamten Gebiet der Verkaufsförderung seither einen immer breiteren Raum einnimmt.

Der Verbraucher denkt beim Betrachten der Werbebotschaft eines Markenherstellers nicht selten an die Subjektivität der Behauptung. Oft genug hat er nach dem Kauf eines entsprechenden Artikels feststellen müssen, daß der Inhalt der Werbeaussage im krassen Gegensatz zur Qualität der Ware stand.

Plumpe Headlines in den Inseraten (»Milch von glücklichen Kühen«), überzogene Aufhänger in den Werbespots (»Zwingt Grau raus, zwingt Weiß rein«) und besonders der objektive Warentest haben den Verbraucher im Laufe der Zeit mißtrauisch gemacht. Das kann sich einerseits in langsam aber sicher niedrigeren Verkaufszahlen, andererseits in Branchenlabilität auswirken.

Irgendwann einmal machte man sich daher Gedanken darüber, wie mit neuen Produktideen Nachteile z. B. der bestehenden Halbprodukte auszugleichen wären. Vor allem der Kunststoff stieß hier in alle erkennbaren Lücken vor und konnte in den letzten Jahrzehnten enorm in scheinbar stabile Branchenbereiche einbrechen. Beispiele: Kunststoffe (PVC, Resopal, Hostalen usw.) contra Naturstoffe (Holz, Metall); Kunstfasern (Nylon, Perlon, Dralon, Diolen, Trevira usw.) contra Naturfasern (Wolle, Baumwolle); Kunstleder (Skai, Corfam usw.) contra Leder.

Um diesem Trend wirksam zu begegnen, haben sich viele der so herausgeforderten Hersteller zur Gemeinschaftswerbung für ihre Branche entschlossen. Vor allem die kleineren Unternehmen, die sich aus finanziellen Gründen keine exklusive Werbung leisten können oder wollen, sehen in dieser Initiative ihres Industriezweigs Vorteile für sich: Der Etat einer Gemeinschaftswerbung bildet sich durch eine finanzielle Zuwendung (Obulus), deren Höhe sich aus der Größe des beteiligten Unternehmens ergibt: Gestaffelt investiert der Große viel, der Kleine wenig.

Vergessen wir aber nicht den Hauptzweck einer solchen Werbegemeinschaft: Die unter Berücksichtigung aller Wünsche und Argumente der beteiligten Firmen festgelegte, einheitliche Kampagne einer Gemeinschaftswerbung besitzt ein nicht zu unterschätzendes, erzieherisches Moment. Ich denke hier besonders an Beispiele der Gemeinschaftswerbung »Hut« (Übrigens, man geht nicht mehr ohne Hut!), »Oberbekleidung« (Öfter mal was Neues!), oder »Krawattenmuffel« (Trag nicht die von gestern!), deren Wortwendungen schon bald zum mehr oder weniger festen Bestandteil unserer Umgangssprache geworden sind... natürlich völlig beabsichtigt.

Die Gemeinschaftswerbung hat vielfältige Funktionen und Zielsetzungen. Einmal soll sie den Verbraucher informieren, ihn im gesundheitlichen, umweltfreundlichen und ethischen Sinne erziehen (Qualität statt Quantität!) sowie ihm Kaufentscheidungen erleichtern; zum anderen soll sie aber auch latent vorhandene Bedürfnisse

wecken und das Interesse auf Produkte der Einzelanbieter lenken – letztlich, um den Wettbewerb zu beleben unter gleichzeitiger Sicherung der Arbeitsplätze. Um aber dieses Ziel mit einer Gemeinschaftswerbung erreichen zu können, müssen zu allererst umfangreiche und eingehende Meinungsumfragen und Marktanalysen betrieben werden. Nur wer alle Informationen über die anzusprechende Zielgruppe hat, kann mit einem von Marketingstrategen ausgeklügelten Konzept Meinung und Kaufverhalten dieser Zielgruppe ändern bzw. in vorher bestimmte und bestimmbare Bahnen lenken. Die Gemeinschaftswerbung von ihrer visuell-verbalen Seite her ist das letzte ausführende Glied in dieser Kette, die zur Aufgabe hat, neue Märkte zu öffnen oder Marktlücken zu schließen.

Zusammenfassend läßt sich sagen: Die Gemeinschaftswerbung im Sinne einer branchenorientierten Aktion

— ist von ihrem Charakter her eine meinungsbildende, erzieherische Kampagne für eine Massen-Konsumgesellschaft. Die angesprochene Zielperson oder -gruppe soll durch die formulierten Argumente nachdenklich gemacht werden, um ihr eigenes Verhalten zu überprüfen und – sollte es nicht den proklamierten Regeln und Normen entsprechen – nötigenfalls zu ändern.

— ist demnach keinesfalls eine kurzfristig angelegte, zielorientierte Produktwerbung eines einzelnen Herstellers oder Händlers, sondern notwendige Feldvorbereitung vieler, die damit eine bessere Basis für ihre Einzelaktionen schaffen können. Deshalb kann man auch keine kurzfristigen Erfolgskontrollen vornehmen.

— ist Vorreiter einer direkten, zielorientierten Markenwerbung – nicht ihr Ersatz. Dies besagt aber nicht, daß kleinere Einzelhändler und Betriebe, die sich keine eigene Werbung leisten wollen, nicht von der Gemeinschaftswerbung und den zur Verfügung gestellten Werbemitteln, wie Tragetüten oder Maternanzeigen, profitieren können. Insofern hilft sie jedem einzelnen, der in der Gemeinschaft mit anderen stärker sein kann als ein einzelner Konkurrent, indem er durch die Gemeinschaft zu mehr Umsatz kommt.

– ist Abhebung eines Produktes gegenüber einem Alternativprodukt (Reine Schurwolle contra Kunstfasern, Echtes Leder contra Kunstleder, Bahnfahren contra Autofahren usw.), nicht Abgrenzung eines Produzenten zu einem anderen Produzenten, also Branche contra Branche, nicht Branchenkonkurrent contra Branchenkonkurrent.

– ist schließlich der Kreuzungspunkt der senkrechten Linie – auf der verschiedene Produktgruppen liegen – mit der waagrechten Linie – auf der die verschiedenen Produzenten einer Produktgruppe liegen.

```
              1  Produkte
              2
              3              Produzenten
              ─────────────────────────
A   B   C   D │E   F   G   H   I
              4
              5
```

Gemeinschaftswerbung »Echtes Leder« (Modell 1967)

a) Problem: Leder ist ein Material, das von jeher in ungezählten Bereichen verwendet wird und heute mit Kunststoff in hartem Wettbewerb steht.

In der bisherigen Leder-Gemeinschaftswerbung wurde versucht, die Vorzüge von Leder anhand einiger Ledererzeugnisse, wie Sitzmöbeln, Schuhen, Reisegepäck etc., in Wort und Bild abzuhandeln. Das war ein Weg, auf dem die Lederwerbung jedoch von der Kunststoff-Werbung eingeholt wurde, da dem äußeren Bild nach »Kunstleder«-Produkte heute fast schon »ledergerechter« abgebildet werden können, als Echtleder-Waren selbst.

Leder-Gegenstände werben zunächst für die lederverarbeitende Industrie. Diese ist aber gar nicht einmal so sehr bedroht. Bedroht sind vielmehr in erster Linie die Gerber, die eigentlichen Leder-Hersteller. Somit muß man sich in der werblichen Aussage mit dem Material als solchem und nicht mit den Endprodukten befassen. Das Halbfabrikat ist wichtig, wenn es auch grafisch und textlich bedeutend schwieriger in den Griff zu bekommen ist als konkrete Gegenstände. Es genügt also nicht mehr, eine Ware abzubilden und daneben zu schreiben: Echtes Leder. Die Argumentation für Leder stellt ein ganz anderes, nicht einfach zu lösendes Problem dar.

Nimmt man die Assoziationen zu Leder näher unter die Lupe, so stellt man ohne weiteres fest, daß sie, im Gegensatz zu Kunstleder, nicht nur in die rationale sondern auch in die emotionale Richtung weisen. Aufgrund seiner Verwendung durch Jahrtausende hindurch verfügt das Tierprodukt Leder über ein starkes Profil bei jedermann, was sich schon rein sprachlich in einer Fülle von idiomatischen Ausdrücken zeigt (»zäh wie Leder«, »vom Leder ziehen«). Unsere Sinne, nicht nur der Verstand, lieben Leder.

Leder ist angenehm im Griff, in der Berührung, im Geruch, schön im Aussehen, ja sogar Leder-Geräusche (knirschen, walken usw.) empfindet man wohltuend. Fast alle Sinne sind bei der Wahrnehmung von Leder beteiligt. Wie stark dieses Material wirkt, kann man auch aus seinen allgemeinen spezifischen Zuordnungen ersehen: echt, weich, lebendig, anschmiegsam, griffig, schön, riecht gut, wertvoll, vornehm, sportlich, elegant, seriös, sympatisch, gediegen, zäh, dauerhaft, stabil, gemütlich, anpassend, individuell, maskulin und feminin zugleich.

Positiv dürfte sich hier auch auswirken, daß echtes Leder in sich einheitlich und einig ist, spricht man doch in den seltensten Fällen von Kalbs- oder Schweinsleder. Leder ist eben Leder, nämlich gegerbte Tierhaut.

Kunstleder – unter dem Sammelbegriff Kunststoff einzuordnen – ist andererseits, positiv gesehen, rein rational erfaßbar mit Begriffen wie Zukunft, Technik, Fortschritt, während emotionale Assoziationen hier negativ ausfallen: künstlich, Ersatz, kalt, nüchtern, ungemütlich. Die einzelnen Kunststoffsorten stehen sich außerdem markenmäßig gegenüber und bieten sich daher in der Unterscheidung direkte Konkurrenz, z.B. Corfam und Xylee in der kunststoffverarbeitenden Schuhindustrie. Andererseits sprechen im Vergleich starke rationale Argumente gegen echtes Leder und es wäre Augenwischerei, wollte man das in Abrede stellen. Beispiele für Pluspunkte des Kunstleders sind »wesentlich billiger«, »leichter zu pflegen«, »leichter im Gewicht und dabei denselben Verwendungszweck erfüllend« etc. Werbeaussagen müssen also verstärkt auf emotionale Werte konzentriert werden, da Leder hier mit wesentlich positiveren Merkmalen versehen wird als Kunstleder.

Mindestens ein wichtiger Punkt spricht jedoch auch auf rationaler Ebene für echtes Leder: die Atmungsaktivität. Besonders für die Sitzmöbelherstellung ist das von entscheidender Bedeutung, denn: Sitzt man auf echtem Leder, so kommt Haut (nämlich gegerbte Tierhaut) auf Haut. Dadurch bleibt ein ständiger, biologisch bedingter Wärmeaustausch erhalten, der übermäßiges Schwitzen und Frieren verhindert. Kunstleder dagegen läßt diesen Wärmeaustausch nicht zu, was zu einigen negativen Begleiterscheinungen führt. Auch Sie, lieber Leser, haben bestimmt

schon bemerkt, daß z.B. Ihre Kleidung bei Kunstledermöbeln auf der Sitzfläche »klebt« – wenn man Kunstfaserkleidung trägt ist es noch schlimmer.

Wie kann nun aus diesem Vergleich zweier Halbprodukte für die Herstellung von Endprodukten eine Gemeinschaftswerbung konzipiert werden, in der das kostspielige echte Halbzeug das preisgünstige künstliche Material verdrängen soll?

b) Strategie: Es muß eine unterschwellige, agressive Polemik gegen die Verwendung von Ersatzstoffen gemacht und der Prestigenutzen von echtem Leder frisch formuliert werden – möglichst knapp im Text und lakonisch im Bild. Nach verschiedenen Beleuchtungen dieser Problemstellung soll dann die erste Marschrichtung eingeschlagen werden: Einheitliche, bewußt auf den Geltungsbereich des Lesers und den Wert des Leders zielende Anzeigen. Eine sichere Überlegenheit des Leders könnte in einem Schuß Humor Ausdruck finden (z.B. Negerfüße mit aufgemalten Schnürsenkeln.) Alle Werbemittel sollen unter dem tragenden Leitgedanken stehen: Echtes Leder poliert das persönliche Image, wertet den auf, der es sich leistet, der es sich leisten kann.

Es muß dann von der Verteidigung in den Angriff übergegangen werden: In gleichem Maße, wie der Kunststoff den Kampf begonnen hat durch die Imitation der guten Eigenschaften von Leder (z.B. der Narben, ja sogar des Geruchs), müssen alle in die einstige Domäne des Leders eingebrochenen Materialien als Ersatz deklassiert werden, ohne dabei rechtliche Komplikationen heraufzubeschwören. Echtes Leder muß auf geschickte Weise als Nonplusultra dastehen. Die Polarität von Leder muß aufgegriffen und psychologisch wirkungsvoll über das Prestigedenken eingesetzt werden. Es soll ein Signal gegeben werden, das der Leser verstehen muß. Mehr nicht. Der Verarbeiter, der Händler, der Verbraucher soll sich an dieses Signal erinnern, wenn er etwas kauft, das aus Leder sein könnte.

Die Zeitschriften-Insertion bildet den Schwerpunkt einer wirksamen Leder-Gemeinschaftswerbung. Auf ihr aufbauend und um sie herum entwickeln sich dann weitere Werbe- und Verkaufsförderungsmaßnahmen, die ich persönlich als unerläßlich für den Erfolg einer solchen Gemeinschaftswerbung ansehe. Leder steht auf vielen Beinen. Jedes geht einen anderen Weg. Aber das Ziel sollte immer das gleiche sein: Leder muß primär als Material herausgestellt werden, was nicht heißen soll, daß es unbedingt abgebildet werden muß. Zum einen ist es, wie man weiß, nahezu unmöglich, ein Halbfertigfabrikat, einigermaßen attraktiv darzustellen, zum anderen sind die sachlich-rationalen Werbeargumente – soweit sie sich gegen Kunststoff behaupten können – derart technisch und diffizil, daß der Leser entweder nicht folgen könnte oder nicht wollte. Die Anzeigen würden ihre Schlagkraft verlieren. Also wird die Aussage auf das Gebiet der Emotion gelegt. Assoziationsketten für Leder enden meist mit den Vokabeln »erfolgreich«, »aktiv«, »exklusiv«, »echt« o. ä., was auf den Zusammenhang von Prestigedenken und Leder-Bewußtsein hinweist. Die im Menschen unterschwellig vorhandene Einstellung zu Leder muß deshalb freigelegt und gefestigt werden. Ein direkter Vergleich mit Kunststoff muß vermieden werden, was jedoch eine kräftige Signalgebung nicht ausschließt: Auf die Tradition, auf die natürliche Herkunft, auf das Wissen um die vorhandenen Vorzüge des Naturproduktes Leder kann verwiesen werden. Die Verbindung Mensch und jahrtausendealte Verwendung von gegerbter Tierhaut ist dafür eine gute Basis. Dabei darf jedoch die Tradition nicht zu sehr herausgestellt werden, denn das könnte leicht zu Assoziationen wie konservativ, altmodisch oder rückständig führen, während sich die Chemie hier positiv formuliert – nämlich modern, zukunftsträchtig, fortschrittlich, die Natur übertreffend, jung. Tradition muß deshalb der unsichtbare Unterbau bleiben.

c) Lösung: Eine Anzeigenserie mit drei Motiven in verschiedenen großen Medien der Publikumswerbung bildet die Basis dieser Ledergemeinschaftswerbung.

Der Text nimmt nicht unmittelbar Bezug auf das Bild, der Kommentar und die werbliche Überleitung, die den Leser von werblicher Kommunikation so ermüdet, entfällt. Beherrschende Gestaltungselemente der Anzeigen sind Blickfang, Bild-Slogan (oder Schlagzeile) und Signet »Echtes Leder«. Es ist vermieden worden, Ledererzeugnisse, also Lederwaren, Lederpolstermöbel, Lederschuhe oder Lederbekleidung zu zeigen. Eine abgebildete Tasche z. B. läßt den Beschauer oder die Beschauerin zunächst über die Form der Tasche, ihre Beschaffung, ihren modischen Trend nachsinnen und es ist ein weiter Weg, auf das Material, um das es geht, hinzuweisen. Die Bildmotive sind ungewöhnlich und erzeugen neben Aufmerksamkeit auch Lesebereitschaft und wecken Neugierde. Sie machen die herablassende Überlegenheit des Leders gegenüber dem Kunststoff deutlich.

Der Text beginnt mit einem allgemeinen Teil, der sofort Nachahmungen aufgreift und gegen Ersatzstoffe polemisiert. Dieser Seitenhieb auf die Konkurrenz kehrt im Bau aller Texte wieder, gehört sozusagen zum Gerüst: »Ersatz? – wozu?«. Dann folgt die Schlagzeile »Von echtem Leder hat man was!« Darunter wird auf die Praxis abgehoben und gewissermaßen eine Anleitung für den Kaufakt gegeben. Sie beginnt jeweils mit der Bestärkung: »Lassen Sie sich nicht abbringen!« Es folgen Leder-Argumente, Fragen, die an den Verkäufer gerichtet werden sollten, und dann finden wir den stereotyp wiederkehrenden Satz: »Echtes Leder ist was Rechtes!«

Der Anzeigentext endet mit einer zweiten

Schlagzeile: »Mit echtem Leder sind Sie was!« In diesem Satz liegt der zentrale Punkt für die gesamte Konzeption. Hier wird der Wunsch erzeugt, etwas zu gelten, etwas zu sein, gepaart mit Lederbewußtsein; deshalb ist dieser Schlußsatz die logische Folgerung aus der ersten Schlagzeile: »Von echtem Leder hat man was! – Mit echtem Leder sind Sie was!« Die Wiederholung dieser zwei gleichlaufenden und ähnlich lautenden Sätze in allen Inseratmotiven vereinheitlichen die Texte und erreichen ein gewisses Einhämmern des Begriffes »Echtes Leder«, ohne langweilig zu werden.

1) Leder ist eine Spitzenleistung der Natur. Jeder hat eine ganz persönliche Beziehung dazu.
Vieles wird entwickelt, aber Leder entwickelt sich.
Deshalb ist es so warm und sympathisch.
Ersatz? – Aber, aber! Echtes Leder!
Das hat Stil, das bringt die eigene Note!

Von echtem Leder hat man was!

Fordern Sie nachdrücklich Leder.
Denn echtes Leder ist was Rechtes!
Gut bis in den Kern, griffig, im Sommer kühl, im Winter warm. Es ist nie so funkelnagelneu und sieht jeden Tag ein bißchen anders aus.

Mit echtem Leder sind Sie was!

2) Leder ist bequemer, da fühlt man sich wohl.
Leder täuscht nichts vor. Es enttäuscht nicht.
Für alle Nachahmungen bleibt es unerreichtes Vorbild.
Ersatz? Echtes Leder! Das ist gerade gut genug!

Von echtem Leder hat man was!

Kaufen Sie sich bald wieder was aus Leder.

Echtes Leder ist was Rechtes!
Es ist gut und dankbar und elegant und sportlich und unverwüstlich und haltbar und derb und sehr, sehr fein.
Leder hat so viele gute Seiten!

Mit echtem Leder sind Sie was!

3) Mit Leder kann man sich sehen lassen.
Wer es trägt, der hat Geschmack.
Ein schönes, urechtes Material! Oft geschmäht von Neuem, Künstlichem, behauptet es sich überlegen.
Leder war schon immer da! Ersatz?
Natur ist unersetzbar. Echtes Leder! Klar!

Von echtem Leder hat man was!

Bestehen Sie fest auf Leder.
Echtes Leder ist was Rechtes!
Man spürt es am Griff, man sieht es nach Jahren: Es schmiegt sich an, es atmet, es ist lebendig, es ist auch noch schön, wenn es alt wird. Ein Stück Natur!

Mit echtem Leder sind Sie was!

Diese Anzeigenkonzeption zeigt meiner Meinung nach das Wesen guter Werbung: herauszuragen, sich abzuheben von der Konkurrenz. Konkurrenz in diesem weiten Sinn ist aber auch schon die Nachbarschaft eines Weinbrand-Inserats.
Die Kampagne, die von der Stuttgarter Werbeagentur Herter, Wooge + Co schon vor 13 Jahren konzipiert, jedoch nicht realisiert wurde, lebt von ihrer Argumentation. Die Anzeigentexte würden auch ohne Bilder funktionieren, weil Worte beschreiben können, was Bilder nicht immer zu zeigen vermögen. (Der Satz »Ein Bild sagt mehr als 1000 Worte« hat hier keine Gültigkeit.) Beispiel: »Vieles wird entwickelt, aber Leder entwickelt sich« oder »Ersatz? Natur ist unersetzbar!« Ich frage mich, wie dies, so anschaulich wie es hier formuliert ist, zu visualisieren wäre.

Gemeinschaftswerbung »Federbett«
(Modell 1976)

a) Problem: In über 90% aller deutschen Haushalte werden federngefüllte Zudecken und Kopfkissen verwendet. Nach Auskunft einer Reihe von befragten Einzelhandelsgeschäften ist der Absatz von Bettfedern und Inletts – von leichten Schwankungen abgesehen – in den letzten Jahren etwa gleichgeblieben. Der Neukauf wird vorwiegend von jungen Ehepaaren getätigt. Beim Kauf von Federzudecken werden rund 60% fertig gefüllt gekauft, also Inlett zusammen mit Federn. Der Absatz von Karo-Step-Federbetten ist in den letzten Jahren merkbar gestiegen. – Stärkster Mitbewerber sind Steppdecken mit anderen Füllungen und Wolldecken. Dies ist im wesentlichen auf die besonderen Schlafgewohnheiten eines Großteils der Bevölkerung während der warmen Jahreszeit zurückzuführen. Der hohe Anteil an Federzudecken von über 90% jedoch läßt darauf schließen, daß die Gebrauchsvorteile von Federn weithin bekannt und dem Verbraucher bewußt sind. Federn gelten als das Nonplusultra. – Dennoch sind Tendenzen erkennbar, ein neuzeitliches Füllmaterial – vorwiegend bei Steppdecken – zu forcieren (Diolen fill). Diese Entwicklung muß wachsam verfolgt werden. Wollte man aber zum gegenwärtigen Zeitpunkt dagegen argumentieren, würde man nur auf die Konkurrenz aufmerksam machen. Bei einem Marktanteil von 90% ist dies noch nicht nötig, sondern eher gefährlich.

b) Strategie: Zur Erhaltung und Ausweitung des bisher Erreichten ist es wichtig, den verfügbaren Etat nicht, wie bisher, getrennt für Federn- und Flachbett-Werbung einzusetzen. Folgende Gründe sprechen dafür:

– Die Werbung für Federn ist vordringlich, denn Inletts können auch mit synthetischem Material gefüllt werden.
– nach den Erfahrungen ergibt die Aufstockung eines Werbe-Etats um beispielsweise ein Drittel eine Potenzierung der Wirkung (vorausgesetzt, der Werbetreibende hat Mut – Mut zu ungewöhnlichen Formaten, Mut zu ungewöhnlichen Aussagen, Mut zur ungewöhnlichen, sprich: zur großzügigen Gestaltung).

Kommunikationsmittel: Großformatige Anzeigen in ausgewählten Illustrierten und Frauenzeitschriften; Fernsehwerbung; Plakatierung (4- und 8-Bogen-Anschlag).

Mediaplanung für 2 Jahre. Zielsetzung im ersten Jahr: Starke Argumentation für den Nachholbedarf (»Einmal werden Federn müde«), für die Reinigung und Erneuerung vorhandener Federnbestände.

Eine überschlägige Rechnung begründet diesen Vorschlag: Haushalte in der BRD: ca. 18 Millionen,

– davon verfügen gut 16 Millionen über Federzudecken und Kopfkissen. Im Schnitt existieren pro Haushalt etwa 3 Federzudecken und Plumeaus, also ca. 50 Mio. Stck., gefüllt im Schnitt mit je 3 kg Federn, also *150 Mio.* kg; Kopfkissen pro Haushalt etwa 4 Stck., gefüllt mit durchschnittlich etwa 1 kg Federn, also ca. 60 Mio. kg.

– Die vorhandenen Bestände von rund 200 Mio. kg Federn sollten nach 20 Jahren Gebrauch ersetzt werden; somit ergibt sich ein jährliches Ersatzvolumen von etwa 5 Mio. kg. Darüberhinaus sollten Federn alle 5 Jahre gereinigt werden. Setzt man die pro Reinigung zu ersetzende Menge mit einem Drittel (3 Mio. kg) an, so stellt sich ein zusätzlicher Absatz von Bettfedern von ca. *8 Mio.* kg ein.

Die Kampagne (vgl. Abb. 42), die anhand dieser Marketing-Konzeption von dem Studierenden Peter Bulach als Abschlußarbeit an der Fachhochschule Augsburg entwickelt wurde, lebt von gut kombinierten visuell-verbalen Sujets, deren Texte neben einem prägnanten Rhythmus den in der Werbung so wichtigen Schuß Humor

42 Branchenorientierte Kampagne: Inserate für eine Bettfedern-Gemeinschaftswerbung mit humorigen Texten

43 Markenorientierte Kampagne: Unikat-Inserate für einen Kräuterlikör

nicht vermissen lassen. Beispiel: »Bett, Du hast die Gans gestohlen. ...gib sie nicht mehr her, denn sie gibt was her. Dabei machen die Federn einiges mit. Kann man von Qualität auch verlangen; verlangt aber auch Pflege: Gut lüften, etwas aufschütteln, keine Sonne ranlassen. Nach 20 Jahren an die Luft setzen. Ein frisches Bett macht alles wieder gut – wie früher! Mit Federn liegt man immer richtig.«

Markenbezogene Aktionen

Aus der Vielzahl der gelaufenen Werbefeldzüge möchte ich die folgenden Beispiele herausgreifen:

a) Die Pfanni-Kartoffelpufferkampagne (1976) wurde von der Düsseldorfer Werbeagentur GGK wie folgt dargestellt:

– Die Aufgabe: Mit einem kleinen Budget Pfanni als den größten und kompetentesten Hersteller von Kartoffelpuffern herausstellen.

– Das Konzept: Wenn wir von dem wenigen Geld Anzeigen kaufen, haben wir die ganze Food-Konkurrenz in den Zeitschriften gegen uns. Unsere Anzeigenkampagne könnte nur verschwindend klein wirken. Wenn wir von dem wenigen Geld Großflächenplakate kaufen, sind wir der nahezu erste und einzige Food-Hersteller in diesem Medium. Unsere Kampagne könnte riesig groß wirken. Wenn wir die Abbildung des Kartoffelpuffers mit 15 verschiedenen Überschriften kombinieren, können wir den Eindruck einer noch größeren Kampagne von quasi 15 verschiedenen Plakaten erwecken. Und kosten tun die 15 nur 10% mehr als ein Plakat (vgl. Abb. 46).

– Der Effekt: »Die Aktion hatte eine außerordentlich gute Resonanz nicht nur bei den Verbrauchern, sondern vor allem auch beim Handel«, sagt Pfanni. Diese Kampagne löste einen kleinen Boom

von besserer Plakatwerbung in Deutschland aus.

b) Die Creme-21-Kampagne (1976) wurde von der Werbeagentur GGK folgendermaßen kommentiert:

– Die Aufgabe: Einer Allzweckcreme, die seit ihrer Einführung 1970 ständig an Aktualität eingebüßt hatte, wieder neuen Glanz geben.

– Das Konzept: Wir machen für Creme 21 eine Werbung, wie sie die Nr. 1 machen würde. Wir machen die Werbung, die Nivea eigentlich machen müßte. Creme 21 soll mit dem breitesten Anspruch auftreten, der für eine Creme denkbar ist. Creme 21 soll sich so verhalten, als wäre sie die Creme schlechthin. Wir zeigen die Größe der Creme 21 durch Großaufnahmen von einem Tupfer Creme auf einem Stückchen Haut. Vielleicht schafft es die Kampagne mit den Vergrößerungen, den Marktanteil der Creme etwas zu vergrößern (vgl. Abb. 47).

– Der Effekt: Nach drei Monaten Werbung stieg der Marktanteil der Creme 21 um mehr als das Doppelte an: von ursprünglich 8,7% auf 18,0%. Dieser unglaubliche Markterfolg war sicher nicht allein auf die Werbung zurückzuführen. Denn wie bei jedem Relaunch (= Wiedererweckung einer im Markt »eingeschlafenen« Marke), waren auch die üblichen Marketinginstrumente entscheidend: Das Produkt, die Packung, der Preis.

Ein sog. Starchtest (= Betrachtungstest mit repräsentativen Probanden) des Anzeigenmotivs mit der Hüfte im »stern« ergab, daß diese Anzeige von 70% der Leser gesehen wurde, 66% hatten die Marke gesehen, 22% hatten den halben Text gelesen. 70 Redakteure des »stern«, an ihrer Spitze Henri Nannen, zur Creme-21-Anzeige mit dem Baby-Po: »Einhellig, unter spontanem Beifall, erhielt sie den Oskar für die beste Doppelseite zugesprochen.«

c) Die Jägermeister-Kampagne in der Darstellung von GGK:

- Die Aufgabe: Ein national bekanntes, gut distribuiertes, nicht nur sehr großes, sondern auch noch sehr stark wachsendes Produkt vom speziellen zum generellen Schnäpschen machen. Und von einem inaktuellen zum aktuellen.
- Das Konzept: Die Unikat-Kampagne (ein Inserat erscheint nur einmal und nur in einer Zeitschrift) verschafft Jägermeister die nötige Aktualität. Wir zeigen die Größe von Jägermeister auch damit, daß ihn alle trinken. Und nehmen ihn damit gleichzeitig ein wenig aus seiner zu engen Spezialitäten-Ecke heraus. Die Garde der Jägermeister-Trinker, von denen wir pro Anzeige einen abbilden, setzt sich aus allen Schichten der Bevölkerung zusammen. Das sagen wir auch: Einer für alle (vgl. Abb. 43).
- Der Effekt: In der Bildzeitung vom 28. 4. 1976 steht »Günter Mast, der Chef des Hauses Jägermeister, hatte zwei tolle Ideen. Sie haben ihn groß und sehr reich gemacht. Idee Nr. 1: Die Sportwerbung. Und ›Ich trinke Jägermeister, weil...‹ Das war die Idee Nummer 2. Jeden Tag kommen bis zu 150 neue Textvorschläge von trinkfreudigen Deutschen auf seinen Tisch.« Mit der GGK-Unikat-Kampagne wird Jägermeister in acht weiteren Ländern beworben: Italien, Schweiz, Österreich, Frankreich, Belgien, Luxemburg, Holland, Dänemark.

d) Die VW-Händlerkampagne zur Polo-Einführung (1976) aus der Sicht von GGK:

- Die Aufgabe: Zur Einführung des Polo eine komplette Händlerkampagne entwickeln.
- Das Konzept: Der Polo ist erstens fast identisch mit dem Audi 50. Der Polo ist zweitens das kleinste Auto von VW. Also geben wir dem Polo einen völlig anderen Auftritt und eine völlig andere Aussage, als der Audi 50 sie hat: Eine streng orthogonale (= rechtwinklige) Präsentation und eine nutzenbetonte Argumentation. Der Polo ist ein Kleinwagen, der kein kleiner Wagen ist (vgl. Abb. 48).
- Der Effekt: Bis März 1976 wurden 63 478 Polo verkauft. Der Polo wurde nach dem Golf und dem Passat das erfolgreichste VW-Modell.

e) Die *Ernte*-Kampagne von GGK:

- Die Aufgabe: Dafür sorgen, daß die Leute die aktuell gewordene *Ernte* auch lieben.
- Das Konzept: Wir stellen nicht mehr nur das neue *Ernte*-Päckchen vor; wir stellen die *Ernte*-Raucher vor. Indem wir 4 liebenswerte Dinge über den *Ernte*-Raucher sagen, schaffen wir es vielleicht, auch die *Ernte* etwas liebenswerter zu machen (vgl. Abb. 49).
- Der Effekt: »Diese Kampagne führte zur weiteren Stabilisierung und gebietsweise zu leichten Marktanteilgewinnen«, sagte Reemtsma.

f) Die Wrangler-Kampagne (vgl. Abb. 44) wurde von der Werbeagentur Doyle Dane Bernbach, Düsseldorf, so erläutert: Wer hat sich nicht schon mal über platzende Nähte, ewig aufgehende Reißverschlüsse oder Drehbeine bei seinen Jeans aufgeregt? Blue Bell sei dank sind Wrangler-Jeans da anders: Sie sind Qualität. – Wir brauchten also nichts anderes zu tun, als genau das zu sagen und zu zeigen. Anscheinend hat das den Leuten gefallen. Wrangler ist heute nicht mehr die Nr. 2 auf dem deutschen Markt. Sondern die Nr. 1. (Das erste, umfassende Briefinggespräch schloß der Werbeleiter mit folgendem Satz: »Ich möchte, daß Sie meine Probleme lösen. Ich möchte aber auch eine Kampagne haben, die eine Goldmedaille verdient. Klar?«) – Klar.

g) Die Bundesbahn-Urlaubsreisekampagne (1978) wurde von der Werbeagentur Slesina Bates folgendermaßen dargestellt:

- Ziel: Verdeutlichung der weitaus größeren Erholung während einer Urlaubsrei-

Fälschung.

Wrangler bringt
ein kriminelles Geschäft
zum Platzen.

Sie sehen es auf den ersten Blick: Dies ist keine Wrangler. Sondern eine Schweinerei. Über 1 Million dieser Jeans werden über dunkle Kanäle angeboten. Billigst verarbeitet und billigst im Preis. Würden sie es schaffen, auf den Markt zu kommen, stünden die Verbraucher dumm da: weil die gefälschten Jeans nicht halten, was sie sich von der echten Wrangler

versprechen. Nämlich Qualität. Deshalb haben wir zweierlei getan: Wir haben die Fälscher angezeigt. Und wir haben ein neues Zeichen entwickelt, mit dem Sie anzeigen können, daß es bei Ihnen nur die echten Wrangler Jeans und Jackets gibt. Zeigen Sie Ihren Kunden, daß in Ihrem Geschäft weder Kriminelle noch Nähte was zu reißen haben.

Hier gibt's die echten Wrangler Jeans & Jackets.
Authorized by Wrangler

Wrangler
Blue Bell GmbH · Im Gefierth 6, 6072 Dreieich.

44 Anzeige für Blue-Jeans: Ein etablierter Markenhersteller wehrt sich mit sachlicher Information gegen unseriöse Konkurrenten

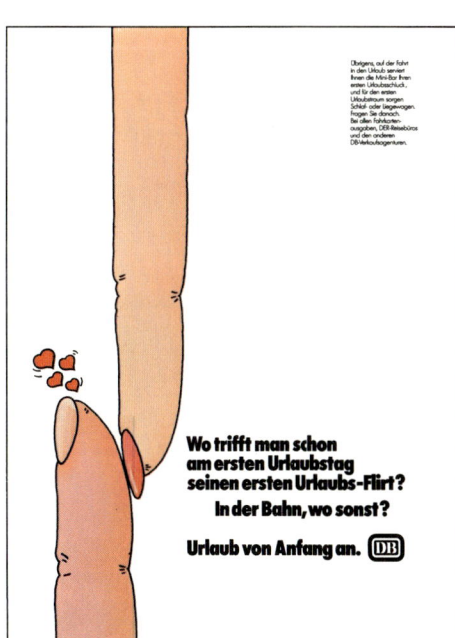

45 Emotionale Werbung der Deutschen Bundesbahn: »Mit der Bahn beginnt der Urlaub sofort, schon auf der Urlaubsreise«

46 Großplakate für Kartof-
felpuffer: Verschiedene
Headlines, mit der gleichen
Abbildung kombiniert, er-
wecken den Eindruck einer
Riesen-Kampagne

47 Anzeigenwerbung ▷
für eine Allzweck-Creme,
die »sich so verhalten soll,
als wäre sie die Creme
schlechthin«

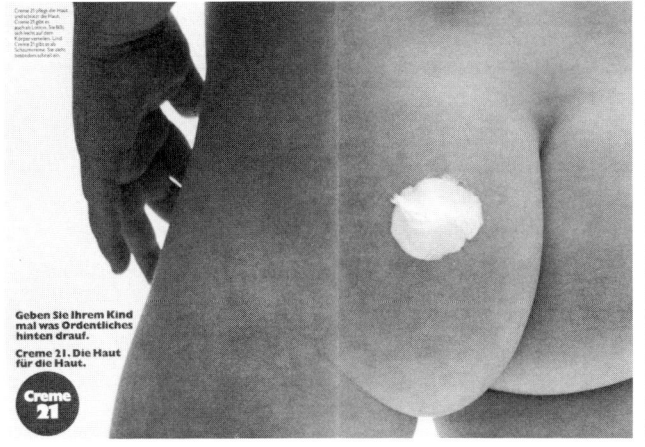

Creme 21 pflegt die Haut und schont die Haut. Creme 21 gibt es in weichen Lotions. Sie fetten sich leicht auf dem Körper verteilen. Und Creme 21 gibt es als Schaumcreme. Sie zieht besonders schnell ein.

Geben Sie Ihrem Kind
mal was Ordentliches
hinten drauf.

**Creme 21. Die Haut
für die Haut.**

Creme
21

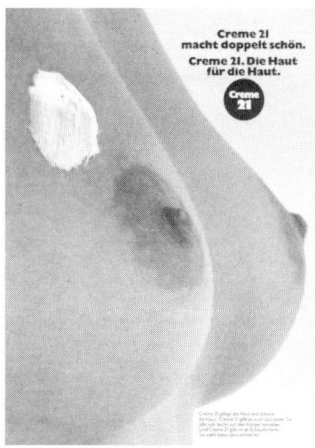

Creme 21
macht doppelt schön.

**Creme 21. Die Haut
für die Haut.**

Creme
21

Creme 21 pflegt die Haut und schont die Haut. Creme 21 gibt es in weichen Lotions. Sie fetten sich leicht auf dem Körper verteilen. Und Creme 21 gibt es als Schaumcreme. Sie zieht besonders schnell ein.

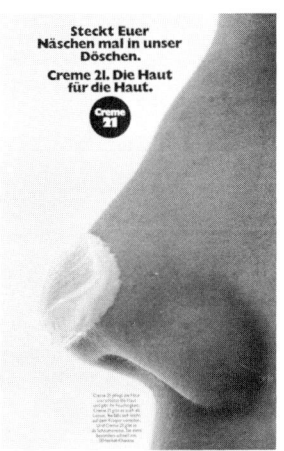

Steckt Euer
Näschen mal in unser
Döschen.

**Creme 21. Die Haut
für die Haut.**

Creme
21

Creme 21 pflegt die Haut und schont die Haut. Creme 21 gibt es in weichen Lotions. Sie fetten sich leicht auf dem Körper verteilen. Und Creme 21 gibt es als Schaumcreme. Sie zieht besonders schnell ein.

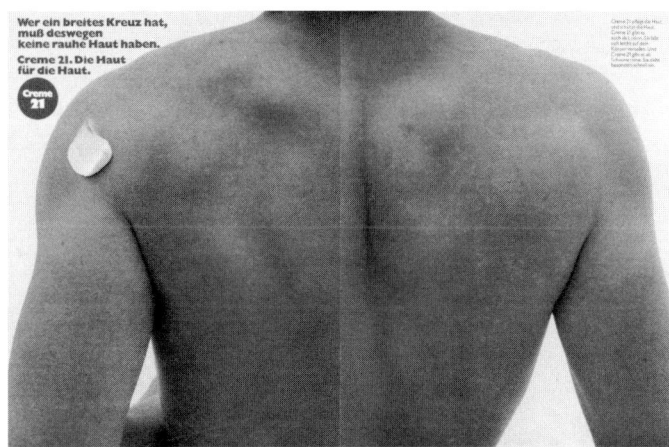

Wer ein breites Kreuz hat,
muß deswegen
keine rauhe Haut haben.

**Creme 21. Die Haut
für die Haut.**

Creme
21

Creme 21 pflegt die Haut und schont die Haut. Creme 21 gibt es in weichen Lotions. Sie fetten sich leicht auf dem Körper verteilen. Und Creme 21 gibt es als Schaumcreme. Sie zieht besonders schnell ein.

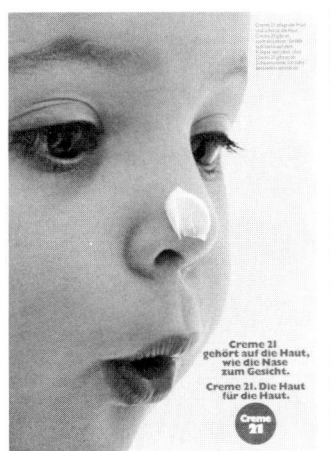

Creme 21
gehört auf die Haut,
wie die Nase
zum Gesicht.

**Creme 21. Die Haut
für die Haut.**

Creme
21

Creme 21 pflegt die Haut und schont die Haut. Creme 21 gibt es in weichen Lotions. Sie fetten sich leicht auf dem Körper verteilen. Und Creme 21 gibt es als Schaumcreme. Sie zieht besonders schnell ein.

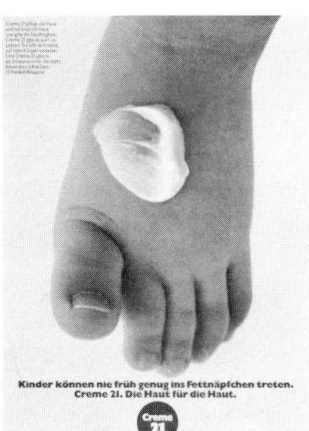

**Kinder können nie früh genug ins Fettnäpfchen treten.
Creme 21. Die Haut für die Haut.**

Creme
21

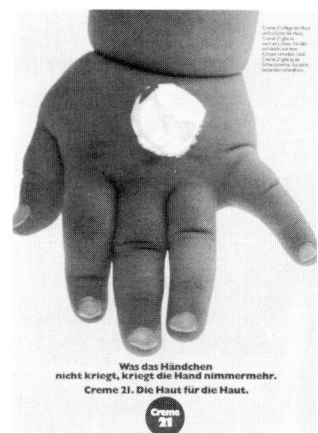

Was das Händchen
nicht kriegt, kriegt die Hand nimmermehr.
Creme 21. Die Haut für die Haut.

Creme
21

se mit der DB im Vergleich zum Auto. – Bestätigung von Urlaubern, die bereits mit der Bahn reisen (Testimonials). – Gewinn neuer Urlaubsreisender für die Bahn zu Lasten Pkw.

– Zielgruppe: Alle Personen der Gesamtbevölkerung – primär 40 Jahre und älter –, die mindestens eine Urlaubsreise in Deutschland oder ins benachbarte Ausland machen. – Alle Personen der Gesamtbevölkerung – ab Mittelschulbildung aufwärts –, die außerdem einen Zweit- oder Kurzurlaub in diesem Gebiet machen.

– Strategie: Konzentration auf die Urlaubsphase »Fahrt in den Urlaub«, da die DB nur dafür ihre Vorteile glaubhaft durchsetzen kann. Die »Fahrt in den Urlaub« mit der DB wird als besondere Qualität für Urlaubsreisende dargestellt. – Entsprechend der emotionalen Einstellung zum Urlaub deutliche Emotionalität der Werbung. – Gegenstand der Werbung sind die attraktive Dienstleistung und die Tarifangebote der DB für die Urlaubsreise. Angebote des allgemeinen Personenverkehrs werden nur als glaubwürdige Basis herangezogen.

– Werbebotschaft: Mit der Bahn beginnt der Urlaub sofort, schon auf der Urlaubsreise. Warum? Weil mit der Bahn die Erholung, Entspannung, Bequemlichkeit, Abwechslung, ungestörte Beschäftigung mit der Familie und der Urlaubsservice in der ersten Urlaubsminute beginnt (vgl. Abb. 45).

Aus diesen Beispielen läßt sich schließen, daß auch markengerichtete Aktionen über sprachliche Lösungsansätze zustande kommen.

Verbale Beispiele

Beim Betrachten der Anzeigenmotive von WMF (Württembergische Metallwarenfabrik) habe ich unwillkürlich den Eindruck, daß hier mächtig »Dampf« abgelassen wurde. Konzeptionelle Probleme werden »gekocht«, bis sie gar sind. In der »Ideen-Küche« verhält es sich jedoch anders als am dampfenden Herd. Das geflügelte Wort von den »vielen Köchen«, die den »Brei verderben«, hat hier keine Gültigkeit: Ein Kreativ-Team läßt für die Werbung bessere Ergebnisse erwarten als ein Küchenteam für eine Sauce. Beide Berufe kochen zwar nur mit Wasser – allerdings würzen beide auch mit sensiblen Geschmacksnerven... WMF stellt dafür die Töpfe zur Verfügung: »Chromargan-Schnelltöpfe aus Edelstahl Rostfrei 18/10 zum Schnellkochen mit optischer Kochstufenanzeige, Abdampfregler und patentier-

◁ *48 Händlerkampagne zur Einführung eines Klein- wagens mit nutzbetonter Argumentation*

49 Anzeigenserie, bei der nicht die Zigarette, son- dern der jeweilige Rau- cher vorgestellt wird

113

Warum heißt der Schnelltopf eigentlich Schnelltopf?
Rehkeule dauert ~~120 Min.~~ **20 Min.**
Rotkraut dauert ~~60 Min.~~ **6 Min.**
Pellkartoffeln ~~25 Min.~~ **8 Min.**
Bohneneintopf ~~60 Min.~~ **12 Min.**
Hühnerfrikassee ~~60 Min.~~ **20 Min.**
Ihre WMF.

Mit dem neuen Cromargan®-Schnelltopf »Extra« aus Edelstahl Rostfrei 18/10 haben Sie das Schnellkochen im Griff: Optische Kochstufenanzeige, Abdampfregler, patentierte Verschlußsicherung. Für unter 100 Mark. Im Fachhandel.

ter Verschlußsicherung für unter 100 Mark im Fachhandel.«
Wir betätigen uns als Topfgucker.
Ich habe diese Kampagne (vgl. Abb. 50) deshalb herausgegriffen, weil sie mir als beispielhaft erschien für eine Konzeption, die vom Text getragen wird: Was in einem solchen Topf gekocht werden kann, braucht nicht unbedingt gezeigt zu werden. Wie es hinterher schmeckt, läßt sich ohnehin kaum visualisieren. Die Vorteile dieses Kochens liegen in der Kochzeit – und die läßt sich wiederum nicht attraktiv genug sichtbar machen – jedoch hautnah mit Text veranschaulichen. Die Nachteile bei herkömmlichen Töpfen liegen im »Ver-

dampfen« von harter Währung, knapper Energie und gesunden Vitaminen. Dies kann man ebenfalls mit Text gut argumentativ darstellen.

Reine Text-Konzeption
Während der Text früher vor allem Nachricht war, kann er heute zum entscheidenden Konzeptions-Träger werden. Ein Vergleich zur Musik sei erlaubt: Die Tasten eines Klaviers, die Löcher einer Flöte oder die Saiten einer Violine ermöglichen die Wiedergabe einer Melodie – die Interpretation einer Sonate indes ist eine andere Sache. Das virtuose Spiel mit Buchstaben, Wörtern und Sätzen hat seinen Ursprung

**Was Sie beim Kochen
mit dem Schnelltopf
alles tun müssen:**
~~dauernd am Herd stehen,~~
~~aufpassen, daß nichts~~
~~anbrennt, aufpassen, daß~~
~~nichts überkocht, umrühren.~~
Ihre WMF.

Mit dem neuen Cromargan®-Schnelltopf »Extra« aus Edelstahl Rostfrei 18/10 haben Sie das Schnellkochen im Griff:
Optische Kochstufenanzeige, Abdampfregler, patentierte Verschlußsicherung. Für unter 100 Mark. Im Fachhandel.

50 a, b Anzeigenkampagne für einen Schnellkochtopf: Textintensive Konzeptionen ersetzen fehlende Möglichkeiten der attraktiven Bildgestaltung

in der angelsächsischen Werbung und wird nach ersten, zaghaften Anschlägen immer lauter, unüberhörbarer: Kaum ein Anzeigentext, in dem nicht eine Zweideutigkeit, kaum eine Schlagzeile, in der keine »Musik« drin ist!

a) VW-Tageszeitungs-Anzeigenserie (1978): Diese Rundschrift ist Bestandteil des visuellen Erscheinungsbildes des Volkswagenkonzerns. Die Marke Volkswagen verwendet in ihrer Werbung eine Groteskschrift, die Marke Audi eine Antiqua. Der gemeinsame Vertrieb V.A.G. mußte nun eine Schrift bekommen, die sich sowohl von der VW- wie auch von der Audi-Werbung abhebt (vgl. Abb. 51).

b) IBM-Anzeigenserie »Über Computer« (1976): Die »Angst« vor Computern wurde abgebaut, indem man ausschließlich über Computer informiert hat und dabei IBM ganz aus dem Spiel ließ. Dadurch konnte auch die »Angst« vor IBM etwas abgebaut werden (vgl. Abb. 52).

An zwei Beispielen wollte ich veranschaulichen, wie auf ein Bildmotiv verzichtet werden kann, ohne daß sich dies auf Blickfang, Aussage, Originalität oder Formqualität ausgewirkt hat – im Gegenteil.

Textintensive Konzeption
Anzeigen erscheinen in Zeitschriften. Zeitschriften werden zuerst angeschaut, dann

115

Ihr Auto fährt mit Salz.

Getankt haben Sie dieses Salz den ganzen Winter über. Und zwar kostenlos. Schon in aller Frühe wurde es auf die vereisten Straßen gestreut und jetzt klebt es in allen Winkeln Ihres Autos. Wenn es da nicht ganz schnell wieder herausgeholt wird, kann das teuer werden.

Wie wird man also diese kostenlose Ladung Salz am billigsten wieder los? Ganz einfach: Kommen Sie jetzt zu uns zum Frühjahrs-Service. Dann holen wir das Salz aus allen Ecken, in denen es nistet. Dann sehen wir auch nach, was das Salz und der Winter alles mit Ihrem Auto angestellt haben. Zum Beispiel mit der Batterie, den Scheinwerfern und den Scheibenwischern.

Für all das machen wir Ihnen einen Festpreis, bei dem Sie das Salz fast so günstig loswerden, wie Sie es bekommen haben. ⓥ Audi

Ihre Volkswagen und Audi Partner.

116

51a, b Argumentati-
ve Tageszeitungsan-
zeigen für zwei be-
kannte Automobil-
marken, die ihren Ver-
trieb zusammenge-
schlossen haben

Nichts wie durch beim TÜV.

So ungefähr alle zwei Jahre muß jedes Auto durch eine Prüfung: durch die TÜV-Untersuchung nach § 29 der STVZO (was auf deutsch Straßenverkehrs-Zulassungs-Ordnung heißt).

Viele Autofahrer bleiben hier erst mal stecken. Denn bevor sie die ersehnte Plakette bekommen, sind oft teure Reparaturen und schweißtreibende Laufereien fällig. Vom Zeitaufwand gar nicht zu reden. Da mußten Autos schon drei- und viermal zum TÜV, bevor sie wieder zwei Jahre weiterfahren durften.

Volkswagen und Audi Fahrer schaffen diese Prüfung allerdings oft im ersten Anlauf: Im neuesten TÜV-Report wird wieder mal bestätigt, daß die Volkswagen und Audis besser durch den TÜV gekommen sind als die meisten anderen.

Wir Volkswagen und Audi Partner erlauben uns an dieser Stelle den Hinweis, daß dieser Erfolg nicht nur an unseren guten Autos, sondern auch ein bißchen an unserem Service liegen könnte. ⊗ ⚌Audi

Ihre Volkswagen und Audi Partner.

52a, b Reine Text-
Konzeption: Tagesze-
tungsanzeigen-Serie
für einen Computer-
Hersteller

Über Computer.

gelesen oder – lesend angeschaut. Redaktionelles informiert eher – Werbung manipuliert eher. Der Leser kauft sich die Information und bekommt die Persuasion gratis dazu. Manchmal übersieht er letztere unabsichtlich, manchmal absichtlich, weil er die Intention erkannt hat oder einfach zu bequem ist, weiterzulesen. Deshalb brauchen Anzeigen besondere Aufmerksamkeitswerte und komfortable Schriftgrößen. Während die Bilder der Inserat-Werbung, ob gezeichnet oder fotografiert, sich manchmal kaum von redaktionellen Abbildungen abheben können, kann die Typographie den Lese-Rhythmus wesentlich verändern: durch andere Schriftarten, andere Schriftgrößen oder andere Schriftcharaktere.

a) Reifen:
Eine scheinbar unlogische These wird hier in überdimensionaler Größe als Blickfang eingesetzt. Das ebenfalls übernatürliche Streichholz dient dazu, den Text zu visualisieren (vgl. Abb. 53).

b) Stereoanlagen:
Herstellungsdaten und Kurzbezeichnungen für Sendeanstalten, die üblicherweise klein und für die Argumentation eines Werbetextes unwesentlich erscheinen, werden hier zu einer Schlagzeile formuliert. Der eindeutig größer als die normale Grundschrift gesetzte Text mit den eingestreuten Panel-Bildern (panel = engl. Ausdruck für Fach, Feld) verhilft dieser Werbung zu Aufmerksamkeits- und Neuigkeitswerten (vgl. Abb. 54).

Mit beiden Beispielen wollte ich sichtbar machen, welche dominierende Rolle der Text in Verbindung mit aparter Typografie spielen kann.

Visuell-verbale Beispiele

Zur Betrachtung der beiden folgenden Wort/Bild-Anzeigenbeispiele möchte ich jeweils einen Verantwortlichen jener Werbeagentur zu Wort kommen lassen, welche für die entsprechende Lösung zuständig war.

Bild/Text-Übereinstimmung
a) o.b.-Anzeigenwerbung (vgl. Abb. 57)
Werner Butter, Creative Director und geschäftsführender Gesellschafter der Werbeagentur Doyle Dane Bernbach, Düsseldorf:
»Schlimmer noch als eine schlechte Anzeige für ein gutes Produkt ist eine gute Anzeige für ein schlechtes Produkt... Langweilige Werbung ist Veruntreuung anvertrauten Geldes. Sie müßte strafbar sein. Höchststrafe: Entzug des Etats... Die Leute warten nicht auf Nachrichten aus der Welt der 60-Grad-Waschmittel, sondern auf die Tagesschau... Regeln in der Werbung sind Krücken, auf denen sich kreativ Lahme fortbewegen... Ein guter Texter wird doch nicht deshalb einen schlechten Text schreiben, nur weil ihn niemand liest... Ein frustrierter Texter sieht den Verbraucher nur noch so, wie der Kontakter denkt, wie ihn sein Kunde sieht... Werbeleiter können selten zeichnen, aber oft das ABC. Darum wird es der Texter immer schwerer haben als der Art Director... Die höchste Auszeichnung für eine Kampagne ist es, plagiiert zu werden...«

b) Zanussi-Anzeigenwerbung (vgl. Abb. 55)
Michael Schirner, Creative Director und Geschäftsführer der Werbeagentur GGK, Düsseldorf:
»Die meiste Werbung hat eine panische Angst davor, vom Publikum übersehen zu werden. Um ganz sicher zu gehen, wiederholt sie dieselben Botschaften wieder und wieder. Und erreicht damit genau das Gegenteil von dem, was sie erreichen will: Langeweile, Desinteresse, Stumpfsinn und Überdruß.«

Aus diesen beiden Beispielen, verbunden mit Statements ihrer Verantwortlichen zur Werbung im allgemeinen, läßt sich folgern, daß, von Ausnahmen abgesehen,

Von der Straße in den Graben ist es oft nicht weiter als 1 mm.

Stecken Sie bitte den Kopf eines Streichholzes ins Profil Ihrer Reifen. Ragt der Kopf aus dem Profil heraus? Dann steht es mit Ihren Reifen nicht zum Besten. Mit weniger als 2 mm Profil sollten Sie nicht fahren. Mehr ist sicher besser. Weil nämlich wenig Profil wenig Straßenhaftung bedeutet. Besonders bei Nässe. Wenn Ihre Reifen im Test schlecht abschneiden, machen Sie bitte nur noch eine Fahrt damit: die zu einem der Reifenfachleute, die mit dem Streichholz ausgezeichnet sind. Dort wird man Ihnen den Conti TS 771 empfehlen. Den Reifen, der im letzten großen ADAC Reifentest als bester abgeschnitten hat. Wer diesen Reifen fährt, kann den Streichholztest wieder vergessen. **Continental**

53 Textintensive Konzeption: Doppelseitige Anzeige für Reifen...

Hören.

Sehen.

Die Stereothek Disco 3503. Ein Liesenkötter-Musikzentrum, das sehr preisgünstig ist und trotzdem viele Annehmlichkeiten bietet: Ausgerüstet mit einem *Stereo-Quadrosound-Rundfunkteil* von Loewe Opta, *2x17,5 Watt Musikleistung.* Mit 4 Wellenbereichen und automatischer UKW-Feinabstimmung AFC. Mit *BSR-Wechsler C 173.* Mit einem *Stereo-Cassettenrecorder mit automatischer Umschaltung auf Chromdioxyd,* vollautomatischer Band-Endabschaltung und Pausentaste. Sie können also mit der Disco 3503 Ihre Lieblingsstücke jederzeit auf Cassette überspielen. Und wo immer Sie es wünschen, haben Sie diese Stereothek in Reichweite. Im Inneren bietet die Disco 3503 Platz für Cassetten, Zubehör und mehr als 100 Langspielplatten. Empfohlene Lautsprecherboxen: Carnegie 40.

Die Stereo-Kompaktanlage LT 3100. Ausgerüstet mit einem *HiFi-Steuergerät 2x30 Watt Sinus (nach DIN 45500), 2x 45 Watt Musikleistung.* Mit 5 Wellenbereichen und 8 UKW-Stationstasten. Eingerichtet für Quadrosound. Linear/Loudness-Umschalter zur Einstellung des gehörrichtigen Klangbildes. Anschluss für Kopfhörer. LED-Anzeigen für NF-Programmquellen. Mit vollautomatischem, riemengetriebenem *HiFi-Plattenspieler/Wechsler Dual 1236,* Shure-Tonabnehmer-System, Antiskating einstellbar. Mit *Dolby* *Cassettenrecorder* (Verbesserung des Rauschabstandes um 8 dB durch das Dolby-System), Band-sortenschalter für Ferro-Chrom-Cassetten, automatischer Umschaltung auf Chrom-dioxyd-Cassetten, LED-Anzeige für gewählte Bandsorten. Memory-Counter zum raschen Wiederfinden von Musik-stücken auf der Cassette, Schalter für Frequenz-Shift. Empfohlene Lautsprecherboxen: Carnegie 90.

Die Stereothek Disco 3100. Ausgerüstet mit einem *HiFi-Steuergerät 2x30 Watt Sinus (nach DIN 45500), 2x45 Watt Musikleistung.* Mit 5 Wellenbereichen und 8 UKW-Stationstasten. Eingerichtet für Quadrosound. Linear/Loudness-Umschalter zur Einstellung des gehörrichtigen Klangbildes. Anschluss für Kopfhörer. LED-Anzeigen für NF-Programmquellen. Mit vollautomatischem, riemengetriebenem *HiFi-Plattenspieler/Wechsler Dual 1236.* Shure-Tonabnehmer-System, Antiskating einstellbar. Mit *Stereo-Cassettenrecorder mit automatischer Umschaltung auf Chrom-dioxyd-Cassetten,* vollautomatischer Endabschaltung, Pausentaste, getrennten Aussteuerungselementen für beide Stereokanäle. Zwischen dem Rundfunkgerät und dem Plattenspieler befindet sich ein Ablagefach für neun Cassetten. Empfohlene Lautsprecherboxen: Carnegie 90.

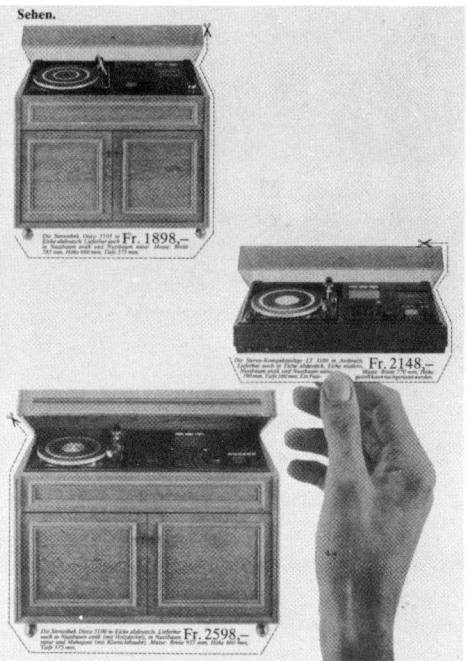

Fr. 1898.–

Fr. 2148.–

Fr. 2598.–

54 ... und Stereoanlagen mit typografischem Blickfang

119

"Ich als Salat plädiere für **Kühlschränke** mit dem Roll-Bond System von **Zanussi**. Denn es will mir einfach nicht in den Kopf, daß Sie für Kühlschränke mit anderen Systemen mehr Strom bezahlen sollen. Bei den heutigen Salatpreisen."

55 Doppelseitige Zeitschriften-Inserate für einen Kühlschrankhersteller, bei denen nicht das Produkt gezeigt wird: Der Texter läßt Salat und Käse in überdimensionaler Schriftgröße »sprechen«

"Mir, dem Käse, könnte es eigentlich völlig Wurst sein, in welchem **Kühlschrank** man mich frisch hält. Aber wenn ich daran denke, daß viele Kühlschränke mehr Strom verbrauchen als ein **Zanussi**, sollten Sie sich das Geld sparen. Und Käse kaufen."

Eigentlich schade, in «essen & trinken» nur für Essen und Trinken zu werben.

Wenn man weiß, daß die «essen & trinken»-Leserinnen im Jahr 3,7 Mio. DM Augen-Make-up kaufen.

56 Bildintensive Konzeption: Doppelseitiges Inserat für eine Zeitschrift

der Text für die Kraft einer Anzeige bedeutender sein kann als das Bild – trotz übereinstimmender Gewichtung.

Bildintensive Konzeption
a) essen & trinken
»Eigentlich dumm, in ›essen & trinken‹ nur für Essen und Trinken zu werben. Wenn man weiß, daß die ›essen & trinken-Leserinnen im Jahr
– für 365 Mio. DM Oberhemden und Blusen kaufen,
– für 150 Mio. DM Damen-Lederschuhe kaufen,
– für 38 Mio. DM Strümpfe und Strumpfhosen kaufen,
– für 435 Mio. DM Blusen und Kleider kaufen,
– für 12 Mio. DM Tagescreme kaufen,
– für 3,7 Mio. DM Augen-Make-up kaufen,
– für 33 Mio. DM Parfüms (und andere Duftwässer) kaufen,
– für 2,8 Mio. DM Lippenstifte kaufen,
– 84 940 PKWs neu zulassen,
– für 11 Mio. DM Reifen kaufen,
– 864 486 000 Liter Benzin kaufen.
– 546 000 ›essen & trinken‹-Leserinnen mit dem eigenen Auto in Auslandsurlaub fahren.«
Die entsprechenden Gegenstände sind jeweils mit Zuckerguß fachmännisch in Konditor-Manier dargestellt und verführerisch fotografiert (vgl. Abb. 56).

b) Metabo
»Typisch schwäbisch: Brezel, Viertele, Sparen, Zeppelin, Häusle – Neu: Metabo Bohrhammer 1112 S-electronic
Das haben die Schwaben erfunden: Auto, Düsenjäger, Mundharmonika, Kehrwoche, Astronomisches Fernrohr – Neu: Metabo Bohrhammer 1112 S-electronic
Wir Schwaben machen die Dinge gern kleiner als sie sind: Herrgöttle, Häusle, Autole, Küßle, Fraule, Maschinle.«
Die Dinge, von denen hier die Rede ist, sind in Bilderrätsel-Manier dargestellt. Als

farbige Ikonen interpretieren sie den Text, indem sie ihn illustrieren.
Bei diesen zwei Anzeigenserien sorgt eindeutig das Bild für die Kraft der Aussage.

Audioverbale Beispiele

a) Funk-Werbespot Nr. 1 (Werbeagentur GGK Düsseldorf)
Eine Werbung für zwei verschiedene Produkte in einer Kampagne zu vereinen, ist nicht ganz leicht. Etwas unkomplizierter wird es, wenn Jürgen von Manger über Pfanni und das Öl von Biskin erzählt:
»Äh, also, kann man jetz viel lesen. Diese Aufklärungs- äh, -dingens, nich, so über die geheimen Wünsche der Geschlechter. Und deshalb möchte ich heute mal, äh, bitte hier die verehrte Zuhörerinnen die Ohren spitzen, weil ich geb Ihnen jetz ein Rat. Direkt Lebenshilfe. Wat zum Beispiel wir Männer für Wünsche in unserm Busen – da, da – wie gesagt. Ich zum Beispiel möchte auch, dat mir von liebender Hand so schön wunderbar ganz zart de Kartoffelpuffer von Pfanni gebraten werden. Is natürlich wichtich, dat Se zum Braten nur dat herrliche Biskin in de Pfanne tun. Reinet Pflanzenöl und ganz reichlich in diese Wirkstoffe, wat der Mensch so für sein Überleben braucht. Diese Kartoffelpuffer von Pfanni, in Biskin goldbraun gebraten – aber dat schmeckt – direkt wie, wie, wie Weihnachten.«
b) Funk-Werbespot Nr. 2 (Werbeagentur Lauenstein & Partner)
»Sprecher: Und jetzt wieder die Preisfrage.
Was ist das? (Pochen)
Na? (Pochen)
Ist doch einfach.
Das ist *Möbel Krügel.*
Und was ist das? (Scheppern)
Na? (Scheppern)
Ist doch genauso einfach.
Das ist nicht *Möbel Krügel.*
Offsprecher: Ja, *Möbel Krügel,* das ist kei-

ne Preisfrage. Wir pochen noch auf Qualität und klopfen keine Sprüche.« Audioverbale Kommunikation, d. h. Gesprochenes zum Hören, wird hier in Form von Hörfunkwerbung eingesetzt. Die Schrift im Inserat wird durch das Gesprochene ersetzt: Die Stimme entspricht der Schriftart, der Dialekt dem Schriftcharakter, die Lautstärke der Schriftgröße – Musik und Geräusch sind stellvertretend für die Bilder, die man nicht sehen kann. Audiovisuell-verbale Kommunikation, d. h. Tonbilder zum Hören und Sehen werden, wie auf den untenstehenden Tabellen beschrieben ist, in Form von Fernsehwerbung eingesetzt: Hör- und/oder Lesetexte im/zum Bild entsprechen der Schrift in der Anzeigenwerbung.

Audiovisuell-verbale Beispiele

a) Fernseh-Werbespot Nr. 1 (Werbeagentur Young & Rubicam)

Ton	Bild
Motorengeräusch	Blick durch die Windschutzscheibe eines Autos auf eine Landstraße
	Ein Mann versucht, das Auto zu stoppen – Hühner auf der Straße werden aufgescheucht
»Jetzt aber los, Ludwig!«	Kleinwagen fährt voraus...
	und nähert sich einer Straßenkuppe...
	...kommt jetzt entgegen...
Sprecher: 31. März ist Wüstenrot-Tag.	und hebt jetzt vom Boden ab...
	...Schrift erscheint im Bild:
Der Tag, der Bausparen schneller macht.	31. März ist Wüstenrot-Tag.
	Der Tag, der Bausparen schneller macht.

b) Fernseh-Werbespot Nr. 2 (Werbeagentur McCann, Köln)

Ton	Bild
Jingle: Komm doch mit auf den Underberg Komm doch mit auf den Underberg	Blick in das Gesicht eines Bergwanderers
Der schmeckt zwar ganz schön bitter, doch dafür hilft er uns schnell übern Berg	Gruppe von Bergwanderern kurz vor dem Gipfel – im Hintergrund hohe Berge
Komm doch mit auf den Underberg Komm doch mit auf den Underberg Der schmeckt zwar ganz schön bitter, doch dafür hilft er uns schnell übern Berg	Gruppe von hinten – Schrift erscheint: Dieser Film ist all denen gewidmet, denen Underberg mit seinen erlesenen Kräutern...
Rolltitel (Off-Sprecher/Musik-Instrumental): Dieser Film ist all denen gewidmet, denen Underberg mit seinen erlesenen Kräutern jeden Tag ein klein wenig über den Berg hilft.	...jeden Tag ein klein wenig über den Berg hilft.
Jingle: (Chor) Ein Underberg hilft uns schnell übern Berg.	Geöffnetes Underberg-Fläschchen im Vordergrund links – steile Berge im Hintergrund

Wollen Sie Ihre Tochter einen Teil ihres Lebens an-binden?

Haben Sie mal daran gedacht, daß die Menstruation im Leben Ihrer Tochter insgesamt 6 Jahre einnehmen wird? Eine lange Zeit, in der sie auf ihre gewohnte Bewegungsfreiheit verzichtet. In der sie danebensitzt, wenn andere alles mitmachen. Sich angebunden fühlt wie ein Wickelkind.

Das ist auch ein Argument, das Sie bedenken sollten, wenn Sie Ihrer Tochter als Menstruationsschutz Tampons oder Binden kaufen. Tampons werden innerlich getragen. Nichts kann scheuern, nichts kann drücken. Tampons nehmen das Menstruationsblut direkt innen im Körper auf, so daß kein unangenehmer Geruch entstehen kann.

Und die natürliche Öffnung des Jungfernhäutchens ist bei Mädchen zum Zeitpunkt der ersten Menstruation weit genug, um einen o.b. mini durchzulassen. Das ist der schmalste und kürzeste Tampon von o.b., speziell für ganz junge Mädchen gemacht.

In unserem Büchlein „Die Menstruation" steht noch eine Menge mehr, was Ihnen als Mutter hilft, sich zu entscheiden.

o.b.

Natürlich und sicher.

57 Bild/Text-Übereinstimmung: Der lange Text bietet viel Information und wird deshalb auch gelesen

Texte in der Politik

Verbale Kommunikation in der Propaganda oder Gegenpropaganda besteht im wesentlichen aus Texten, welche in Schrift und Bild für oder gegen eine bestimmte politische Partei Stimmung verbreiten sollen:

– Wahlplakate (angeschlagen an Hauswänden, Werbeflächen, o. ä.)
– Transparente (mitgetragen bei Demonstrationszügen, Bürgerinitiativen, »Sandwich men«)
– Pamphlete (verteilt als Flugblätter)
– Parolen (gestrichen oder versprüht mit Farbe auf Mauern, Brückenpfeilern o. ä.)

Aufklärung und Agitation 1919–1945

Plakate sind Medien, die Mitteilungen über das Auge erfahrbar machen. Im Gegensatz zu Anzeigen, Prospekten, Briefbogen oder Verpackungsmaterial verschwinden sie nicht in der »Versenkung«, weil sie ihrem Urzweck entsprechend an die Wand geklebt werden. Plakate informieren, appellieren und werben – drei Funktionen, zu denen sich je nach Bedarf weitere gesellen können.

Politische Plakate sind Medien, die Meinungen als Mitteilungen verbreiten. Sie dienen der Propaganda und der Agitation (vgl. Abb. 58). Parteien-Plakate sind »stumme« Wahlreden. Ihre Inhalte sollen meinungsverändernd beim Gegner und Unentschlossenen, bestätigend beim Gesinnungsfreund wirken.

Plakatierte Meinung verkörpert Macht, allerdings mit Einschränkungen: Geschriebene Meinungsbildung kann vom Leser interpretiert werden – gesprochene Meinungsbildung wird vom Redner interpretiert: Der Einfluß der Redner-Persönlich-keit auf den Zuhörer kann größer sein als das gedruckte Wort auf den Leser. Dennoch gilt: Straßenplakate erreichen breitere Massen; sie prägen sich dem Unterbewußtsein stärker ein als dem Bewußtsein und wirken dadurch länger (vgl. Abb. 60).

Die Abbildungen sind einer Zeitströmung entnommen, deren politische Auseinandersetzungen wohl zu den heftigsten und schärfsten der deutschen Geschichte zählen. Um vorschnellen Urteilen vorzubeugen: Hier geht es nicht so sehr um die Inhalte, als vielmehr um die Darstellungsmittel der Inhalte. Sie zeigen die Kraft des Plakats, die Macht der suggestiven Textidee, den Zwang der persuasiven visuellen Kommunikation. Die Aussagen gingen damals – mehr noch als heute – über das Herz in den Kopf und nicht umgekehrt.

Öffentlichkeitsarbeit der Parteien 1969–1976

Anläßlich einer Wahlkundgebung in der Stuttgarter Liederhalle am Mittwoch, den 17. April 1968, sprachen zwei Redner einer Partei, die mit folgendem Großplakat in und um Stuttgart Öffentlichkeitsarbeit betrieben hatte:

Weißer Punkt auf rotem Grund – inmitten dieses weißen Punktes: Die dunkelblauen Versalien N, P und D. Daneben in Weiß, ebenfalls in Versalien gesetzt: DEMOKRATEN WÄHLEN NATIONALDEMOKRATEN – ein Motiv, das man in dieser Zeit des öfteren sehen konnte. Jedoch auf jenem Plakat blieb es nicht bei diesem einen Appell: Gegner jener Partei, die ja schon lange nicht mehr im Bundestag vertreten ist, hatten mit schwarzer Farbe darübergeschmiert: »60 000 000 Tote bitten, flehen: *tut Buße!*« (Geschichtsbewußte Leute wissen, daß der vom NS-Staat ausgelöste

Und das ist Adolf Hitler

der allen erzählt, daß er einmal die Macht ergreift, der vor der Feldherrnhalle auf dem Bauche lag und sich in Hanfstaengls Bett verkrochen hatte.

Eine Neun-Zimmer-Wohnung, eine Villa, drei Autos u. eine Nilpferdpeitsche hat er schon.

Er ist der Erfinder der braunen Hemden und der Novemberverbrecher.

Dafür nennt ihn Thyssen seinen guten Freund, dafür darf er mit Bankdirektor von Stauß essen und mit Schacht Kaffee trinken.

Seine besten Kameraden sind die 5 Mörder von Potempa und Hauptmann Röhm.

Er garantiert billige Arbeitskräfte und hohe Löhne, hohe Getreidepreise und billiges Brot.

Wer Schmerzen hat, wende sich deshalb vertrauensvoll an ihn.

Nach seiner Angabe hat ihn die Vorsehung berufen, das deutsche Volk von den Marristen zu befreien. Das macht er vom Flugzeug aus.

Seit dieser Berufung geht es dem deutschen Volke jeden Tag schlechter.

In seiner „Bescheidenheit" redet er nur von sich selbst und jammert, daß man ihn nicht hinläßt.

Seine Lieblingsbeschäftigung ist das Trommeln. Aber keine Trommler, sondern

Staatsmänner braucht Deutschland.
Deshalb wählt diesmal alles die Liste 2
Sozialdemokratische Partei Deutschlands.

58 Politische Propaganda: Meinungsverändernder Text mit aufrührerischem Inhalt (Pamphlet)

Zweite Weltkrieg rd. 60 Mill. Opfer gefordert hat.)

Wir haben es hier mit Propaganda und Gegenpropaganda zu tun. Ein anderes Beispiel zeigt, wie propagandistische Thesen zu Antithesen umformuliert werden können:

Broschüre der SPD mit der fetten Schlagzeile *Wort gehalten* – Untertitel: »Die Regierung Brandt hat in drei Jahren mehr geleistet als jede andere zuvor. Bürger sagen, was sie davon haben.« – Broschüre der CDU/CSU-Opposition mit der fetten Schlagzeile *Geplatzt.* Darunter eine kleine und eine groß abgebildete Seifenblase – Untertitel: »Die leeren Versprechungen der Regierung Brandt.«

Ist politische Werbung überhaupt notwendig? Seit dem Bundestags-Wahlkampf 1969 setzt man in der Bundesrepublik Deutschland Strategien der modernen Werbung ein, die üblicherweise der Verkaufsförderung in der Wirtschaft dienen. Diese Tatsache findet nicht durchweg ungeteilte Zustimmung: »Die Anwendung von Psychotechniken der Werbung zur Durchsetzung politischer Interessen bietet einer Minderheit, bisweilen sogar einem Einzelnen Gelegenheit, die Herstellung und Streuung von Verhaltensinformationen zu kaufen. Die hierzu notwendige Anhäufung von Geld in Händen Einzelner wird eher begünstigt als behindert. Dabei lassen sich bei hohem Kostenaufwand menschliche Verhaltensweisen über Informationen so mustern, daß die Herrschaft von wenigen, ja selbst eines Einzelnen möglich, zumindest vorbereitet wird. Diese Aussicht auf Möglichkeiten, soziales Dasein zu organisieren, steht dem Minimalkonsensus demokratischer Grundhaltungen radikal entgegen. Daher: Schluß mit der politischen Werbung!« (Fritz Seitz 1972 in einem Aufsatz in der Zeitschrift »Format«.)

Gleichwohl, so meine ich, ist es absolut verständlich, daß bestimmte Polit-Gruppen sich der Taktiken und Techniken bedienen, die meinungsbildend funktionieren, wenn es um die Realisierung ihrer Interessen gehen soll. Die Frage ist nur: Wo hört Wirtschaftswerbung auf und wo fängt politische Werbung an? Sind die Grenzen noch so klar erkennbar wie vor etwa 15 Jahren?

Wenn mit gezielter Hähnchen-Werbung (»Aus deutschen Landen frisch auf den Tisch«) der »Hähnchenberg« abgebaut werden soll und dem Verbraucher gleichzeitig von offizieller Seite gesagt wird, Hähnchenfleisch sei sehr eiweißhaltig, kalorienarm und daher sehr gesund, so stimmt das zwar, aber die volkswirtschaftlichen Interessen, die dahinterstehen – sind die nicht auch schon politischer Art?

Die Kritik an politischer Werbung sollte sich daher weniger auf die generelle Befürwortung oder Ablehnung richten, sondern vielmehr auf die Qualität der Werbung. Eine sachlich geführte Wahlkampagne kann echte Informationen liefern, die zur kritischen Auseinandersetzung mit den Parteien führt. Sie wäre mir daher in jedem Fall lieber als eine unsachlich geführte Zigarettenkampagne (»Ich gehe meilenweit...«).

Unsachlich geführte Wahlwerbung, die beispielsweise in dem Slogan »Keiner wäscht Rainer« gipfelt (gemeint war der damalige Kanzlerkandidat Rainer Barzel, in Anlehnung an einen Waschmittel-Werbespruch), wird bezahlt, weil – wie immer bei Wahlwerbung – politische Interessen dahinter zu suchen sind und nicht, weil solche »Buttons« das Nonplusultra an verbaler Kreativität darstellen. Aber wenn die finanziellen Mittel, die zum Teil vielleicht von denselben Unternehmern stammen, die selbst auch mit Werbung manipulieren, dafür bereitstehen und ausgegeben werden müssen, dann sollte man sie doch so gut wie möglich in einen fairen Wahlkampf stecken. Letztlich ist Parteienwerbung ja nicht nur Manipulation (Statistiker haben nachgewiesen, daß die weit überwiegende Zahl der Wähler bereits ein halbes Jahr vor der Wahl auf ihre Partei festgelegt sind), sondern auch politische Aufklärungsarbeit, die dem kleinen Prozentsatz Wankelmütiger Entscheidungshilfe bietet, indem sie ihn informiert. Parteifixierte Bürger werden außerdem in ihrer Entscheidung bestärkt und im allgemeinen durch die vielen Plakate stimuliert, sich an der Wahl zu beteiligen. Alle Argumente gegen eine solche politische Aufklärungsarbeit haben sich daher bis heute nicht durchsetzen können.

Eduard Grosse schreibt in seinem Aufsatz »Von der Notwendigkeit politischer Werbung« dazu folgendes: »Die drei großen politischen Parteien haben viel später begonnen, sich der modernen Techniken der Massenkommunikation zu bedienen als die meisten Teile der Konsumindustrie. Sie begannen übrigens ungefähr zur gleichen Zeit damit wie die großen Banken einschließlich der Bundesbank (Bundesschatzbriefe, Bundesanleihen), die Bundesregierung und einzelne Ministerien mit Anliegen an größere Bevölkerungsgruppen. – Es ist in unserem offenen System durchaus legitim und als Element freier Diskussion sogar erfrischend, wie Prof. Fritz Seitz, dagegenzusein, daß sich nicht nur die Wirtschaft, sondern auch die Exekutive und jene die Legislative monopolartig tragenden Parteien der modernen Massenkommunikation bedienen. Wenn man diesen wie irgendeinen anderen Aspekt unserer Gesellschaft verbessern will, so muß man jedoch von Realitäten in ihr ausgehen. Wenn man von subjektiv empfundenen, moralischen oder ästhetischen Maximen ausgeht und an ihnen die Realitäten unserer Gesellschaft mißt, so schneidet unsere Bundesrepublik natürlich sehr armselig ab. Die Verwirklichung des Idealen ist weit von Bonn entfernt. Nur, wem ist mit dieser Erkenntnis geholfen? Vielleicht dem Autor, jedoch nicht der Gesellschaft.«

Aus den mehr oder minder polemischen Äußerungen der Politiker können jedoch auch geistreiche Satiren entstehen, die nicht selten auf die Verursacher wie ein Bumerang zurückschlagen.

Das Kabarettensemble der »Münchner Lach- und Schießgesellschaft« hatte im Wahljahr 1965 frei nach Grillparzers »Weh' dem der lügt« einen Sketch unter dem Motto »Wähl' den der lügt« dargeboten. Die dialektischen Anfangssätze spiegeln wider, welches Klima in der politischen Landschaft damals herrschte:

– Sprecher 1: Wähl den der lügt! (Betonung liegt auf »lügt«)
– Sprecher 2: Wähl den, der lügt! (Betonung liegt auf »den« und »der«: Wähl einen andern, jener lügt!)
– Sprecher 3: Wähl den der lügt! (Betonung liegt auf »Wähl«, was soviel bedeutet wie: Du sollst den der lügt vor allem wählen – und nichts anderes mit ihm tun!)

Der amüsierte Kabarett-Zuschauer konnte nun »wählen«, welchen Appell er für sich in Anspruch nehmen wollte, ohne daß dabei irgendeine Partei diskriminiert worden wäre.

Weiteres Beispiel: Die CDU bekam von ihrer Schwesterpartei CSU zu Beginn des Wahljahres 1976 Schelte für die taktisch unglücklich formulierte Wahlkampf-Parole: »Unser Helmut ist der Beste (gemeint war offensichtlich der Parteivorsitzende Helmut Kohl).

Die SPD nahm diese Anregung dankbar auf und legte die Betonung auf »Unser«. Audioverbal hörte sich das so an: »Unser Helmut ist der Beste« (gemeint war Helmut Schmidt). Die CSU war daraufhin verärgert über die dritte Version, die in aller Öffentlichkeit zitiert wurde: »Unser Helmut ist der Beste – was soviel hieß wie »nicht unser Franz-Josef« (Strauß).

Eine audioverbale Interpretation kann visuell durch verschiedene typografische

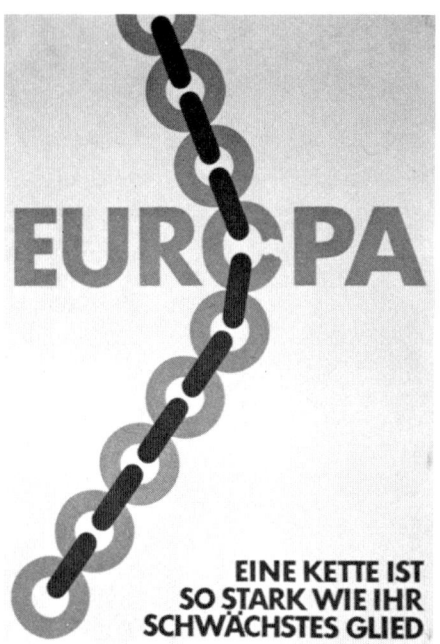

EUROPA

**EINE KETTE IST
SO STARK WIE IHR
SCHWÄCHSTES GLIED**

59 Politische Werbung: Komplizierte Sachverhalte, einfach dargestellt

Akzentuierungsmöglichkeiten unterstützt werden — z. B. durch unterschiedliche Schriftgrößen, Versalien, Unterstreichungen, Schriftart oder -charakter, Farbe usw.

Plakate zur Europa-Wahl 1979

Nicht nur von nationaler, auch von europäischer Wahlwerbung soll hier die Rede sein. Ich glaube nämlich, daß die Notwendigkeit eines geeinten Europas als Kraft gegen die wachsende Ost-West-Polarisierung vor allem einer verbalen Argumentation bedarf.

a) Problem: Die Europäische Gemeinschaft ist der bisher umfassendste und am weitesten fortgeschrittene Versuch einer politischen Einigung in Westeuropa. Um ihr durch nationale Interessenkonflikte ge-

fährdetes Bestehen zu sichern, sollte von der in ihr vertretenen Bevölkerung zum ersten Mal ein supranationales politisches Gremium, nämlich das Europaparlament, direkt gewählt werden.

b) Strategie: Ein Stillstand in der EG oder gar ein Rückschritt im Prozeß der immer engeren wirtschaftlichen und politischen Verflechtung könnte der Anfang vom Ende eines freien Europa sein: Diese Problematik muß dem Europäer bewußt gemacht werden. Das Kommunikationsmittel Plakat eignet sich für diese Aktion wohl am besten (vgl. Abb. 59), da es die Bevölkerung stärker als andere Medien einer ständigen Konfrontation mit der Problematik aussetzt.

Für die Wahlkampagne jeder demokratischen Partei – sei sie national oder europaweit orientiert – gilt: Die Textaussagen können nur dann zu einem Minimum an sachlicher Meinungsbildung beitragen, wenn sie folgende, vom lesenden Betrachter zu stellenden Fragen zufriedenstellend beantworten:

– Welche Informationen über wichtige sachliche und pragmatischen Alternativen bietet der Text?
– Ist diese Aufklärung, falls sie überhaupt im genannten Sinne gegeben ist – richtig: Entspricht sie dem tatsächlichen Programm des Senders bzw. seines politischen Gegners?
– Wie schätzt der Sender (Partei) den Empfänger (Wähler) ein?

Eine entsprechende Resonanz von Seiten der Betrachter wird manches klären und zu objektiverer politischer Entscheidung führen. Sie setzt allerdings politische Informiertheit voraus. Um diese Information sollte sich jeder bemühen – entweder allein, dann aber nicht unter Verwendung nur einer Quelle, oder besser noch durch Vergleich verschiedener Meinungen von Personen, die es gewohnt sind, sich realistisch mit den politischen Verhältnissen zu beschäftigen.

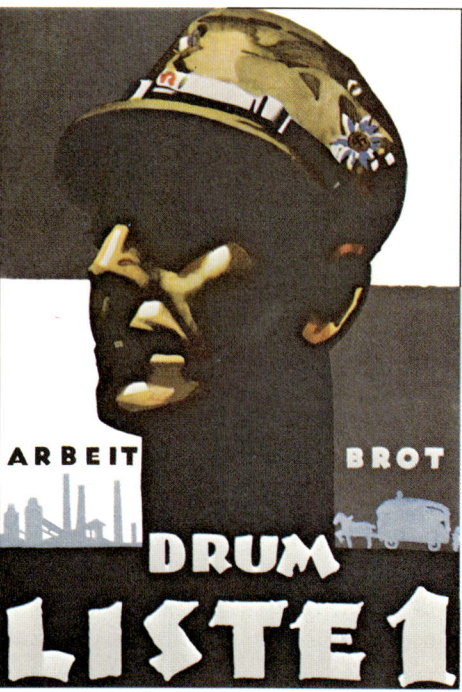

60 Aufklärung und Agitation durch Bild und Text in den Jahren nach dem Ersten Weltkrieg

Verbale Strategien

Verständigung ist nur mit dem Kommunikationsmittel Sprache möglich. Sprache, rein impulsiv verstanden, ist dabei nicht immer mit Text gleichzusetzen. Wenn z. B. aus irgend einem Anlaß

- Signale, die riech-, schmeck- oder tastbar sind, gesucht und empfangen werden, sprechen wir von nonverbaler Sprache.
- Bedürfnisse visuell, auditiv oder audiovisuell geweckt und befriedigt werden, sprechen wir von Sicht- oder Hörerlebnissen.
- Aktionen visuell-verbal oder audioverbal in Gang gesetzt werden und die beabsichtigte Reaktion hervorrufen, sprechen wir von geschriebenen oder gesprochenen Texten.

Weitere Beispiele sind Rauchzeichen der Indianer oder die Flaggenzeichen der Seeleute, die als »Bildersprache« charakterisiert werden.

Texte, rein persuasiv verstanden, sind immer mit der Absicht verbunden, den Angesprochenen zu einer Handlung zu bewegen, die er ursprünglich nicht oder jetzt nicht oder so nicht vornehmen wollte – weil es ihn geistige oder zeitliche oder finanzielle Überwindung kostet. Die Argumentation des Anbieters muß »Hinführung«, darf jedoch nicht »Verführung« sein. Die verbalen Strategien für solche »Hinführungen« werden von der speziellen Problemstellung des angebotenen Produkts und/oder seiner Marktlage bestimmt. Sie können basieren auf

- dem Klima:
  Das Inserat »Tullamore Dew« (vgl. Abb. 63) kann die für dieses Produkt spezifisch-atmosphärische Kette verbal-visuell vermitteln: Iren-Irland-alt-Moorgerste-Granit-Quellwasser-Eichenfässer-Brennerei-Genußmittel-Getränk-Eiswürfel-Soda-Irish Coffee.

- dem Humor:
  Das Plakat »Ganz Österreich macht heute blau« (vgl. Abb. 61) ist nicht tierisch ernst zu verstehen. Durch den Witz wird es vorbehaltloser aufgenommen.
- der Rhetorik:
  Die Anzeige »Viele essen zu wenig, um abzunehmen« (vgl. Abb. 64) verkündet die gleiche scheinbare Unlogik, wie jenes Bier-Inserat mit der alten Dame, die einen genüßlichen Schluck nimmt – kommentiert durch die Schlagzeile »Becks Bier löscht Männerdurst«, was soviel bedeuten soll wie: Auch Frauen können Bier-Durst (= Männer-Durst) haben. Gerade diese widersinnigen Aussagen sind es, die durch ihren Verstoß gegen die Norm vor allem bei intellektuellen Käuferschichten für Blickfang und Prägnanz sorgen können.

In diesem Zusammenhang möchte ich den Rhetoriker Ludwig Fischer zitieren: »In der Werbung wird versucht, durch sprachliche Mittel – meist neben anderen – einen bestimmten Einfluß auf Menschen zu nehmen, sie von etwas zu überzeugen, sie zu etwas zu überreden. Werbung ist also eines der Anwendungsgebiete von Rhetorik, ob man sich nun dessen bewußt ist oder nicht... In ganz analoger Weise wird in der Werbepsychologie heute die Ausrichtung der Mittel in der Werbung auf die psychischen und sozialen Bedingungen der Aufnehmenden gefordert... Wegen des Zieles der Rhetorik, auf die Angesprochenen einzuwirken, bleibt der Maßstab der ›angemessenen‹ Entsprechung zwischen Sprachform und Gegebenheiten, am erstrebten Erfolg ausgerichtet, das Zentrum der Rhetorik. Alle Mittel, die in der rhetorischen Lehre zur Verfügung gestellt werden, müssen bei ihrem Gebrauch an dieser Norm ausgerichtet werden; ein Verstoß ist zugleich eine Gefährdung der

61 *Humor in der Werbung*

Großes Hallo und keiner da.

Deshalb: Telefon-Anrufbeantworter
COMPUR-ALIBIPHON.
Tag und Nacht Kontakt intakt!

COMPUR WERK, München,
Telefon ☎ 089/7 23 20 81
Ein Unternehmen der ZEISS-Gruppe

62 Visuell-verbale Metonymie: Nicht die Ursache, sondern die Wirkung wird gezeigt

angestrebten Wirkung. Dabei kann gerade der Verstoß die raffinierteste, wenn auch gewagteste Form sein, die Wirkung zu erreichen – ein Spiel mit dem Reiz des ›Falschen‹, das ein höchst aufmerksames und gebildetes Publikum einzufangen sucht.«

Nach klassischer Theorie ist das bestimmende Moment einer rhetorischen Figur die »kunstvolle Abweichung vom normalen Sprachgebrauch«. Für die persuasive Kommunikation bedeutet dies höhere »Effektivität« durch

– Wortfiguren, die sich auf die Semantik (= Wortbedeutung) oder auf die Syntax (= Stellung der Wörter im Satz) beziehen.

– Gedankenfiguren, die sich auf Formulierung und Gliederung der Mitteilungsinhalte beziehen.

Demnach gibt es in der verbalen Kommunikation syntaktische und semantische

Rhetorik, die für die Textarbeit strategisch eingesetzt wird.

In seinem Aufsatz »Analyse einiger Techniken der verbalen Kommunikation«, dessen theoretischer Ansatz selbst nach zwölf Jahren, die seit seiner Veröffentlichung in der Zeitschrift »Format« vergangen sind, nichts von seiner Aktualität eingebüßt hat, katalogisiert Gui Bonsiepe die verbalen rhetorischen Figuren nach sechs Gruppen, die in nebenstehender Tabelle aufgeführt sind.

Halten wir fest: Mit Hilfe der stilistischen und rhetorischen Begriffe kann persuasive Kommunikation bezüglich ihrer verbalen Strategien analysiert und beschrieben werden. Zum Beispiel »Visuell-verbale Metonymie«: Ein durch sprachliche Zeichen angezeigtes Relatum wird mittels Zeichen, deren Relate zu dem verbalen Relatum in einer realen Beziehung stehen, z. B. Wirkung statt Ursache, visualisiert: Anzeige »Großes Hallo und keiner da. Deshalb Telefon-Anrufbeantworter Compur-Alibiphon.« Das Nichtvorhandensein eines Telefonanrufbeantworters wird hier durch die »Hallos« in den Löchern der Hörmuschel dargestellt (vgl. Abb. 62).

Technik

Unter dem Begriff Technik verstehen wir

– die Ganzheit der Maßnahmen, Einrichtungen und Verfahren zur Anwendung der natürlichen Energie- und Rohstoffquellen sowie die naturwissenschaftlichen Erkenntnisse für die auf die Zivilisation gerichteten Bedürfnisse unserer Gesellschaft.

– die erworbene Fähigkeit (Kunstfertigkeit), die zur fachgemäßen Ausübung einer Tätigkeit bzw. zur Erzielung bestimmter Leistungen (z. B. im Sport) erforderlich ist.

– die Gesamtheit der Befähigungen und Verfahren auf einem speziellen Gebiet

Syntaktische Figuren: Semantische Figuren:

transpositiv	privativ	repetitiv	konträr	komparativ	substitutiv
Diese beruhen auf der Abweichung von der normalen Wortstellung. Ein Beispiel aus einem Text für eine Gauloise-Zigarette: »Herrlich unkompliziert sind die Jungen – manchmal.« Der Normalsatz würde lauten »Die Jungen sind manchmal herrlich unkompliziert.« Um diese gewiß unbestreitbare Behauptung um ein wenig Glanz zu bereichern, wird der einschränkende Zusatz »Manchmal« hervorgehoben, und zwar allein durch eine Umstellung. Diese Figur heißt Anastrophe oder Reversion.	Sie beruhen auf dem Weglassen von Worten. Ein Beispiel aus demselben Werbetext: »Sind Sie der Gauloise Typ? (jung, unkompliziert, lebensfroh)« Weggelassen ist hier die aus dem Zusammenhang ergänzbare Wortfolge »Sind Sie…« Diese Figur heißt Ellipse.	Sie beruhen auf der Wiederholung von Worten. Ein Beispiel aus demselben Werbetext: »Das Wesentliche erkennen und lieben. Lieben überhaupt – lieben, lieben, lieben.« In einer Wortfolge von zehn Elementen wird das Wort »lieben« fünfmal, zum Teil in direkter Aufeinanderfolge, verwendet. Diese Figur heißt Reduplikation (gleiches Wort am Ende und am Anfang des nächsten Satzes).	Sie beruhen auf der Koppelung von gegensätzlichen Relata. Ein Beispiel aus einem Text für eine Filterzigarette: »An langen, heißen Tagen, wenn Ihnen alles zu viel wird, ist die Reyno eine erfrischende Abwechslung.« In dieser Antithese oder Kontraposition fungieren »lange, heiße Tage«, »zu viel werden« und »erfrischende Abwechslung« in Form einer gegensätzlichen Entsprechung.	Sie beruhen auf Ähnlichkeitsbeziehungen oder Vergleichsbeziehungen zwischen den Relata. Ein Beispiel aus einem Werbetext für Brinkmann-Zigaretten: »Unser neues Baby wiegt 1,187 Gramm.« Hier wird das Wort »Baby« metaphorisch verwendet. Es wird im übertragenen Sinn gebraucht. Dabei wird angenommen oder nahegelegt, daß zwischen beiden Anwendungsfeldern, nämlich der Familie als Erzeugerin von Babies und der Fabrik als Erzeugerin von Zigaretten, eine Ähnlichkeit, gleich welcher Art besteht.	Sie beruhen auf der Ersetzung eines Relatum durch ein anderes Relatum. Ein Beispiel aus dem Text für Gorbatschow Wodka: »Wir fragen uns: nach dem wievielten Glas werden Sie sich entscheiden haben?« Hier wird der Inhalt, nämlich Wodka, ersetzt durch die Nennung des Gefäßes, aus dem er getrunken wird. Diese Figur heißt Metonymie.

(Arbeitsweise). (Quelle: »Meyers Großes Handlexikon 1975«)

Bezogen auf das Kommunikationsdesign sind die zwei letztgenannten Begriffsfelder von tragender Bedeutung. Sie entsprechen der Fähigkeit des Kommunikationsdesigners, mittels Textaufbau, Sprachstil und Gestaltung die Gebrauchstüchtigkeit seiner Produkte zu optimieren.

Die Amerikaner bauen Werbetexte nach der a-i-d-a-Formel auf: attention (Blickfang) – interest (Interesse) – desire (Wunsch) – action (Handlung).

Heinz Hartwig (»Technik der Werbetextgestaltung«) schlägt als »Daumenregel« für den Textaufbau folgende Gliederung vor:
– Gesprochene Werbung (munterer Anruf, kurzweilige Vorrede, informative Mitteilung, höfliche Aufforderung)
– Geschriebene Werbung (richtige Anrede, lesenswerte Einleitung, praktischer Vorschlag, hinweisender Gruß)
– Gedruckte Werbung (gute Titelei, Nennen des Problems, Angebot der Problemlösung, Wegweiser zur Nutzung)
– Audiovisuelle Werbung (fesselnde Eröff-

nung, Ansprechen der Thematik, Angebot, befehlende Einladung)
Hans Wündrich-Meißen entwickelte sogar einmal eine 9stufige Kette, die er als Basis auch für seine eigene Arbeit ansah: Blickfang-Schlagzeile-Story-Moral-Angebotsüberleitung-Wunscherweckung-Wertrelativierung-Einwandwiderlegung-Tätigkeitsantrieb.

Nach meinem Verständnis setzt sich persuasive Kommunikation aus einem Sechsstufensystem zusammen:

| | Empfänger | | Sender | |
	Verhalten	Phasen	Konzeption	Gestaltung
Stufe 1	entdecken	Anstoß	verbale, visuelle auditive Mittel, Formen und Farben	Schlagzeile, Bildblickfang, 3. Dimension, Signal
Stufe 2	verstehen			
Stufe 3	begehren	Urteil	Darstellung des Nutzen in Relation zu den Kosten, Argumentation und Appell	Haupttext
Stufe 4	zugreifen			
Stufe 5	erwerben	Vollzug	Abbau von Vorurteilen, Verhaltensänderung, Verhaltensbestätigung	Kundendienst
Stufe 6	empfehlen			

Texte der Gebrauchs- und Alltagssprache brauchen nicht an schöngeistiger Literatur gemessen zu werden. Wer verständlich und wirksam schreiben kann, erfüllt zunächst einmal die Grundbedingungen der kommunikativen Sprache. Wenn sich der Texter außerdem noch glaubwürdig, geistreich und der Sache angemessen verhält, an einwandfreie Rechtschreibung und Interpunktion denkt bzw. denken kann, dann ist er seinem angestrebten Ziel, zu unterhalten, zu informieren, zu motivieren oder zu suggerieren, d. h. im Sinne eines Auftraggebers zu überzeugen und zu beeinflussen, schon ein entscheidendes Stück nähergekommen. Schreibt er unter Ausschöpfung aller Möglichkeiten der deutschen Sprache auch noch umwerfend originell und handelt er in voller Verantwortung seiner Tätigkeit als »Meinungsmultiplikator«, dann ist er ein wertvoller Texter.

Texter haben mit Grafikern außer der kreativen Arbeit auch Gemeinsamkeiten im Gestaltungsprozeß: der eine bringt seine visuellen Ansätze zuerst grob zu Papier, der andere skizziert seine verbalen Ideen in derselben Manier; die Rohentwurfsphase dient beiden zur Erarbeitung von Alternativ-Modellen, die vielleicht erst im fortgeschrittenen Entwurfsstadium wichtig werden. Was beim Grafiker die Reinzeichnung, ist beim Texter die Reinschrift. Letztere wird allerdings noch redigiert, d. h. das Manuskript muß ggf. noch überarbeitet und druckreif gemacht werden.

Heinz Hartwig faßt diese Problematik in seinem Buch »Werbetextgestaltung« auf originell-anschauliche Weise zusammen: »Das Vorgehen bei der Gestaltung eines Werbetextes läßt sich nicht schematisieren. Es kann jedoch nichts schaden, bestimmte, aus Erfahrung gewonnene Schritte zu kennen. Wenn ein Vergleich gestattet ist: Auch wer kein geborener Tänzer ist, lernt in der Tanzstunde gewisse Schritte und Figuren, lernt, Fehler zu vermeiden. Wodurch er immerhin in die Lage versetzt wird, seiner Partnerin nicht über Gebühr oft auf die Zehen zu treten. Auch ein Fachbuch macht aus einem Halbalphabeten keinen Werbetexter. Wer aber dazu Neigung und Begabung hat, kann anhand eines erprobten ›Ganges der Handlung‹, der kein Gängelband sein soll, vermutlich ein paar Tage oder Wochen, Monate oder

Jahre schneller zum Berufsziel kommen und ein paar Stunden eher zu seinem Text.«

Syntaktische Texte

Sprache, die vor allem durch ihren Satzbau herausragt, deren formale, aufbauende und zusammenfassende Eigenschaften – also Formqualität – überwiegen, kann besonders gut als Anschauungsbeispiel für verbale Technik dienen.

Aus der Vielzahl der Anwendungen habe ich folgende ausgewählt, wohl wissend, daß es sich in den wenigsten Fällen um rein syntaktische Textformen in o. g. Sinne handelt, jedoch hoffend, daß auch die eine oder andere Mischform das vermitteln kann, was gemeint ist:

a) *Der Lumpensammler unterwegs.*
Der läuft herum.
Der sammelt Fetzen.
Der fühlt sich wohl in Altem.
Der pflegt sich nicht.
Der kauft nichts Neues.
Der hat etwas dagegen.
Der hält's nicht für nötig.
Wie halten Sie das?

Was möchten Sie am liebsten?
– schick gekleidet sein
– erfolgreich sein
– etwas gelten
– beliebt sein
– eine schöne Wohnung haben

Laß dich nicht lumpen –
kauf' doch was Neues!

Der Lumpensammler hat 17 Servietten.
Und drei Tischdecken und 11 Sets.
Und zweiundzwanzig Röcke. Aber.
Und viele Blusen, Vorhänge, Teppiche.
Und eine Fahne. Aus Stoff.
Und einige Wolldecken.
Und 70 Hemden.
und 66½ Anzüge. Aber.

Und 7 BHs. Aber.
Und 573 Socken. Aber.
Und fünfundfünfzigmal Wäsche zum Wechseln. Aber.
Und wieviel haben Sie? Aber, aber!!

Was möchten Sie am liebsten?
– neue Vorhänge im Wohnzimmer
– mehr Bettwäsche in schönen Farben
– Schlafanzüge zum Wechseln
– einen modernen Anzug mehr
– zwei kleine Kleider und ein großes

Laß dich nicht lumpen –
kauf' doch was Neues!

Der Lumpensammler am Badestrand.
Er badet nicht und fühlt sich trotzdem wohl.
Er schwitzt und schwitzt in seinen alten Kleidern.
Er schläft nur unter einer Brücke.
Er zieht sich an, was and're in die Gosse werfen.
Er gönnt sich keinen Urlaub, keinen Bademantel und auch keinen Sonnenhut.
Und was halten Sie vom Urlaub?

Was möchten Sie am liebsten?
– einmal wirklich Urlaub machen
– auf ein schönes, neues Badekostüm stolz sein
– und noch eines zum Wechseln haben
– ein Urlaubskleid und einen neuen Sommeranzug
– eine neue Campingdecke, eine Badedecke und viele, viele Taschentücher

Laß dich nicht lumpen –
kauf' doch was Neues!

(Gemeinschaftswerbung »Textilien in Österreich«/Modell 1969 – Idea Werbegesellschaft, Wien, Text: Rudolf O. Herter)

b) *Lachen*
Da geht ein Mann zum Arzt.
Da sagt ein Ostfriese zum anderen.
Da haben zwei Irre Ausgang.

Da kommt ein Pferd in die Apotheke.
Da sagt die Maus zum Elefanten.
Bunte findet das lustig.

Schön
Liebe ist schön.
Freundschaft ist schön.
Hilfe ist schön.
Kinderlachen ist schön.
Blumen sind schön.
Dankbarkeit ist schön.
Bunte ist schön.
(Werbekampagne »Bunte Illustrierte«)

Wird im Text ein Wort mehrfach, schnell aufeinanderfolgend, immer wieder genannt – so wie bei den obigen Texten – spricht man von einer bewußt angewandten Wiederholung, mit dem Ziel, eine bestimmte (Sprach-)Melodie – ähnlich dem immer wiederkehrenden »Rondo« in der Musik – einzuprägen. Dieses, im allgemeinen als Stilfehler anzusehende, rhetorische Mittel ist typisch für die Technik in der verbalen Kommunikation. Wenn sich noch – wie beim letzten der obigen Beispiele – ein einschneidender Rhythmuswechsel dazugesellt, der die sprachliche Kette plötzlich unterbricht, haben wir den Präzedenzfall eines syntaktischen Texttyps.

Methodik

Unter dem Begriff Methodik verstehen wir
– im engeren Sinne »Unterrichtslehre«, Didaktik, in der Art des schrittweisen Vorgehens fixierte Arbeitsweise.
– im weiteren »Methodenlehre«, Lehre von Richtung, Weg und Ziel einer Aktion, basierend auf wissenschaftlichen Erkenntnissen. (Quelle: »Meyers Großes Handlexikon 1975«)
Bezogen auf den Kommunikationsdesigner entsprechen die beiden Begriffsfelder der Fähigkeit, mittels inhaltlicher Aussage,

Argumentation, Strukturierung, rhetorischer Mittel und Stimulanzien (z. B. Humor, direkte Rede o. ä.) Werbetexte effektiv zu gestalten.
Werbetexte sollten
– informieren durch die Bekanntgabe nachweisbarer Tatsachen. Indem einseitig über eigene Vorzüge und – mehr oder weniger offen – über die Nachteile der Konkurrenz gesprochen wird, bekommen diese Aussagen den persuasiven, also einflußnehmenden Charakter, der aber wiederum dem (unentschlossenen) Empfänger dieser Texte Kaufentscheidungen erleichtern kann.
– motivieren durch klare Pro-Argumente bestehender oder neuer Leistungen. Indem das Angebot attraktiv genug gezeigt wird, läßt sich die volkswirtschaftlich bedeutende Nachfrage positiv beeinflussen.
– repräsentieren durch die Darstellung von Rang und Ruf des jeweiligen Unternehmens. Indem sich der Sender dieser Texte auf Imagepflege beschränkt (Waren- oder Dienstleistungspräsentation, Slogan, Firmenzeichen), fordert er zwangsläufig die Konkurrenz wiederum zu gleicher Handlungsweise heraus: Sein gesetztes Signal wird durch andere Signale beantwortet.
– instruieren durch die Aushändigung erläuternder Gebrauchs- und Verbrauchshinweise. Diese haben weniger den Charakter der Information, Persuasion, Motivation oder Repräsentation, als vielmehr den Wesenszug von Service, Betreuung, Dienst am Kunden.
Texter haben mit Designern auch Gemeinsamkeiten in der Methodik ihres Vorgehens: Beide erstellen eine sogenannte Stoff- oder Datensammlung, nachdem sie sich eingehend mit dem Briefing (= Vorgabe des Kunden) beschäftigt haben. Die Stoffsammlung gliedert sich hierarchisch in Bereiche, Gebiete, Gruppen und Untergruppen. Diese Untergruppen können wie-

Schematische Darstellung einer hierarchisch geordneten Stoffsammlung

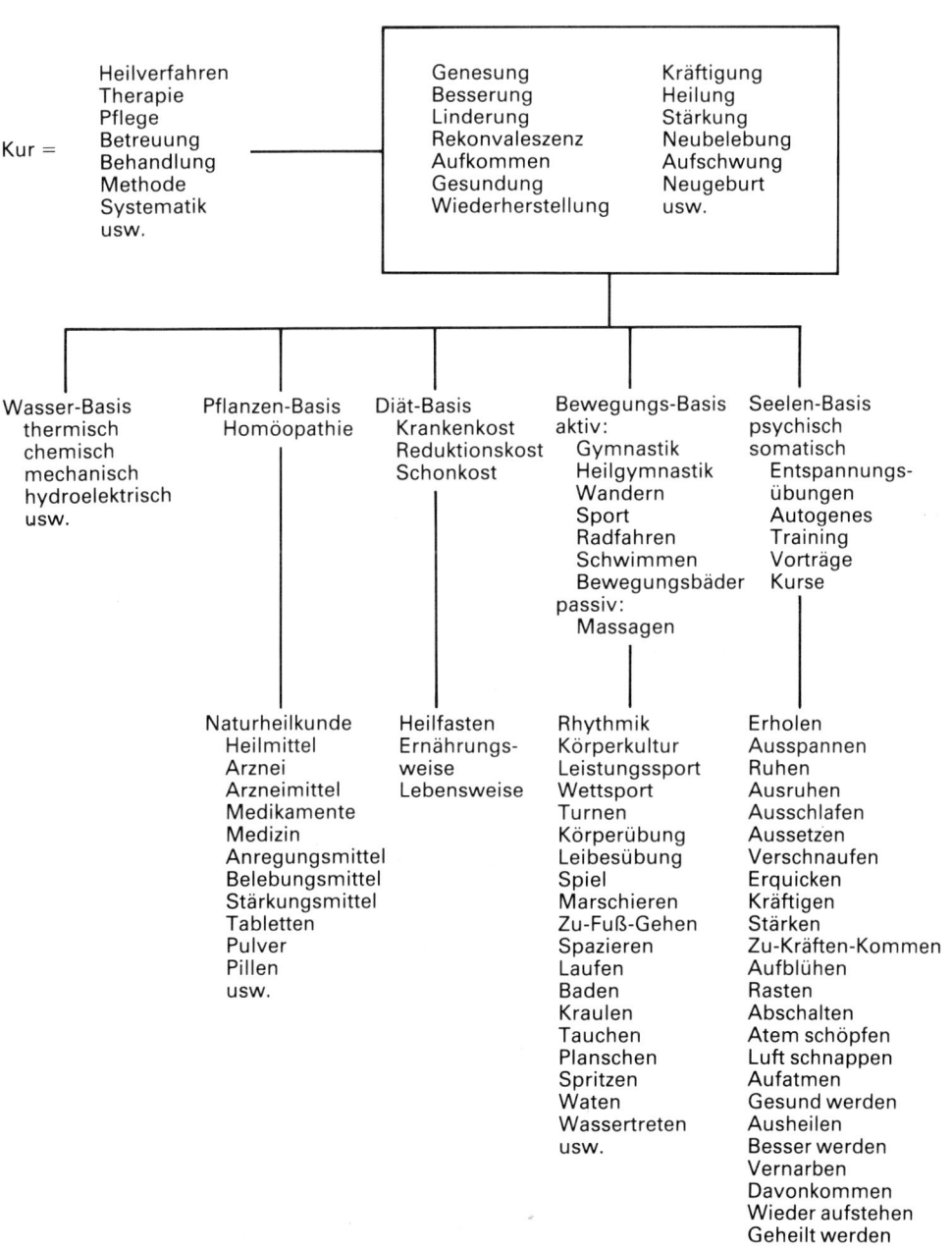

Kur =

Heilverfahren	Genesung	Kräftigung
Therapie	Besserung	Heilung
Pflege	Linderung	Stärkung
Betreuung	Rekonvaleszenz	Neubelebung
Behandlung	Aufkommen	Aufschwung
Methode	Gesundung	Neugeburt
Systematik	Wiederherstellung	usw.
usw.		

Wasser-Basis
thermisch
chemisch
mechanisch
hydroelektrisch
usw.

Pflanzen-Basis
Homöopathie

Diät-Basis
Krankenkost
Reduktionskost
Schonkost

Bewegungs-Basis
aktiv:
Gymnastik
Heilgymnastik
Wandern
Sport
Radfahren
Schwimmen
Bewegungsbäder
passiv:
Massagen

Seelen-Basis
psychisch
somatisch
Entspannungs-
übungen
Autogenes
Training
Vorträge
Kurse

Naturheilkunde
Heilmittel
Arznei
Arzneimittel
Medikamente
Medizin
Anregungsmittel
Belebungsmittel
Stärkungsmittel
Tabletten
Pulver
Pillen
usw.

Heilfasten
Ernährungs-
weise
Lebensweise

Rhythmik
Körperkultur
Leistungssport
Wettsport
Turnen
Körperübung
Leibesübung
Spiel
Marschieren
Zu-Fuß-Gehen
Spazieren
Laufen
Baden
Kraulen
Tauchen
Planschen
Spritzen
Waten
Wassertreten
usw.

Erholen
Ausspannen
Ruhen
Ausruhen
Ausschlafen
Aussetzen
Verschnaufen
Erquicken
Kräftigen
Stärken
Zu-Kräften-Kommen
Aufblühen
Rasten
Abschalten
Atem schöpfen
Luft schnappen
Aufatmen
Gesund werden
Ausheilen
Besser werden
Vernarben
Davonkommen
Wieder aufstehen
Geheilt werden
usw.

derum in verschiedene Kategorien eingeteilt werden, die sich thematisch bis in Begriffe und Teilbegriffe auflösen lassen. Das heißt: Zuerst wird versucht, das darzustellende Thema an irgendeiner Stelle in die Hierarchie einzugliedern, wobei man sich nach oben (Bereiche) oder nach unten (Begriffe) orientiert. Dies kann durch Fragenstellungen – was, wer, wie, wo? usw. – geschehen. Dadurch wird verhindert, daß einerseits planlos zusammengetragene Schlagwörter zuerst in eine Ordnung gebracht werden müssen, daß andererseits durch die mangelnde Kontrolle wichtige Begriffe unberücksichtigt bleiben. Wenn einmal das »Gerüst« steht, kann die Sammlung der Daten – je nach Lust und Laune – bis ins Unendliche fortgesetzt werden.

Die anschließende Auswahl aus analysierten Daten der für die Ideenfindung (Synthese) geeigneten konkreten oder abstrakten Begriffe erfolgt nach bestimmten Kriterien. Sie heißen: Repräsentation, Charakteristik, thematische Relevanz, Originalität. Die formqualitative Darbietung hängt von der Möglichkeit der verbalen oder visuellverbalen Umsetzung eines oder mehrerer Begriffe ab.

Als Beispiel hierfür mag der thematische Komplex für die werbliche Öffentlichkeitsarbeit einer Kurverwaltung gelten:

Bad Wörishofen mit seinen Kneipp'schen Heilmethoden
– Hydro-Therapie (Wasser)
– Phyto-Therapie (Pflanzen)
– Diät-Therapie
– Bewegungs-Therapie
– Ordnungs-Therapie
(Vgl. dazu das Schema auf S. 137.)

»Die Wahl der Wörter, ihre Aneinanderreihung und der Bau der Sätze hat im Werbetext gewiß nicht den gleichen Rang wie in der Literatur. Texter sind keine Dichter. Dennoch sollte jedem als erreichbares Ziel vor Augen stehen, es anders und besser, sprich wirksamer zu sagen als Vorgänger

und Nebenmänner. Nicht Originalität um jeden Preis – aber schöpferische Eigenart werden erwartet. Nicht das Ausgefallene, sondern das Eingefallene wird honoriert. Rohmaterial ist genügend vorhanden, der Grundumfang unseres Sprachschatzes – ohne Fachausdrücke und Markennamen – wird auf 350 000 Wörter geschätzt. Wer da nicht zwanzig bis dreißig wenig oder nicht benutzte herausfindet, hat selber schuld. Wörterbücher gibt es genug...« (Heinz Hartwig)

Dem habe ich nichts mehr hinzuzufügen.

Semantische Texte

Sprache, die hauptsächlich durch ihre überwiegend bedeutungsgebenden und sinngebundenen Bezüge auffällt, d. h. durch ihre semantische Gewichtung, eignet sich besonders gut als Anschauungsbeispiel für verbale Methodik.

Aus der Menge der Anwendungen habe ich folgende ausgewählt – wieder mit der Einschränkung, daß es sich hierbei ebenfalls um Mischtypen handeln kann:

a) *Europas glänzenster Erfolg.*
Der Golf ist ein Glanzstück der Automobilgeschichte. Das ist keinesfalls übertrieben. – Denn glänzend sind nicht nur seine nach fester Volkswagenqualitätsnorm getesteten Lackierungen, die auch stärkeren Beanspruchungen gewachsen sind. – Glänzend ist nicht nur seine Form, seine funktionsgerechte Schönheit, die in über 120 Ländern der Welt Anklang gefunden hat. – Glänzend sind nicht nur sein Ausstattungsreichtum und sein Komfort. – Glänzend sind nicht nur seine Motoren, die vom Diesel bis zum Einspritzer alles bieten, was ein Autofahrerherz begehrt. – Glänzend sind nicht nur seine Verbrauchswerte, zum Beispiel die vom neuen 1,3-Liter-Golf: 6,7 Liter pro 100 Kilometer bei konstanter Geschwindigkeit von 90 km/h, 9,4 Liter bei konstanter Geschwindigkeit von 120 km/h und im Stadtzyklus 10,1 Liter

63 Klima in der Werbung: Bild und Text vermitteln eine bestimmte vorausberechnete Assoziationskette

Tullamore Dew. Aus Irland, wo der Whiskey erfunden wurde.

BOLS-IMPORT, NEUSS/RHEIN

Vor 800 Jahren haben die Iren den Whiskey erfunden. Sie waren die ersten, denen in den Sinn kam, aus Gerste nicht nur Brot zu backen, sondern auch Whiskey zu brennen. Denn dazu bietet Irland alle natürlichen Voraussetzungen: Beste Moorgerste, weiches Wasser aus roten Granitquellen, irische Eichen für die Fässer und würzige Seeluft zum Reifen. Mit Tullamore Dew können Sie diesen Reichtum genießen. Pur. On the rocks oder mit Soda. Oder als Irish Coffee. Tullamore Dew ist ein Irish Whiskey, so rein und gut, wie Sie auf der Welt kaum einen zweiten finden.

Viele essen zu wenig, um abzunehmen.

Zuwenig Eiweiß.
Pro Tag braucht der Mensch etwa 1 g Eiweiß je kg Körpergewicht, also durchschnittlich 70 g täglich.
Und zwar biologisch hochwertiges Eiweiß.
Dieses Eiweiß ist deshalb so wichtig, weil es die essentiellen Aminosäuren enthält, die für das Bestehen und die Erneuerung der Zellen und Organe unentbehrlich sind.
Bei vielen Schlankheitskuren jedoch, wie auch bei der „Iß-die-Hälfte-Methode", wird der Körper mit Eiweiß unterversorgt – weil mit der Reduzierung der Kalorien automatisch auch die Eiweiß-Zufuhr gesenkt wird.
Auf Kalorien kann der Körper verzichten. Bekommt er jedoch zuwenig Eiweiß, schlägt er Alarm: Mit Hunger, Nervosität und Leistungsabfall.
Ein deutliches Signal, die Kur schleunigst abzubrechen und wieder normal zu essen, bevor das Gesundheitsrisiko zu groß wird.
Mit bioNorm hat die Merck-Forschung ein Eiweiß-Konzentrat entwickelt, mit dem Sie abnehmen können, ohne Ihrer

Gesundheit zu schaden. Der Körper bekommt dabei täglich die durchschnittlich erforderlichen 70 g an biologisch hochwertigem Eiweiß, ohne daß er dazu über 1000 Kalorien zu sich nehmen muß.
Erfolg: Schon nach 6 Tagen können Sie bis zu 7 Pfund abnehmen, nach 12 Tagen sogar bis zu 10 Pfund. Ohne daß Mangelerscheinungen auftreten.
Sie fühlen sich aktiv und gesund. Und vor allem: Satt.
Denn das spezielle Herstellungsverfahren des Granulats und die Einnahme ohne zu kauen sorgen dafür, daß es nur langsam im Magen abgebaut wird. Dadurch entsteht ein höheres Sättigungsgefühl.
Es ist sogar möglich, sich über längere Zeit ausschließlich von bioNorm zu ernähren. Doch diese „strenge" Kur sollten Sie nur unter Aufsicht Ihres Arztes durchführen.
Er weiß am besten, was Sie sich zumuten können.
Beim Abnehmen kommt es also nicht allein darauf an, wenig zu essen.
Sondern das Richtige.

bioNorm
EIWEISS-KONZENTRAT
GEGEN ÜBERGEWICHT/FETTSUCHT

bioNorm gibt es für ohne 3 Tage-, 6 Tage- und 12 Tage-Diäten: Nur in Apotheken. Auch in Österreich und der Schweiz **MERCK**

64 Rhetorik in der Werbung: Paradoxe Aussagen erhöhen den Aufmerksamkeitswert

Europas glänzendster Erfolg.

Der Golf ist ein Glanzstück der Automobilgeschichte. Das ist keineswegs übertrieben.

Denn glänzend sind nicht nur seine nach
leder Volkswagenausfahrtnorm getesteten Lackierungen, die auch stärkeren Beanspruchungen gewachsen sind.

Glänzend ist nicht nur seine Form, seine
funktionsgerechte Schönheit, die in über
120 Ländern der Welt Anklang gefunden
hat.

Glänzend sind nicht nur sein Ausstattungsreichtum und sein Komfort.

Glänzend sind nicht nur seine Motoren,
die von Diesel bis zum Einspritzer alles

bieten, was ein Autofahrerherz begehrt.
Glänzend sind nicht nur seine Verbrauchswerte, zum Beispiel die vom neuen
1,3-Liter-Golf. 6,7 Liter pro 100 Kilometer
bei konstanter Geschwindigkeit von
90 km/h, 9,4 Liter bei konstanter Geschwindigkeit von 120 km/h und im Stadtzyklus
10,1 Liter pro 100 km.

Glänzend sind nicht nur die Wirtschaftlichkeit, Robustheit und Ausdauer eines
echten Volkswagens.

Glänzend finden wir auch, daß er aus
all diesen Gründen nur 31 Monate bis zur
ersten und nur weitere 19 bis zur zweiten
Million brauchte und im September 79 die

dritte erreicht haben dürfte. Womit er
Europa eine neue Glanzzeit bescherte.
Alles Weitere erfahren Sie bei Ihrem
V.A.G Partner für Volkswagen und Audi.
Er berät Sie auch über die V.A.G Finan-
zierung durch die V.A.G Kredit Bank, über
den V.A.G Versicherungs-Service und das
V.A.G Leasing.

Übrigens: Auch der Golf hat eine 6-
Jahres-Karosserie-Garantie gegen Durchrostung.

(VW) **Der Golf.**

65 Semantischer Text in einem Auto-Inserat

pro 100 km. – Glänzend sind nicht nur die Wirtschaftlichkeit, Robustheit und Ausdauer eines echten Volkswagens. – Glänzend finden wir auch, daß er aus all diesen Gründen nur 31 Monate bis zur ersten und nur weitere 19 bis zur zweiten Million brauchte und im September 79 die dritte erreicht haben dürfte. Womit er Europa eine neue Glanzzeit bescherte. – Alles weitere erfahren Sie bei ihrem V.A.G.Partner für Volkswagen und Audi. Er berät sie auch über die V.A.G.Finanzierung durch die V.A.G.Kredit Bank, über den V.A.G.Versicherungs-Service und das V.A.G.Leasing. – Übrigens: Auch der Golf hat eine 6-Jahres-Karosserie-Garantie gegen Durchrostung. Der Golf. (Vgl. Abb. 65) (Eine Konzeption der Werbeagentur Doyle Dane Bernbach, Düsseldorf)
b) Rauchen ist der Genuß, der immer zur Hand ist. BAT
c) Keine schmeckt besser. Dafür geh' ich meilenweit. Camel

d) Gut gelaunt genießen. HB ist mild und schmeckt.
e) Lernen sie jemanden kennen, der John Player Special raucht – vielleicht fliegt er auf Sie.
f) Kent de Luxe lädt Sie ein in die Welt der exclusiven Mode!
g) Marlboro. Der Geschmack von Freiheit und Abenteuer. Hol Dir den vollen Geschmack der Marlboro.
h) Alles Leichte und Gute zum Neuen Jahr! Reemtsma No. 1.
Enthält ein Text zwei- bis mehrdeutige Passagen – so wie bei Beispiel a) – spricht man von einem Wortspiel, mit dem Ziel, einen oder mehrere Treffer – ähnlich der Pointe(n) im Witz – zu landen, indem der Leser von einer Bedeutung auf eine andere (Idiom) geistig umschalten muß. Beispiele dafür, wie mittels semantischer Texttypen der potentielle Käufer (Empfänger) manipuliert werden kann (nicht Zigaretten sondern Genuß, Geschmack oder Gute Laune können gekauft werden), sind die Sprüche b) bis h).

Systematik

Unter dem Begriff Systematik verstehen wir
– zum einen jenes Teilgebiet der Naturkunde, das alle Lebewesen in ein hierarchisches System einordnet (Katalogisierung verschiedener Tier- und Pflanzenarten)
– zum anderen die zielgerichtete Darstellung von Sinngehalten und Sachverhalten, die zu einem einheitlichen Ganzen geordnet und gegliedert werden sollen. (Quelle: »Meyers Großes Handlexikon 1975«)
Bezogen auf den Kommunikationsdesigner ist das letztere der Begriffsfelder von Bedeutung. Es entspricht der Fähigkeit, Problemstellungen zu erkennen, die anzusprechenden Zielgruppen richtig ein-

zuschätzen und das produktadäquate Klima sicher zu treffen, um die Verständlichkeit und Wirksamkeit einer Botschaft optimal zu erreichen.

Texter haben mit Kommunikationsdesignern sogar Gemeinsamkeiten in der Systematik ihrer Handlungsweise. Beide arbeiten nach Plan. Ein Fragenkatalog in Form einer Checkliste, zur Beantwortung durch die jeweilige Abteilung – beispielsweise einer Maschinenfabrik – in Umlauf gebracht, kann wertvolle Details (Input) liefern, die dann zu Lösungsansätzen (Output) verarbeitet werden müssen.

Heinz Hartwig sagt, der Texter »ist – dem Handwerker vergleichbar – ein Mundwerker, kein Künstler.«

Ich würde ihn sogar als Kopfwerker bezeichnen, dessen Zunft den gleichen »goldenen Boden« hat wie das Handwerk: Solide Textarbeit gründet sich auf das systematische Sammeln von Details, systematisches Prüfen auf Verwendbarkeit, systematisches Aufbauen auf Lösungsansätzen, orientiert an Zielgruppe und Wirkungserwartung.

Pragmatische Texte

Sprache, die in erster Linie durch faktische und spezifische Charakteristika wie Atmosphäre, Klima, Flair besticht, kann als besonders gutes Anschauungsbeispiel für verbale Systematik gelten.

Aus der Fülle der Anwendungen habe ich folgende Anzeigen aus dem Heiratsmarkt der »Augsburger Allgemeinen« vom 10. 5. 1980 ausgewählt:

a) Verlassen – mit e. Baby unt. Herzen – u. es gibt keinen einf. Mann, der diese hilflose Elke 19/1,65 b. sich aufnehm. möchte. Aussichtslos ist all mein Hoffen u. wenn in diesem Monat m. Baby kommt – dann weiß ich nicht mehr ein noch aus. Ein dankbar., treues liebend. Herz wart. auf seinen Retter. Verlobung – die größte Freude mein. Lebens. Inst. Stehr GmbH...

b) Britta, 27/162, schlank, blond, sehr hübsch, hat nach ihrer Scheidung mit ihrem kleinen Töchterchen sehr zurückgezogen gelebt. Nun weiß sie, daß sie nur mit einem liebevollen Partner wieder glücklich werden kann, den sie auf diesem Wege kennenlernen möchte. Mein kleines Häuschen hat auch Platz für Dich, Du brauchst nur anzurufen. Institut VIP...

Hier ist, so meine ich, die Kenntnis der Problemsituation und der anzusprechenden Zielgruppe sowie die Treffsicherheit des Klimas auf nahezu ideale Weise miteinander verbunden: Das Ergebnis einer Textarbeit von Profis, deren Systematik wohl von keinem »Eigeninserenten« erreicht werden dürfte.

Verbales Design

Gestaltung von Mitteilungsinhalten setzt sprachschöpferische und sprachpflegerische Arbeit voraus, welche eine gründliche Beschäftigung mit dem Vokabular, der Schlagzeile und dem Slogan, sowie dem Wortspiel und der Alliteration (= Stabreim) erfordert.

Die immensen Spielräume, die der Texter auf dem Gebiet der deutschen Sprache nutzen kann, sollte sich der Leser dieses Buches einmal an zwei Beispielen vergegenwärtigen:

a) Sinnverwandte Ausdrücke

U. a. kann der Begriff »schreiben« ersetzt werden durch: niederschreiben, notieren, aufschreiben, hinschreiben, protokollieren, registrieren, aufnehmen, ausstellen, aufzeichnen, berichten, bezeichnen, verzeichnen, beurkunden, festhalten, eintragen, korrespondieren, mitteilen, abschreiben, nachschreiben, kritzeln, unterschreiben, gegenschreiben, gegenzeichnen, aufsetzen, verfassen, ausarbeiten, hinhauen, herunterhauen, beantworten, benachrichtigen, reimen, dichten, erzählen. Umgangssprache: pinnen, krakeln, schmieren, sudeln, klauen, tippen, sich einen Stiefel zusammenschreiben. (Quelle: Karl Peltzer »Das treffende Wort«)

b) Sprachstilistische Ausdrücke

U. a. kann der Begriff »schreiben« erweitert werden durch: schön, schlecht, ordentlich, wie gestochen, (un)leserlich, (un)deutlich, orthographisch richtig, groß, klein, schnell, unbeholfen, unsauber schreiben; die Kinder lernen schreiben, er kann weder lesen noch schreiben; mit dem Bleistift, mit dem Kugelschreiber, mit Tinte schreiben; er hat (den Brief) mit der Hand geschrieben; sie schreibt perfekt auf der, mit der Maschine; (etwas) auf ein Blatt Papier schreiben; Buchstaben, Wörter, Sätze, Zahlen, Noten schreiben; sie schreibt 280 Silben in der/pro Minute; er kann nicht einmal seinen Namen schreiben. – Der Bleistift schreibt weich, hart, gut; diese Tinte schreibt viel zu blaß. – Es schreibt sich gut mit dieser Feder, auf diesem Papier. Einen Brief, eine Karte, einen Wunschzettel, ein Rezept, ein Gesuch, eine Beschwerde schreiben; er schreibt Romane, Gedichte; das Buch ist in einer verständlichen Sprache, in einem guten Stil geschrieben; er hat ein Buch, einen Bericht über Afrika geschrieben. – An einem Roman, an seinen Memoiren schreiben; er schreibt schon lange an seiner Examensarbeit. – Er schreibt gut, schlecht, lebendig, anschaulich, interessant, überzeugend, langweilig, flüssig; er schreibt seine Korrespondenz englisch; er schreibt seine Briefe in gutem Deutsch. – Einen guten, persönlichen Stil, eine geschliffene Prosa; er schreibt gutes, schlechtes Deutsch. – Er hat die Wahrheit, Unwahrheit, lauter Märchen, Lügen, Unsinn geschrieben. – Mein Freund schreibt; er schrieb aus innerem Zwang; er schreibt für die Zeitung, für den Rundfunk, in einem Magazin; er schreibt über die Luftverschmutzung, über die Ameisen; er hat gegen den Krieg in Asien geschrieben; er hat großes Talent zum Schreiben. – Die Verwandten haben (aus dem Urlaub einen Brief, eine Ansichtskarte) geschrieben; er hat postlagernd, anonym, lange nicht, unter einer Deckadresse geschrieben; er hat nichts von dem Vorfall, über den Vorfall geschrieben; er hat mir (einen Brief) geschrieben; er hat an das Finanzamt (einen Beschwerdebrief) geschrieben; du hast lange nicht an deine Eltern geschrieben; die Freunde schreiben sich einander von Zeit zu Zeit; er hat mir nur wenig von dir, von der Sache geschrieben; er schrieb mir über dich, über deine Pläne; er schrieb seinen Eltern um Geld. – Ich schreibe mich mit ihm seit vielen Jahren. – Der Arzt hat ihn gesund, krank, arbeits(un)fähig geschrieben. – Er, sein Name, das Wort Thron schreibt sich mit »th«. – Er schreibt sich Müller; weißt du, wie er sich schreibt? – Wir schreiben, man schreibt das Jahr 1980; den wievielten schreiben wir heute? – Einen Betrag auf das Konto, auf die Rechnung schreiben. – *Sich die Finger wund schreiben. Etwas ins reine schreiben. Etwas in den Wind, in den Schornstein, in den Mond schreiben. Etwas auf seine Fahne schreiben. Etwas ist/ steht in den Sternen geschrieben. Sich etwas hinter die Ohren schreiben. Etwas steht jemanden an der/auf der Stirn/im Gesicht geschrieben. Jemanden etwas auf den Leib schreiben. Etwas ist jemanden (wie) auf den Leib geschrieben. Sage und schreibe.* (Quelle: »Duden« Stilwörterbuch)

Die beiden o. g. Nachschlagewerke sollten zu den Arbeitsutensilien des Texters gehören wie Reißbrett und Rechenscheibe zum Grafik-Designer. Durch die permanente Beschäftigung mit dem geschriebenen Wort lernt der Kommunikationsdesigner auch den Umgang mit dem gesprochenen Vokabular: Er kann sich verständlicher und wirksamer artikulieren – auch in der Rede und Gegenrede, kurz: in seiner mündlichen Argumentation.

Die Schlagzeile

Stottern beseitigt Melzers Pente-Apparat wie die Sonne den Schnee. Diese Schlagzeile in Form verschneiter Buchstaben, die von der Sonne im Bild »freigetaut« werden, kündigte um die Jahrhundertwende die Stotterbeseitigungshilfe der »Gräfelfinger Sprachheilanstalt in Pasing bei München« an.

Die Schlagzeile oder Headline (aus dem angelsächsischen, bedeutet »Kopfzeile«) war ursprünglich die Überschrift zu einem Aufsatz, einem Kapitel oder einer Zeitungsmeldung. In der Öffentlichkeitsarbeit ist sie heute der Aufmacher über dem Text und gleichzeitig dessen kurze Inhaltsangabe. Sie kann informativ oder persuasiv, rational oder emotional, ernst oder humorvoll gehalten sein: aussagend, ausrufend, appellierend oder fragend.

Die Techniken und Methoden in der werbenden Headline haben sich seit o. g. Beispiel beträchtlich verfeinert. Ich möchte dies an der folgenden Auswahl transparent machen:

– »Stecken Sie Ihre erste Filterella (›Zigarillo mit Filtermundstück‹) mit Ihrer letzten Zigarette an.« Dieser überzeugende Werbeappell in einem amerikanischen Inserat läßt die Zigarillo-Hersteller aus der Anti-Zigarettenraucher-Stimmung im wahrsten Sinne des Wortes Kapital schlagen.

– »Schenken sie Ihren Freunden einen hinreißenden Abend mit SC. SC schenkt Ihnen einen hinreißenden Morgen.« In geistreich-verspieltem Sprachstil impliziert dieses Tageszeitungsinserat für Sekt, daß er aus naturreinem Wein, ohne den üblichen Zusatz von Zucker hergestellt und bis zur Spitzenreife gelagert ist und dadurch keinen schweren Kopf macht.

– »Wenn kein Löwenbräu mehr da ist, bestellen Sie Champagner.« Ohne einen Superlativ zu gebrauchen, wird in diesem amerikanischen Inserat, kombiniert mit der Abbildung eines Bier- und eines Champagnerglases, die außergewöhnliche Güte eines deutschen Markenbieres hervorgehoben.

– »Wieviel Kalorien hat ein Fernsehkrimi?« Viel Tiefgang hat diese Schlagzeile, die Josef Grosselfinger anläßlich seiner Graduierungsarbeit an der Fachhochschule Augsburg für eine Kampagne zum Thema »Sinnvolle Ernährung« textete: Wieviele Knabbereien, Süßigkeiten u. ä. werden wohl während einer spannenden Sendung vor dem Monitor als

heimliche Mahlzeit gedankenlos ver-
nascht?
– »Das beste Automobil der Welt gab es
schon. Deshalb haben wir uns mehr vorgenommen.« Eigentlich eine unver-
schämte Argumentation, mit der BMW
im Mai 1977 die Premiere der neuen 7er-
Reihe bekanntgab: Hier wird eine Behauptung seitens der Konkurrenz als
veraltet dargestellt, obgleich deren »be-
stes Automobil« noch nicht beweisbar
schlechter geworden ist. Trotzdem halte
ich diese Schlagzeile für eine der besten,
weil sie sich trotz Alleinstellungsan-
spruch weder am Rande der Legalität
befindet, noch dem Superlativ (der Presse) einen weiteren folgen läßt. Deshalb
ist sie »unverschämt« gut.
Aber auch in der Presse finden sich
Schlagzeilen, die man unter dem Begriff
»Verbales Design« einordnen kann, und
zwar unabhängig vom politischen, soziokulturellen, ethischen oder ästhetischen
Wert ihres Inhalts.
– »Hund liebte Frauchen, Frauchen liebte
Hund, keiner liebte Herrchen – Scheidung.« »Bild« zeigt hier, auf den einfachsten Nenner gebracht, ein Koexistenz-
problem in der Ehe auf.
– »Schmidt ist der Keegan der SPD.«
»Bild« vergleicht den Bundeskanzler mit
dem Fußballstar des Hamburger SV.
– »Hubschmid (61) streichelt die junge
Trooger (22).« »Bild« stellt mit dieser
Formulierung einen Zusammenhang her
zwischen Film-Prominenz und deren
moralisch-sittlichem Verhalten.
– »Ein Mann fährt 50: ›Fehlt Ihnen was?‹
fragte die Polizei.« »Bild« mit einem typischen Aufmacher, der zum Weiterlesen
lockt.
– »Aber so was: Ein Nicker von Abel – da
staunte Stabel.« »Bild am Sonntag« in
einer Schlagzeile über ein Spiel der Fuß-
ball-Bundesliga: Der Kopfball eines Torjägers und die Betroffenheit eines Tor-
warts – »verpackt« in einen Satz, der so-

gar einen End- und einen Stabreim in
sich vereinigt.
– »Kein Pfiff. Kein Dampf, fast Krampf.«
»Bild am Sonntag« im Sportteil mit »kurzer Inhaltsangabe« über ein Fußball-
match.
– »Sechs-Bomber Hitzfeld.« »Bild am
Sonntag« in einer Überschrift zu einem
Fußballspiel: In Anlehnung zum Reiz-
wort »Sexbombe« wurden so die sechs
Tore eines Mittelstürmers zum stimulie-
renden Aufmacher.
Die Schlagzeile verbindet also Leseanreiz
mit Kurzinformation, indem sie verbalen
Blickfang offeriert. Je selbständiger und
unabhängiger sie in Relation zum Untertext gestaltet ist, desto größer ist ihre Wirkung, um nicht zu sagen: Auswirkung.
Hierfür empfehle ich folgende »Faustregel«: Handelt es sich z. B. um eine Werbeaussage mit einer »lauten« visuellen Komponente, ist für die Schlagzeile Zurückhal-
tung geboten, während ein »defensives«
Bild einer aggressiven Headline bedarf –
Gegensätze erzeugen hier Spannung, d. h.
den erforderlichen Aufmerksamkeits- und
Prägnanzwert.

Aussage

Folgende Headlines in der verkaufsför-
dernden Öffentlichkeitsarbeit würde ich
als sehr aussagekräftig bezeichnen:
– »Über 40 namhafte Automobil-Hersteller
lassen in Schweinfurt entwickeln. Bei
Fichtel & Sachs.«
– »Wir nehmen viele saftige Grapefruits,
aber kein Gramm Zucker.« (Granini-
Fruchtsaftgetränke; vgl. Abb. 66)
– »Von uns bekommen Sie 38,2% mehr
Kraft als bisher. Ohne Aufpreis.«
(Daimon-Hochleistungsbatterien)
– »Daß Amselfelder ohne Stiele und Sten-
gel gekeltert wird, ist ein Genuß.« (Am-
selfelder Rotwein)
Fazit: Headlines, welche dem Leser inter-
essante Details nennen – die bewiesen

werden können – sind meist aussagekräftig gehalten.

Ausruf

Folgende verbale Aufhänger in der Werbung würde ich als impulsiv bezeichnen:
- »Fakt besiegt den Grauschleier!« (Henkel-Waschmittel)
- »Leute, haltet eure Hosen fest, der neue Opel Kadett GT/E ist in 9,8 Sek. auf 100!« (Opel-Automobile)
- »Fröhlichere Weihnachten« (MM-Sekt)
- »Pomadenheini ist tot. Dry Look ist da.« (Gilette-Frisiermittel)
- »Guten Rutsch.« (Alka-Seltzer-Tabletten)
- »Ich trinke Jägermeister, weil ich ab heute nach § 239 Abs. 12 des Beamtenschutzgesetztes einen sich über zwei Quartale erstreckenden Vergnügungszuschuß erhalte.« (Jägermeister-Magenbitter)
- »Auf geht's.« (VW-Porsche mit abnehmbarem Dach)
- »Als am 3. November 1975 das erste BP-Öl aus der Nordsee zu sprudeln begann, da sagte unsere Küchenhilfe Ingeborg ganz stolz: ›Wir haben es gepackt!‹«
- »Ich finde diese jungen Dinger ohne BH's schamlos, alles drückt sich durch... und anmalen tun sie sich, daß es eine Schande ist... und dann trinken sie sogar dieses Zeug, Canadian Club oder wie das heißt...« (Canadian Club Whisky)

Fazit: Verbale Aufmacher, welche den Leser mit affektiven Äußerungen konfrontieren, die ihm »unter die Haut« gehen können, sind oft impulsiv formuliert.

Appell

Folgende Schlagzeilen in der persuasiven Kommunikation möchte ich als appellativ bezeichnen:
- »Machen Sie jetzt aus Ihrem Fernseher das *Nordmende* Video-Heimstudio von morgen!«

WIR NEHMEN VIELE SAFTIGE GRAPEFRUITS,
ABER KEIN GRAMM ZUCKER.
FruchtGenuss ist das neue Fruchtsaftgetränk von Granini ...

... und das Neue daran ist, daß wir es ohne Zucker gesüßt haben. Und weil wir mindestens 55% Saft von süßen Grapefruits hineingetan haben, schmeckt FruchtGenuss, wenn Grapefruit draufsteht, auch nach Grapefruit und nicht nach Zucker. Und wenn Sie lieber Apfel, Aprikose, Orange, Birne und Sauerkirsche mögen, ist es genauso. Und weil wir keinen Zucker hineintun, hat FruchtGenuss nicht nur weniger Kalorien, sondern ist sogar für Diabetiker geeignet.

66 Aussagekräftige Schlagzeile in einem Inserat für ein Fruchtsaftgetränk

- »Entdecken Sie für sich selbst den ganz persönlichen Luxus von Dunhill!«
- »Mensch Papa, schmeiß' den Anzug weg, Du bist auch ohne ganz schön anziehend.« (Modell-Kampagne »Gemeinschaftswerbung Herrenmode«; vgl. Abb. 67)
- »Ohren auf beim Autokauf!« (Alfa Romeo-Automobile)
- »Reißt den Kölner Dom ab!« (Die Kraft der Anzeige. Eine Initiative Deutscher Zeitschriftenverlage)
- »Macht das deutsche Tor quadratisch! Und gebt unserer Mannschaft Ritter Sport!« (Anzeige für RitterSport-Schokolade kurz vor der Fußballweltmeisterschaft 1974 in Deutschland)

Fazit: Schlagzeilen, welche den Leser mit unverhüllten Produktempfehlungen – die er überprüfen soll – zu beeinflussen versuchen, sind meist appellativ aufgemacht.

Frage

Folgende Text-Aufhänger in Werbekampagnen möchte ich als rhetorische Fragen bezeichnen, auf die nicht der Angesprochene, sondern das Produkt bzw. die Dienstleistung eine Antwort geben soll:

- »Kennen Sie den Unterschied?« (Tschibo-Kaffee)
- »Warum nimmt eine Frau immer wieder Merz-Spezial-Dragées?«
- »Stimmt es, daß das Backen und Braten mit einem Miele-Heißluftherd weniger Arbeit macht als mit einem herkömmlichen Herd?«
- »Warum essen Kinder unseren Apfel-Milchbrei ganz auf?« (Aurora-Kindernahrung)
- »Schenken Sie dieses Jahr auch wieder Rasierwasser?« (Alpina-Autotuning)
- »Hand aufs Herz – wieviel versteckte Fette essen Sie täglich?« (Margarine-Institut)
- »Wann haben Sie Ihrem Mann das letzte Mal Blumen geschenkt?« (Dimple-Whisky)
- »Soll Schottland überdacht werden?« (Old Smuggler-Whisky)
- »Warum arbeitet Lufthansa ausgerechnet mit Avis zusammen?« (Avis-Autovermietung)
- »Nur 5 von 100 Porschekäufern sind Rennfahrer. Was machen die anderen 95 mit Ihrem Porsche?

Fazit: Werbekampagnen, welche dem Konsumenten mit solchen Schlagzeilen Lesestimulanz anbieten, die – wie Tests immer wieder bestätigen – auch angenommen wird, erscheinen überwiegend in Frageform.

Der Slogan

So nötig wie die Braut zur Trauung, ist Bullrich-Salz für die Verdauung. Dieser Slogan – durch die gewollt witzige Wortkombination etwas unglücklich in der Argumentation – kündigte um die Jahrhundertwende die Hilfe dieses Heilmittels gegen »Sodbrennen, Völlegefühl und Magendruck« an.

Der Slogan (aus dem Angelsächsischen, bedeutet Werbeschlagwort) ist »ein Stenogramm der Argumentation«, schreibt Heinz Hartwig. Gleichzeitig hat er mit dem Schlager vieles gemeinsam: Er muß so leicht von der Zunge gehen und so schnell einzuprägen sein, daß man ihn entweder spontan oder wenigstens auf Abruf »intonieren« kann (vgl. Abb. 68). Einmal ist er Schlagwort: Er faßt – im Gegensatz zur Schlagzeile, die über den Untertext informiert – die Generalaussage eines Unternehmens zusammen, d. h. er informiert über dessen Produkte oder Dienstleistungen und läuft dabei wie ein »roter Faden« durch die gesamte Werbebotschaft, in dem ihm als verbalen Träger dieselbe Funktion zukommt wie dem Signet als visuellen Träger. Ein anderes Mal ist er Sprichwort: Er ist so prägnant formuliert (Faustregel: Möglichst nicht mehr als fünf Worte), daß er oft in die Umgangssprache (Idiom) übernommen und so zur Redensart wird (»Öfter mal was Neues.« »Immer mit der Ruhe und 'ner guten Zigarre.« »Nimm's leicht, ...« »Mach mal Pause, ...« »Alle reden vom Wetter...« »Wer wird denn gleich in die Luft gehen...«).

Ich möchte hierzu Walter Gerlach (»Über Slogans«) zitieren: »Der leicht eingehende Slogan (kann) zu einer gefährlichen Konsequenz führen. Der aufmerksame Beobachter und Lauscher wird manchmal einen Vorgang wie den folgenden wahrnehmen: Brave Bürger sitzen nach getaner Arbeit in ihrem Stammlokal und dreschen Skat. Einem von ihnen gelingt es, einen ›Grand ohne Vier‹ zu gewinnen. Am Ende dieses ›Gewaltmarsches‹, als er gerade den entscheidenden Stich gemacht hat, wirft er die restlichen Karten den Gegnern zum Fraß hin und schmettert, begeistert ob sei-

"Mensch, Papa schmeiß' den Anzug weg, "Du bist auch ohne ganz schön anziehend."

67 *Appellartige Schlagzeile in dem Inserat einer Herrenmode-Gemeinschaftswerbung*

nes Bravourstücks: ›Und drauf einen Dujardin!‹ Kleine Pause. Dann: ›Herr Ober – drei Asbach!‹ – Mit anderen Worten: Ein Werbespruch hat sich durchgesetzt, so daß er zur stehenden Redensart für bestimmte Situationen geworden ist und die Verbindung zu der in ihm angebotenen Ware verloren hat.«

Die Techniken und Methoden im Werbeslogan haben sich seit dem eingangs erwähnten »Bullrich«-Beispiel, das noch aus Urgroßvaters Zeiten stammt, beträchtlich verbessert. Ich möchte das wieder an folgenden Exempeln statuieren:

– »Glück muß der Mensch haben und eine Salem Nr. 6.« Bei diesem Zigaretten-Slogan wurde, wie des öfteren aus o. g. Gründen, eine Anleihe bei den geflügelten Worten aufgenommen. Diese Praxis ließe sich mit Beispielen beliebig fortsetzen: »Wohl dem, der eine Quickly (statt ›Heimat‹) hat« /NSU-Slogan; oder: »Schlag nach bei Otto« (statt »Shakespeare«) /Versandhaus-Slogan.

– »Im Asbach Uralt ist der Geist des Weines.« Sachlich, würde- und weihevoll ist dieser Slogan für einen Weinbrand, der auf der Zunge zerfließt wie ein guter Tropfen Wein.

– »Der Tag geht, Johnnie Walker kommt.« Romantischer kann man keinen Abend mit einem Whiskyglas in der Hand ankündigen als mit dieser Slogan-Melodik.

– »Wir halten Ihren VW auf dem laufenden. Ihr VW-Kundendienst.« Originelle Zweideutigkeit: Information und handwerkliches Know-how hält Kunden »bei der Stange« und pflegt gleichzeitig das VW-Image.

– »Nenn' nie Chiquita nur Banane.« Fünf-Worte-Slogan, der eine sehr einprägsame Melodik, d. h. eine ungewöhnliche Syntax mit alliterierenden Zügen verbindet.

– »Apollinaris. Alle Herrlichkeit aus Erden.« Durch das Auswechseln eines einzigen Buchstabens – s statt f – in diesem Satz bekommt dieser eine produktspezifische Komponente und wird dadurch aussagekräftig und einprägsam zugleich.

– »Kaufhof bietet tausendfach alles unter einem Dach.« Was sich reimt, wird weniger vergessen.

Fragt man nach den Ursachen der Slogan-Wirkung, so kommen meiner Ansicht nach drei Komponenten in Betracht:

a) Die magische Komponente: »Anspruchslose Artikel wie Zahnpasta, Seifen und Zigaretten sind Zaubermittel. Die Werbung hat ihnen eine Macht verliehen, die über jedes vernünftig begründete Maß hinausgeht.« (Howard Gossage, »Ist die Werbung noch zu retten«)

b) die psychologische Komponente: »Die Masse ist ungeformt und kann mit dem geformten Geist nicht sehr viel anfangen, sie liebt dieselben Worte, die schlagenden Sätze, die einem anhangen wie eine einprägsame Melodie.« (Maximilian Weller, »Das Buch der Redekunst«)

c) die technische Komponente: »Slogans müssen

– kurz sein,
– leicht zu behalten sein,
– allgemein verständlich sein,
– eine gedankliche Verbindung zur Ware, zur Leistung oder zum Unternehmen herstellen,
– zur Nutzung der Ware oder Leistung hinführen,
– argumentativ sein,
– nur für die eine Ware oder Leistung bzw. ein Unternehmen anwendbar sein,
– möglichst rhythmisch sein, stets aber so fesseln, daß sie leicht in den allgemeinen Sprachgebrauch übergehen können.« (Johannes Maeker, »Planvolle Werbung«)

Als Negativbeispiele können folgende drei Slogans gelten:

– »Birkeln Sie auch?« (Gemeint war das Kochen mit Nudeln der Marke Birkel)
– »Tullamore Dew – der ›iresinnige‹ Whisky«
– »Deutschland, Ihr näh'stes Urlaubsland« Diese Formulierungen scheinen mir deshalb etwas mißraten, weil hier versucht wurde, jeweils ein Wort so zu verändern (um nicht zu sagen: zu vergewaltigen), daß es zu einem Produktwort, d. h. zu einem nutzlosen Neuwort weil Stolperwort wurde – unter dem Motto »Texter, macht Euch die Sprache untertan«. Bei aller Liebe zur Originalität sehe ich hier den Spaß etwas zu weit getrieben.

Wolfgang Winterfeld teilt die Slogans in Frage, Behauptung, Versicherung oder dunkle Reden ein.

Heinz Hartwig unterscheidet zwischen technisch, werblich, sprachlich und einsatzmäßig.

Ich differenziere in der Slogan-Charakteristik zwischen argumentierend, auffordernd, befehlend und behauptend. Diese Charakteristika lassen sich anhand folgender Slogans aus der verkaufsfördernden Öffentlichkeitsarbeit darstellen:

Argumentierend

– »Bergluft macht schlank« (Schweizerischer Fremdenverkehrsverband)
– »Fließend Deutsch und Warmwasser« (Südtiroler Fremdenverkehrsverband)
– »Osram – hell wie der lichte Tag«
– »Bosch – im Auto gute Fahrt«
– »Ajax – stärker als Schmutz«
– »Fulda-Reifen halten und greifen«
– »Wir geben Ihrer Zukunft ein Zuhause« (Öffentliche Bausparkasse)
– »Der Schaden, den der Schaden anrichtet, soll Ihr Schaden nicht sein« (Avis-Autovermietung)
– »Wählen dürfen heißt ändern können«
– »Urlaub von Anfang an« (Deutsche Bundesbahn)

Auffordernd

– »Helft helfen« (Deutsche Rettungsflugwacht)

Große Geschenke erhalten die Freundschaft.

Diesen Geschmack sollten Sie mit Ihren Freunden teilen.

Der Tag geht – Johnnie Walker kommt.

68 Anzeigenmotive für Spirituosen mit z. T. populären Slogans

- »Bitte ein Bit« (Bitburger Pils)
- »Mach' mir nicht das Leben schwer. Gib mir Liebe statt Bonbons« (Aktion Gemeinsinn)
- »Am besten selber testen« (Renault Automobile)

Befehlend

- »Red' nicht lange 'rum, sag Hansen!« (Hansen-Rum)
- »Erst gurten, dann starten!«
- »Trimm Dich fit durch Sport!«
- »Laß Dein Auto leer, wenn Du voll bist!«
- »Sicher gehn – nimm Hostalen!«

Behauptend

- »Persil bleibt Persil« (Henkel-Waschmittel)
- »Nichts geht über Bärenmarke, Bärenmarke zum Kaffee« (Kondensmilch)
- »Milka – Die zarteste Versuchung, seit es Schokolade gibt«
- »Doornkaat – Heiß geliebt und kalt getrunken«
- »Latz ist in der kleinsten Hütte« (Hundefutter)
- »Schinkenhäger macht Dich reger«
- »Luxaflex-Jalousien stellen alles in den Schatten«
- »Alle reden vom Wetter. Wir nicht.« (SDS; vgl. Abb. 69)

Halten wir fest: Slogans sind wie Schlager – heute »pfeift sie jeder Spatz vom Dach«, morgen sind sie vielleicht schon vergessen. Nur wenige überleben diese Schnelllebigkeit und bekommen das Prädikat »Evergreen« zugesprochen (Beispiel: »Bauknecht weiß, was Frauen wünschen«). Slogans sind kein Freiraum für Sprachvergewaltigung. Es gibt Volks-, Landes-, Umgangs-, Bühnen-, Fremd-, Gassen-, Jäger-, Diplomaten-, Verkehrs-, Soldaten- und Gaunersprache – stets bleibt diese in ihrer Würde jedoch unangetastet, weil sie trotz unterschiedlichem Stilgefälle folgerichtig, einleuchtend und logisch ist (Negativ-Beispiel: »Stuttgarter Hofbräu – das Bier, das unsere Sprache spricht«).

Nach einer Zusammenstellung des »Instituts für Werbepsychologie und Markterkundung«, Frankfurt am Main, sind neun Faktoren maßgebend für die Gedächtniswirkung eines guten Slogans: 1. der Rhythmus; 2. der vokalische Wohlklang; 3. die Harmonie der Lautfolge; 4. die Gestaltungsform (Endreim, Stabreim, Schüttelreim, Wiederholung); 5. das Werbevolumen; 6. die Verwendungszeit; 7. die Prägnanz der Aussage; 8. die Charakteristik der Wortprägung; 9. die markenspezifische Aussage.

Das Wortspiel

Straßen werden entlastert. Für uns alle. Dieses Wortspiel pries 1973 den Wert des Güterverkehrs bei der Deutschen Bundesbahn. Kombiniert wurde der Text mit dem paradiesisch anmutenden Bildsujet einer Straße, die sich – von Blüten, Blumen und Bäumen umsäumt – ohne den gewohnten Anblick von störenden Lastkraftwagen darbot.

Wortspiele erfreuen sich schon seit längerer Zeit immer größerer Beliebtheit: Sowohl bei Werbetextern als auch bei Zeitschriftenredakteuren. Der Grund liegt nicht zuletzt an der Freude, »Spielräume« der deutschen Sprache zu entdecken und zu nützen: Geist, Witz und Dialektik – Pointen statt Phrasen – werden ausgeschöpft. Beispiele wie diese Schlagzeilen aus der Zeitschrift »auto, motor und sport« gibt es viele:

- »Taktgefühl« (Fahrbericht über den neuen Viertakter Yamaha XS 650 B)
- »Das Haus der Sünden« (Bericht über Verkehrszentralregister Flensburg)
- »Runter kommen sie immer« (Tauchen: Faszination unter Wasser)

- »Jagd-Scheine« (Viele Städte führen geheime Verkehrssünderkarteien)
- »Oktoberfest« (Marktbericht Oktober 1975: Guter Einstand der neuen Opel-Modelle Ascona und Manta)
- »Mengenlehre« (Was Sie beim Ölnachfüllen sparen können)
- »Rostige Zeiten« (Ratschläge für Gebrauchtwagenkäufer: Renault 4)
- »Kriech-Erklärung« (Richtiges Verhalten im Stau verhindert Schäden am Auto)
- »Ostverträge« (Erste Werkstatt für deutsche Autos in Moskau)
- »Der Griff nach dem Stern« (Wie die Autobranche in Amerika am Mercedes-Ansehen teilhaben will)
- »Über den Gaumen gepeilt« (Heute: Gasthaus Gunzenlee bei Augsburg)
- »Liftveränderung« (Ein Überblick über deutsche Wintersportgebiete)

Die Werbeagentur Troost Campbell-Ewald textete die Schlagzeile
- »Watt Ihr Volt« (Zeitungsanzeige der Elektroartikel-Abteilung im Kaufhaus Horten)

Das Haus Harvey erhielt für seinen »Bristol Cream« folgendes Wortspiel von der Werbeagentur:
- »Sherry Christmas« (Illustrierten-Anzeige mit verschlüsseltem Weihnachtsgruß)

Wenn es sich um die Verbindung zweier Begriffe mit gegensätzlichen oder widersinnigen Bedeutungen handelt, spricht man von einem »Paradoxon«:
- Ist ein »Rockmusiker« ein schottischer Dudelsackpfeifer?
- Kann die Blasmusik auch einen »Gänsemarsch« spielen?
- Was ist ein »Niederschlagsgebiet«? Ein Boxring vielleicht?
- Muß man sich warm anziehen, wenn man zum »Kalten Büfett« geht?

Hier handelt es sich eher um Wortspielereien als um Wortspiele. Trotzdem glaube ich, daß auf diesem Gebiet noch verborgene Schätze für Textideen liegen.

69 *Plakatmotiv für eine politische Studentenvereinigung: Der populäre Bundesbahn-Slogan wurde hier zum ideologischen Wortspiel*

Für Werbetexte eignen sich aber sogenannte Annominationen (Wörter-, Buchstaben- und Lauthäufungen) noch besser. Beispiele:
- »Kein Brot ist so gut wie Brot mit Boursin« (Kräuterkäse aus Frankreich)
- »Alfa Romeo-Alfabet: A wie Annnzugskraft, L wie Liter-PS, F wie Fünfganggetriebe, A wie Autohaus, R wie Rrrasse, O wie Obenliegende Nockenwellen, M wie Max. Drrrehmoment, E wie Elastizität, O wie Ohhhhhrenschmaus. Das A und O eines guten Autos.«

Bewußtes Falschschreiben (Der milde klare Korn, Marke Hulstkamp, »hilft dem Vater auf das Fahrad«) oder der markante Buchstabenaustausch, mit hohem Aufmerksamkeitswert verbunden (PanAmerican Airlines mit ihrer Headline *Pantastisch*), zählen ebenso zum Thema Wortspiel wie die Kreation von neuen Wörtern

(Badedas, Waschbosch, Trainstorming – gezwungen und daher weniger gut: wanderbares Österreich, Schuh-verlässig, Ohrgasmus).

Der Stabreim

Milch macht müde Männer munter. Dieser Stabreim in Form eines Slogans, aufgebaut auf dem Buchstaben M, macht seit einiger Zeit auf den Wert der Milch aufmerksam: Ein Satz, der die Popularität dieses Nährmittels vor allem bei atypischen Milchtrinkern neu aufbauen und Ressentiments gegen das »weiße« Getränk mit dem fehlenden Genußwert abbauen soll.

Mit einer kurzen Betrachtung über die Alliteration (aus dem Lateinischen, bedeutet Stabreim), dem gleichen Anlaut der betonten Silben aufeinanderfolgender Wörter, möchte ich das Kapitel »Verbales Design« abschließen:

Der Terminus, eine Prägung des italienischen Humanisten Pontano, setzte sich erst im 18. Jahrhundert durch. Der Ursprung der Alliterationen liegt im magisch-religiösen Bereich der Beschwörungs- und Gebetsformeln, wo sie u. a. aus den älteren Formen der Annomination erwachsen ist.

Die Verwendung der Alliteration als eines der versbildenden Prinzipien in der ältesten italienischen und in der altgermanischen Dichtung beruht auf dem starken Initialakzent der italienischen, keltischen und altgermanischen Mundarten. In der west- und ostgermanischen Epik und in der norwegisch-isländischen Skaldendichtung hat die Alliteration dabei die spezifische Form des Stabreims mit seinen festen Stellungsregeln angenommen.

Die griechische und lateinische Poesie und Kunstprosa kennt von den Anfängen (Homer) bis in die Neuzeit die Alliteration sporadisch als ein die Klangintensität steigerndes Kunstmittel. Die deutsche Dichtung gebraucht die Alliteration, abgesehen von den Versuchen Richard Wagners, Felix Dahns u. a., den germanischen Stabreimvers zu erneuern, ebenfalls als Klangfigur. Eine Anzahl der auf germanische Rechtsreden zurückgehenden alliterierenden Zwillingsformen (Land und Leute, Haus und Hof, Kind und Kegel, Nacht und Nebel, Mann und Maus) haben sich in der deutschen Umgangssprache erhalten.

Die Alliteration als Klangfigur hat eine doppelte Funktion: Sie wirkt gruppierend, indem sie z. B. koordinierte Begriffe hervorhebt, einem Substantiv das zugehörige typisierende Epitheton (einem Begriff oder Eigennamen zugefügtes Adjektiv oder Partizip) fest zuordnet (Nibelungenlied). In den meisten Fällen aber hat sie lautmalerische oder rein sprachmusikalische Bedeutung (Clemens Brentano: »Komm Kühle, komm küsse den Kummer / süß säuselnd von sinnender Stirn«). (Quelle: Meyers Enzyklopädisches Lexikon.)

Hierzu einige Werbeslogans als Beispiel:
– Der Duft der großen weiten Welt
– Fahr vorsichtig, denk' an Deine Frau!
– Wir wollen Wulle (Brauerei Wulle)
– Zucker zaubert
– Neckermann macht's möglich
– Ihr guter Stern auf allen Straßen (Daimler-Benz)
– Vorfahrt für Vernunft (FDP)

Fazit: Der Texter im Kommunikationsdesign sollte das Dichten den Dichtern überlassen. Wenn er reimen will, sollte er dies mit Alliterationen tun – der vermutlich ältesten Form des Reimens in der deutschen Sprache.

Die Ausnahmefälle, bei denen ein Endreim z. B. in der Werbung angewandt wird, sind meist so antiquiert, daß ich gar nicht darauf eingehen will. Der Stabreim hat einen besonderen sprachlichen Pfiff, Melodie und Rhythmik – daher ist er besonders einprägsam.

Schlußfolgerungen

Text im Kommunikationsdesign ist die
- mündlich
- durch Tonträger oder
- schriftlich wiedergegebene Rede, die mittels spezifischer Diktion
- wirtschaftliche
- kulturelle oder
- politische
Mitteilungen enthält.
Rundfunk- oder Zeitungsmeldungen haben ein anderes Sprachklima als wissenschaftliche oder populärwissenschaftliche Beiträge, Werbetexte ein anderes Vokabular als Feuilletonbeiträge oder Reportagen. Dies läßt sich wiederum durch ein Beispiel am besten veranschaulichen. Die beiden folgenden Texte unterscheiden sich vor allem durch ihr Vokabular:
Text A (Wetterbericht aus der »Stuttgarter Zeitung«): »Wetterlage: Das Gewittertief über Südfrankreich verlagert sich langsam nach Osten und beeinflußt dabei vor allem den Süden und Südwesten des Landes, während in den nördlichen Landesteilen überwiegend freundliches Wetter herrscht. Vorhersage: Im Süden vielfach wolkig, zeitweise auch stark bewölkt und gelegentlich gewittrige Niederschläge. In den übrigen Landesteilen sonnig, nachmittags stellenweise auch wolkig, aber kaum Gewitter. Tageshöchsttemperaturen zwischen 22 Grad im Süden und 27 Grad im Norden, in den Hochlagen 17 bis 21 Grad. Tiefsttemperaturen nachts 10 bis 15 Grad. Von Gewitterböen abgesehen, meist schwacher Wind aus Nordost. Am Dienstag im Norden freundlich, im Süden gewittrig. Höchste Temperatur am Sonntag in Stuttgart 24,4, tiefste 12,2 Grad.«
Text B (Ausschnitt aus einer »Shell«-Anzeige):
»Als die Menschen noch Nomaden waren, traten sie sich lediglich Pfade, die den Wechseln des Wildes ähnelten. – Erst mit dem Seßhaftwerden wurden die Wege befestigt und dauerhaft angelegt. Denn Familiengemeinschaften, die sich in der Nähe niederließen, wollten miteinander verkehren. – Je umfangreicher die Wechselbeziehungen wurden, desto weiter erstreckten sich die Wege. – Die ungleichmäßige Verteilung von Gütern und Rohstoffen führte zu Tausch, und aus dem Tausch entstand der Handel. – Und dieser erforderte ein großes und gut ausgebautes Straßennetz. – Nur durch ein Straßennetz von 200 000 Kilometer Ausdehnung konnte Roms Kultur bis an die fernsten Grenzen des Imperiums wirken. – Über die Straße fanden Wissenschaften, Dichtung und handwerkliche Fertigkeiten neue Wirkungsstätten...« (Dazu Tabelle S. 154.)
Dieser Vergleich zweier unterschiedlicher Texttypen zeigt, daß
- die Anzahl der Verwendung bestimmter Wortarten
- die Anzahl der Wiederholung bestimmter Wörter
- die Anzahl der Wörter bezogen auf die Satzlänge und
- die Wahl bestimmter Wörter
sehr ausschlaggebend sind für das verbale Klima einer Mitteilung. Der kreative Kommunikationsdesigner kann diesen Spielraum nutzen, wenn er des höheren Aufmerksamkeits- oder Prägnanzwertes wegen seine Mitteilung absichtlich in ein atypisches Klima einbettet. Beispiel: Ein Anzeigentext für Regenmäntel kann in der Sprachhaltung eines Wetterberichts, das Inserat für Schreibutensilien in der spezifischen Diktion eines Briefes gestaltet sein (vgl. Abb. 70).
Text im Kommunikationsdesign ist die
- gehörte
- gelesene oder
- gesehen und gehörte Botschaft, die mit
- informativen

Die sprachstilistische Analyse ergab dabei folgendes Bild:

Anzahl der	Wetterbericht:	Anzeigentext:
– Sätze	8	8
– Interpunktionen	17	14
– Wörter	105	106
– Substantive	33	30
– Verben	3	11
– Adjektive	15	7
– Präpositionen	15	2
– Bestimmte Artikel	1	10
– Wiederholungen	5× »im«	9× »die«
	5× »Grad«	3× »sich«
	4× »den«	3× »wurde«
	3× »und«	2× »Wege«
	3× »in«	2× »Tausch«
	3× »Süden«	2× »Straßennetz«
	2× »auch«	
	2× »bis«	
	2× »Norden«	
	2× »Landesteilen«	
	2× »gewittrig«	
Wiederholungen insgesamt:	33	21
Längster Satz	29 Wörter	19 Wörter
Kürzester Satz	6 Wörter	9 Wörter
Typische Wörter	»verlagert«, »beeinflußt«, »überwiegend«, »vielfach«, »freundlich«, »meist«, »zeitweise«, »stellenweise«, »gelegentlich«	keine

– unterhaltenden
– erzieherischen oder
– beeinflussenden
Inhalten über den optischen oder/und akustischen Sinnesbereich erfahren wird.

Was Bilder zu Anzeigen macht

Während Kunst interpretiert werden kann, muß Design funktionieren.
– Design ist Gestaltung.
– Grafik-Design ist die (visuelle) Gestaltung optisch wahrnehmbarer Mitteilungen, die der Verständigung dienen.
– Kommunikationsdesign ist Grafik-Design einschließlich der (verbalen) Gestaltung von Mitteilungsinhalten.
Das Bild ist vom Text abhängig.
Der Text ist vom Bild abhängig.
Funktionelles Kommunikationsdesign ist

von der Bild/Text- oder Text/Bild-Übereinstimmung abhängig.
– Bilder können gedeutet werden.
– Texte müssen gelesen werden.
– Ein Bild braucht deshalb Text, um Anzeige zu werden.

Reihenfolge

Die Frage, was zuerst konzipiert werden muß – Bild oder Text – braucht gar nicht gestellt zu werden, weil die Reihenfolge erstens Bild, zweitens Text genausowenig optimal ist wie die Reihenfolge erstens Text, zweitens Bild, denn beides würde separat voneinander entstehen und keine überzeugende Einheit bilden.
Deshalb kann der planende Grafiker mit dem planenden Texter schlecht zusammenarbeiten – eher der planende Grafiker mit dem realisierenden Texter, oder der

planende Texter mit dem realisierenden Grafik-Designer.
- Schlecht ist die Abhängigkeit des Werbetextes von der separat konzipierten Bildidee. (Der Text soll mehr sein als nur Bildlegende.)
- Besser ist die Abhängigkeit des Bildes von der separat konzipierten Textidee. (Das Bild in der Werbung braucht nicht mehr zu sein als die Stimulanz zum Text.)
- Optimal ist die Synchron-Entstehung Bild/Text oder Text/Bild beim planenden, also konzipierenden Kommunikationsdesigner. Der Grafiker, der bei seiner Bildidee gleich an den Text denkt, ist ein besserer Kommunikationsdesigner als der Texter, der bei seiner Textidee noch nicht ans Bild gedacht hat.)

In der Werbung steht also die Visualisierung von Texten mehr im Vordergrund als die Verbalisierung von Bildern. Das liegt u. a. daran, daß der Texter leichter und präziser mit Worten etwas darstellen kann als der Grafiker mit Bildern.
Wir unterscheiden somit zwischen:
- Visuell unabhängigen Textideen = Reine Text-Konzeption. Beispiel: »Burda«-Anzeige (vgl. Abb. 71).
- Verbal abhängige Bildideen = Textintensive Konzeption. Beispiel: »Brummi«-Anzeige (vgl. Abb. 72).
- Synchron visuell/verbalen Ideen = Bild/Text-Übereinstimmung. Beispiel: »Zeiss«-Anzeige (vgl. Abb. 73).
- Verbal unabhängigen Bildideen = Bildintensive Konzeption. Beispiel: »Majala«-Anzeige (vgl. Abb. 74).

Rangfolge

Der Informationswert des Textes für die Anzeige ist wichtiger als der Aufmerksamkeitswert des Bildes für den Blickfang, denn:
- Verständlichkeit ist die Voraussetzung für Wirksamkeit.

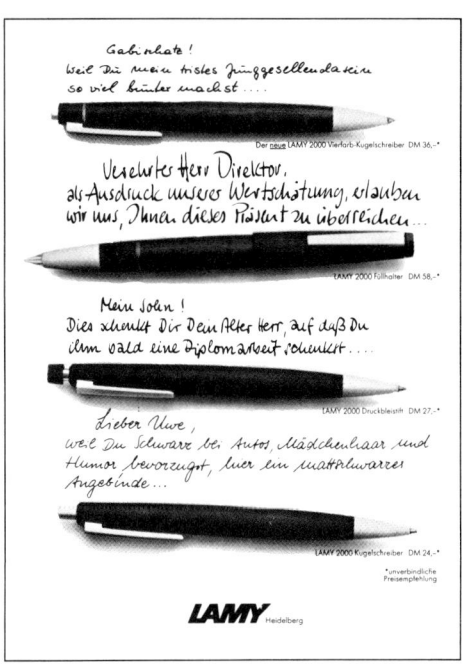

70 Atypisches Anzeigenklima steigert den Aufmerksamkeitswert

- Die Leser unterteilen sich in Interessierte und Nichtinteressierte. Der Interessierte braucht nicht durch Blickfang aufmerksam gemacht zu werden, nur der (noch) nicht Interessierte.

Erinnerungswert und ästhetischer Wert sind in der zeitlichen Abfolge des Design-Prozesses nachgeordnete Kriterien. Sie haben mit der eigentlichen Konzeption (Idee) nur mittelbar etwas zu tun. Merke: Folgende Entstehungs-Rangfolge sollte beachtet werden:
- Text und Bild gleichzeitig
- Erst Text, dann Bild
- Blickfang
- Prägnanz
- Formqualität.

Was Texte zu Slogans macht

Ein Werbeslogan ist ein kommunikativer Text, der im Sinne des Senders zugunsten

155

Die vielen, vielen Leserinnen der

sind in ihrem Konsumver- halten so nor- mal, daß es eine Lust ist.

71 Visuell unabhängiger Text: Anzeige für eine Illustrierte

72 Verbal abhängiges ▷ Bild: Anzeige für den Lkw-Güterverkehr

73 Synchron visuell/ ▷ verbale Gestaltung: Anzeige für Ferngläser

seiner Ware oder seiner Dienstleistung wirken soll.

Text im Kommunikationsdesign ist Sprache, die
– der Sender konzipiert und mit Schrift fixiert
– der Empfänger mit Auge und/oder Ohr aufnimmt und
– der Designer mit Typografie gestaltet.
Grundlage dazu sind Kenntnisse über Textsorten wie
– sachorientierte Mitteilungen,
– leserorientierte Mitteilungen und
– autororientierte Mitteilungen,
über Textanalysen wie
– Texterschließung und

– Sprachstil
und Textfunktionen wie
– Verständlichkeit und Wirksamkeit und
– Beurteilung und Optimierung.
Mit verbalen Strategien wie
– Technik
– Methodik und
– Systematik
sollten kreative Fähigkeiten vertieft werden.

Einfachheit

Die ungekünstelte Formulierung ist die Bedingung dafür, daß ein Slogan von der

156

breiten Masse, für die er meistens gedacht ist, verstanden und akzeptiert wird.
Positiv-Beispiel: »Denk an Deine Frau – fahr vorsichtig!«
Negativ-Beispiel: »Fichtel & Sachs sorgt dafür, daß Sie nie unter Niveau fahren.«

Prägnanz

Die kurze Formulierung ist die Bedingung dafür, daß ein Slogan von der Zielgruppe leicht behalten werden kann.
Positiv-Beispiel: »Qualität, die einleuchtet« (Osram)
Negativ-Beispiel: »Wer erkannt hat, daß Licht verschiedene Funktionen hat, braucht auch verschiedene Formen des Lichts.« (Erco)

Harmonie

Die wohlklingende Formulierung ist die Voraussetzung dafür, daß der Slogan beim Leser wirkt, einwirkt und sich auswirkt.
Positiv-Beispiel: »Aus deutschen Landen frisch auf den Tisch.«
Negativ-Beispiel: »Cannelloni in Drei Kronen-Qualität sind ein Wiedersehen mit Bella Italia.«

Rhythmus

Der regelmäßige Takt ist die Voraussetzung dafür, daß der Slogan auch populär wird.
Positiv-Beispiel: »Pullmoll, wenn Husten schwinden soll.«
Negativ-Beispiel: »Pullmoll tut wirksam wohl, bei Husten, Heiserkeit, Erkältung.«
Merke: Bilder können schön oder häßlich sein, d. h. ihre Wirkung ist subjektiv. Verbale Kommunikation dagegen muß unmißverständlich sein, um bei jedem Empfänger die gleiche, d. h. eine objektive Wirkung zu erzielen.

Was Grafik-Designer zu Kommunikationsdesignern macht

Während also die Darstellung einer Wort/Bild-Mitteilung visuell gestaltet werden kann, muß der Mitteilungsinhalt verbal formuliert werden, um vom Empfänger richtig verstanden zu werden:

- Kommunikation ist Verständigung über Auge, Ohr und Mund.
- Visuelle Kommunikation entsteht durch Bild und Text, bei einer eher bild- als textintensiven Gestaltung.
- Verbale Kommunikation entsteht durch Text bei einer eher text- als bildintensiven Gestaltung.
- Audiovisuell-verbale Kommunikation entsteht durch Bild und Ton, mittels Design, das nicht nur zum Sehen geschrieben, sondern auch zum Hören gesprochen wird.

Es gibt Grafik-Designer, die überwiegend
- planen, beraten, koordinieren, entscheiden
- entwerfen, bildhaft denken und Sachverhalte visuell übersetzen
- Entwürfe ausführen.

Kommunikationsdesigner
- analysieren systematisch das Problem,
- erarbeiten methodisch die Strategie und
- zeigen durch Synthese die technische Lösung auf,

indem sie die Richtung und den Weg zum erwarteten Ziel nicht nur bildhaft, sondern auch sprachlich suchen und finden, d. h. Sachverhalte nicht nur visuell, sondern auch verbal übersetzen.

Tätigkeitsfelder

Der Kommunikationsdesigner ist kreativ tätig und bedient sich nicht nur visuell-verbaler, sondern auch audioverbaler bzw. audiovisuell-verbaler Ausdrucksmittel. Sein schöpferisch-intuitives Vorgehen ergänzt sich durch systematisches und methodisches Arbeiten, welches die Erkenntnisse der Kommunikationstheorie ebenso einschließt wie diejenigen der Designtheorie.

Aus der Art seiner künstlerischen Begabung, seiner soziokulturellen und psychologischen Ambitionen sowie seiner Fähigkeit, Sprache verständlich und wirksam zu formulieren, ergeben sich die jeweils speziellen Tätigkeiten des Kommunikationsdesigners. Die Vielfalt der zu gestaltenden Kommunikationsmittel kommt ihm dabei entgegen, weil sich hieraus mannigfach differenzierte berufliche Ansatzmöglichkeiten ableiten lassen.

Die nachfolgende Aufstellung gibt eine Übersicht der Tätigkeitsfelder des Kommunikationsdesigners und seiner im Bereich der visuell/verbalen Öffentlichkeitsarbeit zu erbringenden Leistungen mit entsprechenden Hinweisen auf die jeweils zutreffenden und vorherrschenden Tätigkeitsmerkmale:

a) Papierabhängige Öffentlichkeitsarbeit:
Visuell-verbale Konzeptionen für Einzelinserate, Inseratserien oder -kampagnen, die in Zeitungen, Zeitschriften, Magazinen usw. erscheinen, sowie für Prospekte, Broschüren oder Kataloge, die z. B. auf Messen verteilt bzw. nach Einsendung eines Gutscheins oder im Direct-Mail-Verfahren der Zielgruppe zugeleitet werden.

Meist ist die Werbekonzeption das Ergebnis einer Teamarbeit, d. h. an ihrer Entwicklung beteiligen sich mehrere Fachleute. Der Kommunikationsdesigner ist an der Planung schwerpunktmäßig beteiligt.

Er entwickelt visuelle Konzeptionen von Tageszeitungen, Wochenzeitungen, Magazinen, Illustrierten, Monatsheften, themenbezogenen Zeitschriften, Fachpresse, Hauszeitschriften, Kundenzeitschriften, Verbands- und Vereinszeitschriften (Zeitungskopf, Zeitschriftentitel und Layout einerseits, Mitteilungsinhalte durch einzelne Artikel mit den entsprechenden Aufmachern, bezogen auf die Leserschaft, andererseits).

Der grafische und der meinungsbildende Stil einer Zeitung oder einer Zeitschrift geben Aufschluß über deren Charakter. Die entsprechende Typografie und das Gesamtlayout werden nicht selten von zeitungstechnischen und -taktischen Überlegungen bestimmt, d. h. der Redakteur

"Hierfür, liebe Inge, brauchst Du nur zwei Dinge:" majala Traumcreme "Schokolade" und "Vanille". Nicht kochen: nur schlagen, kühlen, fertig. Mach's mal!

"Schokolade · Vanille · Schokomint   Karamel · Nuss · Nougat · Mokka"

74 Verbal unabhängiges Bild: Anzeige für Eiscreme

einer Tageszeitung ist oft auch gleichzeitig deren Typograf bzw. Umbruchmetteur.

b) Papierunabhängige Öffentlichkeitsarbeit: Audioverbale bzw. audiovisuell-verbale Konzeptionen von Hörfunksendungen, Werbespots, Tonbildschauen und Multivisionen sowie von Zeichentrickfilmen, Fernseh-, Filmtiteln bzw. -vorspann oder totalen Fernsehsendungen bzw. -sendereihen (Features, Shows, Spiele mit Publikumsbeteiligung).

Um die Möglichkeit in diesem Bereich optimal zu nutzen, sind Kenntnisse und praktische Erfahrungen in der Foto-, Film- bzw. Video-Technik erforderlich.

Berufssituation

Kommunikationsdesigner üben ihre Tätigkeit als Angestellte
– in einer Werbeagentur
– bei Behörden
– in Verlagen
– beim Fernsehen
oder als Selbständige
– in freier Tätigkeit
oder zusammen mit anderen aus.

Sie bekleiden in der Industrie häufig eine Schlüsselposition und stehen deshalb gleichrangig neben den kaufmännischen und technischen Führungskräften. Ihre beruflichen Chancen hängen zwangsläufig eng mit der wirtschaftlichen Gesamtentwicklung zusammen.

Die Gestaltungsaufgaben werden immer differenzierter, daher werden
– mehr Arbeitsteams gebildet
– Fachleute benötigt und
– qualifizierte Kräfte gefragt,
vor allem auf dem Gebiet der Werbung und der Publikationsmedien (Presse, Funk und Fernsehen). Zunehmende Spezialisierung ist zu erwarten.

Für die angestellten Kommunikationsdesigner in Industrie, Wirtschaft, Verlag oder Fernsehen sowie im Öffentlichen Dienst bestehen nicht immer verbindliche Tarifvereinbarungen. Im allgemeinen bestimmen Können und Leistungen die Höhe der Bezüge. Diese weisen jedoch eine erhebliche Bandbreite auf:

– Anfangsgehälter zwischen DM 1500 und 2500
– Durchschnittsgehälter um DM 3000
– Aufstiegsmöglichkeit: Creative Director (ab DM 5000 bis über DM 10000)
In freiberuflicher Tätigkeit ergeben sich mittlere bis hohe Einkommen je nach Rang und Ruf sowie Auftragsvolumen einschließlich des unternehmerischen Risikos.

Resümee: Wer sich für den – inoffiziellen – Beruf des Kommunikationsdesigners (offiziell: Grafik-Designer, Texter, Journalist, Publizist o. ä.) ausbilden lassen will, für den gibt es vor allem diese Möglichkeit: Studium an einer Fachhochschule oder Kunsthochschule (8 Semester), an der
– das Fach Textgestaltung
gegeben wird und zugleich die Möglichkeit besteht, Studienprojekte zu bearbeiten, die Aufgabenstellungen und Problemkreise zum Inhalt haben, wie sie in diesem Buch ansatzweise behandelt wurden.

Anhang

Literaturverzeichnis

Quellennachweis

Bonsiepe, Gui: *Visuell/verbale Rhetorik.* Analyse einiger Techniken der persuasiven Kommunikation. In: Format, Zeitschrift für verbale und visuelle Kommunikation. Stuttgart, Heft 17/1968

Brockhaus: *Der Große Brockhaus.* Wiesbaden 1973–1975

Bruckmann's Handbuch der Drucktechnik. München 1978

Buber, Martin: *Drei Seinsweisen der Sprache.* In: Hartwig, H., Werbetextgestaltung. Verbale Kommunikation heute. München 1978

Burckhardt, Jacob: *Über die Sprache.* In: Das treffende Zitat. Hrsg. K. Peltzer. Thun/Schweiz 1955

Campos, A. de/Campos, H. de/Pignatari, D.: *Pilot Plan for concrete poetry.* São Paulo 1958

Duden: *Der Große Duden.* Mannheim 1958–1973

Eigenwald, Rolf: *Textanalytik.* München 1976

Fischer, Ludwig: *Alte und neue Rhetorik.* Überlegungen zur rhetorischen Analyse von Werbetexten. In: Format, Zeitschrift für verbale und visuelle Kommunikation. Stuttgart, Heft 17/1968

Fischer Kolleg (s. Stadler, Hermann)

Glinz, Hans: *Textanalyse und Verstehenstheorie I.* Frankfurt/M 1973

Gniffke-Hubrig, Christa: *Textsorten – Erarbeitung einer Typologie von Gebrauchstexten.* In: Der Deutschunterricht 24, 1 (1972)

Gossage, Howard L.: *Ist die Werbung noch zu retten?* Düsseldorf 1967

Grosse, Eduard: *Von der Notwendigkeit politischer Werbung.* In: Format, Zeitschrift für verbale und visuelle Kommunikation. Karlsruhe, Heft 41/1973

Grünewaldt, Hans Joachim: *Sprachsensibilität.* In: Eigenwaldt, R., Textanalytik. München 1976

Hartwig, Heinz: *Werbetextgestaltung.* Verbale Kommunikation heute. München 1978

Humboldt, Wilhelm v.: *Über die Buchstabenschrift und ihren Zusammenhang mit dem Sprachbau.* Köln 1966

Joubert: *Über die Sprache.* In: Das treffende Zitat, Hrsg. K. Peltzer. Thun/Schweiz 1955

Köhler, W.: *Gesprochene Werbung.* Berlin 1957

Maecker, Johannes: *Planvolle Werbung.* Ein Handbuch für die Werbepraxis. Essen 1962

McLuhan, Marshall: *The Medium is the Message.* New York 1967

Meyers Enzyklopädisches Lexikon. Mannheim 1971–1980

Meyers Großes Handlexikon. Mannheim 1975

Oeckl, Albert: *Handbuch der Public Relations.* München 1964

Peltzer, Karl (Hrsg.): *Das treffende Wort.* München 1967

Peltzer, Karl (Hrsg.): *Das treffende Zitat.* Thun/Schweiz 1955

Rucktäschel, Annamaria (Hrsg.): *Sprache und Gesellschaft.* München 1972

Sandig, Barbara: *Bildzeitungstexte.* Zur sprachlichen Gestaltung. In: Rucktäschel, A., Sprache und Gesellschaft, München 1972

Schneider, Michael: *Der Spiegel oder die Nachricht als Ware.* Edition Voltaire. Frankfurt-Berlin 1968

Schmidt, S. J.: *Text, Bedeutung, Ästhetik.* München 1970

Schulz v. Thun/Langer/Tausch: *Trainingsprogramm zur Förderung der Verständlichkeit bei der Wissensvermittlung.* Kiel 1972

Siepmann, Eckhard: (s. Schneider, M.)

Springer Verlag (Hrsg.): *Qualitative Analyse der Bild-Zeitung.* Hamburg 1965

Stadler, Hermann (Hrsg.): *Fischer Kolleg Bd. 6, Deutsch.* Frankfurt/M 1973

Stern-Rubarth, Edgar: *Die Propaganda als politisches Instrument.* Berlin 1921

Stocker, Karl: *Praxis der Arbeit mit Texten.* Zur Behandlung von Texten der Gebrauchs- und Alltagssprache. Donauwörth 1974

Teigeler, Peter: *Verständlichkeit und Wirksamkeit von Sprache und Text.* Stuttgart 1969

Weidemann, Kurt: *Sei mißtrauisch – Wege der modernen Werbung.* In: Stuttgarter Zeitung Nr. 208. Stuttgart 1966

Weller, Maximilian: *Das Buch der Redekunst.* Die besten Regeln der Rhetorik aus zwei Jahrtausenden. Düsseldorf o. J.

Winckler, Lutz: *Studie zur gesellschaftlichen Funktion faschistischer Sprache.* Frankfurt/M 1970

Winterfeldt, Wolfgang: *Besser texten – mehr verkaufen.* Bad Wörishofen 1965

Wittgenstein, Ludwig: *Philosophische Untersu-chungen*. Frankfurt/M 1967
Zimmermann, Gerd: *Manipulation durch Prä-sentation*. In: Format, Zeitschrift für verbale und visuelle Kommunikation. Stuttgart, Heft 17/1968

Empfohlene Literatur in Auswahl

Art Directors Club Deutschland, Düsseldorf: *Jahrbuch 1976 und 1978*
Bausinger, H.: *Dialekte, Sprachbarrieren, Son-dersprachen*. Frankfurt/M 1972
Bense, M.: *Einführung in die informationstheo-retische Ästhetik*. Reinbek b. Hamburg 1969
Bense, M.: *Grundlegung und Anwendung in der Texttheorie*. Hamburg 1969
Bense, M.: *Theorie der Texte*. Köln 1962
Brockhaus: *Der Sprach-Brockhaus*. Wiesbaden 1961
Büchmann, G.: *Geflügelte Worte*. Neue Aus-gabe München 1977
Dieckmann, W.: *Information oder Überredung*. Marburg 1964
Dieckmann, W.: *Sprache der Politik*. Heidelberg 1969
Erben, J.: *Deutsche Grammatik*. Frankfurt/M 1971
Frank-Böhringer, B.: *Rhetorische Kommunika-tion*. Quickborn b. Hamburg 1963
Gerstner, K.: *Kompendium für Alphabeten*. Teu-fen/Schweiz 1972
Hartwig, H.: *Das Wort in der Werbung*. Mün-chen 1974
Haseloff, O. W. (Hrsg.): *Kommunikation*. Berlin 1971
Hofstätter, P. R.: *Gruppendynamik*. Reinbek b. Hamburg 1957
Krüger-Lorenzen, K.: *Das geht auf keine Kuh-haut*. Deutsche Redensarten. Düsseldorf 1960
Ludewig, W.: *Lexikon der deutschen Sprach-lehre*. Gütersloh 1969
Mackensen, L.: *Deutsche Etymologie*. Bremen 1962
Mackensen, L.: *Neues Wörterbuch der deut-schen Sprache*. Baden-Baden 1967

McLuhan, M.: *Die magischen Kanäle*. Düssel-dorf 1968
Ott, E.: *Optimales Lesen*. Stuttgart 1970
Peltzer, K.: *Der treffende Reim*. Thun/München 1966
Politische Plakate der Gegenwart (Katalog), München 1971
Reiners, L.: *Stilfibel*. München 1968
Reiners, L.: *Stilkunst*. München 1967
Römer, R.: *Die Sprache der Anzeigenwerbung*. Düsseldorf 1968
Sandig, B.: *Beispiele pragmalinguistischer Textanalyse* (Wahlaufruf, familiäres Ge-spräch, Zeitungsnachricht). In: Der Deutsch-unterricht 1 (1973)
Schütte, M.: *Politische Werbung und Totalitäre Propaganda*. Düsseldorf 1968
Sillner, L.: *Gewußt woher*. Frankfurt/M 1972
Stankowski, A./Metzger, A.: *Grafik-Designer*. Blätter zur Berufskunde, Band 2. Bielefeld 1975
Stocker, K.: *Die dramatischen Formen in didak-tischer Sicht*. Donauwörth 1972
Stocker, K.: *Textsorten*. In: Lexikon der Deutschdidaktik, Hrsg. E. Nündel. Düsseldorf 1974
Textor, A. M.: *Sag' es treffender*. Stuttgart 1958
Villiger, H.: *Gutes Deutsch*. Stuttgart 1970
Waas, E. (Hrsg.): *Kuckucksuhr mit Wachtel*. Re-klame der Jahrhundertwende. München 1967

Fachzeitschriften in Auswahl

Form. Zeitschrift für Gestaltung. Seeheim/ Bergstr.
Format. Zeitschrift für verbale und visuelle Kommunikation. Karlsruhe
Graphik. Magazin für visuelles Marketing. Mün-chen
Graphis. Internationale Zeitschrift für Graphik und angewandte Kunst. Zürich
novum gebrauchsgraphik. Internationale Mo-natszeitschrift für Kommunikationsdesign. München
werben & verkaufen. Zeitung für Marketing und Kommunikation. München

Bildnachweis

Die in Klammern gesetzten Ziffern geben Nummer, Jahr und Seite des **novum** Heftes an, dem die jeweilige Abbildung entnommen wurde.

1, 2 Text und Design: Peter Bulach (7/1980; 17)

3 Aus »Die Weltwoche« vom 29.11.1963 (7/1980; 20)

4 Design: Jiri Rathouský (10/1979; 4)

5 Text und Design: Dieter Urban (7/1976; 19)

6 Text: Berthold Schmitt/Gert Winkler; Photographie: Brigitte Richter; Agentur: GGK, Düsseldorf (11/1979; 33)

7 Aus der »Stuttgarter Zeitung« vom 7.8.1978 (7/1980; 27)

8 Aus der »Stuttgarter Zeitung« vom 5.10.1968 (7/1980; 22)

9 Aus der »Düsseldorfer Zeitung« (7/1980; 20)

10 Aus »Die Weltwoche« vom 29.11.1963 (7/1980; 20)

11 o. Text und Design: Dieter Urban (7/1976; 14)

11 u. Agentur: Hildmann, Simon, Rempen & Schmitz, Düsseldorf (12/1978; 11)

12 li o. Text und Design: D. Urban (7/1976; 18)

12 übrige Agentur: Leonhardt & Kern, Stuttgart (9/1977; 11)

13 Claus Bremer, Schweiz

14 Text: Sybille Pröschel; Design: Willy Rieser; Art Direction: Wolfgang Kammeyer; Agentur: Slesina-Bates (7/1979; 41)

15, 16 Aus dem »stern« vom 2.3.1978 (12/1979; 22)

17 Tageszeitungstitel vom 5.11.1979 (2/1980; 28/29)

18, 19 Aus dem »stern« vom 2.3.1978 (12/1979; 26 u. 27)

20 Agentur: Heumann, Ogilvy & Mather GmbH & Co, Frankfurt/M

20 re u. Agentur: Crative Marketinggesellschaft d. dt. Agrarwirtschaft, Bonn (3/1980; 44)

21–27 Verschiedene Tageszeitungen vom 5.11.1979 (2/1980; 28–38)

28–32 Aus dem »stern« vom 2.3.1978 (12/1979; 22–27)

33 Text und Design: Jenny Heinze (6/1979; 32)

34 Text und Design: Dieter Urban (7/1976; 19)

35 Text: Peter Oprach; Photographie: Iver Hansen; Art Direction: Erwin Schmidt; Agentur: Doyle Dane Bernbach, Düsseldorf (2/1980; 21)

36 o. Text und Design: Volker Jonas (6/1979; 31)

36 u. Text und Design: Werner Spiegel (6/1979; 34)

37, 38, 40 Text: Claus Harden; Illustration: Heinz Edelmann; Art Direction: Jürgen Pilger; Agentur: Troost Campbell-Ewald, Düsseldorf (1/1980; 12)

39, 41 Text: Claus Harden; Design: Jost Hasse/Claus Harden; Art Direction: Jürgen Pilger; Agentur: Troost Campbell-Ewald, Düsseldorf (1/1980; 14 u. 17)

42 Text und Design: Peter Bulach (6/1979; 26)

43 Agentur: GGK, Düsseldorf (8/1980; 15)

44 Text: Michael Borch; Photographie: Detlef Trefz/Sylvain Corrodi/Roberto Petrin; Art Direction: Stefan Hagemeister; Agentur: Doyle Dane Bernbach, Düsseldorf (2/1980; 16)

45 Text: Sybille Pröschel; Design: Willy Rieser; Art Direction: Wolfgang Kammeyer; Agentur: Slesina-Bates (7/1980; 41)

46–49 Agentur: GGK, Düsseldorf (9/1976; 13–21)

50 a, b Text: Rulf Neigenfind/Carlos Obers; Photographie: Wolfgang Gassmann; Art Direction: Bernd Kreutz; Agentur: GGK, Stuttgart (9/1979; 32 u. 4/1980; 24)

51 Agentur: GGK, Düsseldorf (12/1978; 18 u. 19)

52 Agentur: GGK, Düsseldorf (9/1976; 14)

53 Text: Reinhold Scheer; Design: Dieter Pisculla; Art Direction: Gerd Hiepler/Holger Nicolai; Agentur: GGK, Düsseldorf (9/1979; 31)

54 Agentur: Studio Haberbeck (9/1979; 27)

55 Text: Franz Brauer; Design: Dieter Pisculla; Art Direction: Michael Preiswerk; Agentur: GGK, Düsseldorf (9/1979; 25)

56 Text: Winfried Ritter; Photographie: Rudolf Nüttgens; Art Direction: Stefan Hagemeister; Agentur: Doyle Dane Bernbach, Düsseldorf (2/1980; 12)

57 Text: Ruth Ladwig; Photographie: Peter Lindbergh; Art Direction: Brigitte Bühler; Agentur: Doyle Dane Bernbach, Düsseldorf (2/1980; 19)

58 Politisches Plakat vor 1945 (7/1979; 44)

59 Text und Design: Bernhard Dietrich (6/1979; 36)

60 Politische Plakate 1919 bis 1945 (7/1979; 46)

61 Text: Bert Berkensträter; Design: Kahlig+Parsch; Art Direction: Günther Jasch; Agentur: Werbetechnisches Studio; Hrsg.: Crative Club Austria (CCA), Wien (11/1979; 27)

62 Text und Design: Dieter Urban (7/1976; 18)

63 Agentur: R. W. Eggert Werbeagentur GmbH & Co. KG, Düsseldorf (12/1978; 6)

64 Agentur: Hildmann, Simon, Rempen & Schmitz, Düsseldorf (12/1978; 6)

65 Text: Peter Oprach; Photographie: Ben Oyne/Heinz Kastrop; Art Direction: Rainer Held; Agentur: Doyle Dane Bernbach, Düsseldorf (2/1980; 15)

66 Werbeagentur: TBWA, Frankfurt/M (3/1980; 47)

67 Text und Design: Hans-Günter Woyte (6/1979; 28)

68 Verschiedene Werbeagenturen (8/1980; 14, 15 u. 18)

69 Politisches Plakat nach 1945 (9/1980; 52)

70 Text: Hans Heger; Photographie: Jürgen Tapprich; Art Direction: Peter Vogt; Agentur: Leonhardt & Kern, Stuttgart (3/1977; 58)

71 Text: Gernot Wüschner; Design: Wolfgang Bulla; Art Direction: Wolfgang Bulla; Agentur: GGK, München (9/1979; 34)

72 Agentur: Heumann, Ogilvy & Mather GmbH & Co., Frankfurt/M (9/1977; 4)

73 Text und Design: Dieter Urban (7/1976; 18)

74 Text: Mike Camesasca; Photographie: Julian Cottrell; Art Direction: Uwe Duvendack; Agentur: TBWA, Frankfurt/M (3/1977; 55)

Namen- und Sachregister